JLA
図書館実践シリーズ……………………

図書館を育てた人々

イギリス篇

藤野幸雄・藤野寛之 著

日本図書館協会

People who Created British Libraries

図書館を育てた人々 ： イギリス篇 ／ 藤野幸雄, 藤野寛之著. －
東京 ： 日本図書館協会, 2007. － 285p ； 19cm. － (JLA
図書館実践シリーズ ； 8). － ISBN978-4-8204-0717-1

t1. トショカン オ ソダテタ ヒトビト イギリス ヘン a1. フジ
ノ, ユキオ a2. フジノ, ヒロユキ
s1. 図書館－伝記 ① 010.28

まえがき

　本書を書くきっかけは三つの理由からであった。一つは、アメリカの図書館が比較的よく紹介されているわりに、イギリスの図書館をとりあげることが少ないと思われたこと、もう一つの理由は、図書館研究のうち「人物研究」が少なかったことであった。さらに、日本図書館協会で刊行した『図書館を育てた人々　外国編I　アメリカ』は1984年の出版であり、その後の続刊を試みようとしたが、資料が十分にはなく、書き手も見当たらずに時間が経過してしまった。幸い、イギリスでは『オックスフォード・イギリス伝記事典』(全60巻、約6万ページ)が2004年に刊行された。そこには「図書館員」と記された項目約150名分があり、他に図書館の関係者(支援者、出版人等)を含めればその数はさらに増える。本書は、この項目のすべてをまず要約し、そのなかから重要と見なされる者を選び、項目に指示されている文献を集めて、それらを参照して略伝を執筆している。そのさい、他のイギリスの図書館史や19・20世紀の社会史と文化史の著作も参考にした。

　伝記のデータをこうして集めてみると、なかなか面白い人物がいること、図書館員にもさまざまな生きかたがあることがわかってくる。一つの図書館に50年以上を勤務して、なおも死後に「幽霊」となって館長室に現れた男がいるし、大図書館の館長の職に在籍のまま休暇をとって二つの世界大戦に参戦した人物、その2回目には年齢をいつわってまで軍隊に志願したケースがある。幼くして言語障害になり、コミュニケーションがままならないがために図書館の職を選んだ人もいるし、外国研究者なのに研究は図書館の豊富な文献だけで十分だとして外国にはついに出かけなかった者もいた。理

事会と衝突して職を追われた者もおり，エリート集団の支配する図書館協会に反抗を試みた図書館長もいた。つねにバラの花を上着にさしていた紳士もいれば，麦わら帽子を1年中かぶっていた大男もいた。遺産のすべてを何の関係もないアメリカの図書館に寄付した人物もいれば，アメリカ人でありながら膨大な資料をイギリスの図書館設立に役立てようと決意した人物もいた。

どの人物もそれぞれが生きた時代に支配されている。イギリスの場合は次のような時代区分を考えながら各人を見つめておく必要があるだろう。

　産業革命の時代（18世紀後半から19世紀初頭）
　ヴィクトリア王朝（ヴィクトリア女王の治世期　1837-1901）
　エドワード朝
　　　（エドワード七世・ジョージ五世の治世期　1901-1914）
　二つの世界大戦とその中間期（1914-1945）
　戦後の再建と経済混乱期（1945-　　）

同時にイギリスの19世紀と20世紀は，19世紀が「大英帝国」の繁栄期，20世紀がそれをゆるがす激動期と見なすこともできるであろう。

本書は大きく二部に分かれる。第Ⅰ部は34名の人物略伝で，個々の人物をあつかうが，第Ⅱ部はイギリスの図書館史の人物系譜であって，いわば，個別館種の図書館をつくりあげた「たて糸」となりうるもので，これによりイギリスの図書館史の特色を別の面から描き出そうとの試みである。

本書の人物選択の基準は「面白さ」や「エキセントリックさ」にあったわけではない。採択した図書館員に共通していることは，いずれの人物も図書館という職業に「こだわり」つづけた姿であり，こうした生きかたの紹介は，図書館の職業を志す若者にとって，ま

た現職の図書館員にとっても必要であろうと考えて，あえて本書を執筆することとした次第である。

とりあげた人物は，故人にかぎり，現存の者は入っておらず，配列は生年順。公共図書館および学術図書館（大英博物館，オックスフォード大学，ケンブリッジ大学）がほとんどであり，児童図書館や学校図書館は含まれていない。できうれば，それらの人たちは別の巻でとりあげたいと考えている。項目のなかに女性が少ないことに気づかれるであろう。遺産を寄付して図書館を成り立たせていたような女性は，すでに17世紀からいた。しかし，19世紀以降には，アメリカと異なり，イギリスでは女性図書館員の活動が比較的おくれていた。ローナ・ポーリンが女性で最初の図書館協会長に選出されたのは1966年であった。さらに，女性は専門図書館分野で活動していた者が多かったことも，本書の内容構成の理由となっている。候補者の選別はたいへんにむずかしかった。採録したい人物がきわめて多かったからである。割愛せざるをえなかった人物の何人かについては，第Ⅱ部でできるだけとりあげようとした。

いま，イギリスの図書館がきわめて注目に値するが，それはいくつかの面に現れているであろう。ブリティッシュ・ライブラリーが新たな情報社会のなかで果たすべき役割を数度にわたる「戦略計画」を策定する方向で取り組んでいる。国立の貸出機構は都会におく必要はないとして，「文献供給センター」はヨーク郊外の農業地帯，「国立視覚障害者図書館」はストックポート郊外の工場団地のなかに作られている。民間ではロンドン図書館がいまだ会員制を維持して，高度で効果的な参考活動を展開している。図書館協会の「図書館史研究グループ」は思想史的な視点から図書館史の見直しをおこなっている。2006年にはケンブリッジ大学出版会が3冊本（計約2,000ページ，執筆者計97名）の決定版『イギリス・アイルランド図書館史』を発行している。他の国では見られないこうしたさまざまな発想と取り組みのルーツをなしているのは本書であつかった人たち

の業績だったと見なすことができる。

　参考文献については，個別の列伝その他項目の最後に付記した。各人の死亡記事などは多数があり，できるだけ集めたが，その記録は『オックスフォード・イギリス伝記事典』に記してあるので，本書では割愛した。文中に出てくる団体名や刊行物名についてはその原語が必要と思い，用語解説を付しておいた。巻末には人名索引のみを作成することとした。なお，人名の読みは『ウェブスター人名事典』，地名の読みはマクミラン出版社の『国際地理百科事典・地図』の標音記号を基準としている。使用した肖像写真は，項目末の「参考文献」の記録以外は『オックスフォード・イギリス伝記事典』を出所としている。

　洋書では，本の「まえがき」はあるが「あとがき」がない場合がほとんどで，「まえがき」で謝意を記しているが，本書もそれにならって，ここで感謝の意を記しておきたい。執筆を企画したほぼ3年前，東京農業大学の西田俊子教授（元ブリティッシュ・カウンシル図書館長）は，本書の人物選定に参加してくださり，その後も項目を読んで，さまざまな貴重な指摘をしてくださった。本来ならば監修者として加わっていただきたかったが，タイトル・ページに名前を出すことは遠慮された，しかし，本書の構成にもかかわることなので，特に記して感謝しておきたい。

2007年7月

　　　　　　　　　　　　　　　　　　　　　　　　　金沢にて
　　　　　　　　　　　　　　　　　　　　　　　　　筆者

目次

まえがき iii

I部 人物略伝 ... 1

1. トーマス・ボドリー 3
2. ハンフリー・ワンリー 9
3. ジョージ・バークベック 14
4. トーマス・カーライル 21
5. アントニオ・パニッツイ 28
6. ウィリアム・ユーワート 35
7. ヘンリー・コックス 42
8. エドワード・エドワーズ 46
9. チャールズ・ミューディー 53
10. ジョン・パスモア・エドワーズ 58
11. ヘンリー・ブラッドショー 63
12. ジョン・ピンク 67
13. リチャード・ガーネット 74
14. エドワード・トンプソン 81
15. エドワード・ニコルソン 86
16. ヘンリー・テダー 92
17. トーマス・グリーンウッド 96

目次

18. フランシス・ジェンキンソン　102
19. ヘンリー・ウェルカム　106
20. ジョン・ヤング・マッカリスター　110
21. アルフレッド・ポラード　118
22. ジェームズ・ダフ・ブラウン　122
23. チャールズ・ハグバーグ・ライト　129
24. フレデリック・ケニヨン　134
25. ルイス・スタンリー・ジャスト　140
26. エセル・ウィニフレッド・オースチン　148
27. アーネスト・サヴィジ　154
28. サミュエル・ブラッドフォード　162
29. ウィリアム・バーウィック・セイヤーズ　166
30. ライオネル・マッコルヴィン　172
31. セオドア・ベスターマン　179
32. ドナルド・アーカート　185
33. ウィリアム・マンフォード　192
34. フレデリック・デイントン　200

Ⅱ部 イギリス図書館史の人物系譜 ……207

1. 初期の図書館とその支持者　210
2. 大学図書館　216
3. 大英博物館図書館　222
4. 公共図書館　228
5. 図書館政策の変遷　233
6. ブリティッシュ・ライブラリー　238
7. 民族文化と言語の殿堂　244
8. 専門図書館員　252

あとがき　259

用語解説　261

人名索引　274

第 I 部

第Ⅰ部のはじめに

　ここにはイギリスの図書館に関係ある人物34名が選ばれ，その略伝がとりあげられている。人物は図書館員にかぎらず，それを支援した人，そのPRに協力した人，図書館コレクションの創設に寄与した人も含まれている。

　人物の選定は，おもに『オックスフォード・イギリス伝記事典』の項目となっている人物のなかから抽出しており，さらにウィリアム・マンフォード編纂の『イギリス物故者図書館員人名録』を参考にして選んでいる。

　人物項目はすべて「略伝」であり，少ない人物を詳しく書くよりは，さまざまな活動をした図書館関係者を幅広く多数とりあげることを方針としている。

　『オックスフォード・イギリス伝記事典』（2004年，60巻）には約150名の図書館員が採録されている。この数は，図書館の周辺にいた人々（編集者，出版者，慈善事業家その他）をふくめればさらに増えるであろう。数から言えば『アメリカ図書館員伝記事典』（1978年，322名を採録）に匹敵する事典となりうる。ここには，20世紀のうちに活動し，亡くなった人たちが新たにとりあげられているので，図書館員に関するかぎり，20世紀初頭に出た前書『イギリス伝記事典』がわずか数人の人物を載せていたのに比べて，その差は歴然である。理由は，図書館活動が比較的新しい現象であって，公共図書館の成立は1850年以降，図書館協会の成立は1877年，大学図書館もその数を増やしたのが20世紀になってからであったという事情による。しかし，そればかりでなく，図書館史の研究が人物研究を軸に盛んとなったことにも起因していよう。1972年に発足した図書館協会の「図書館史研究グループ」の取り組みはその一つといえる。

1 トーマス・ボドリー
(Sir Thomas Bodley)

　近代的図書館は、ヨーロッパでは16世紀にはじまっていたが、イギリスではその最初の例をオックスフォード大学でトーマス・ボドリーが実現していた。何をもって近代図書館と見るのか、ボドリーはどんな意図で図書館をつくったのか、通称「ボドリー図書館」と呼ばれるオックスフォード大学の図書館は、転換期の図書館史の最初の試みであった。16世紀から17世紀にかけては、宗教改革の時期であり、それを新技術の印刷術が支えていた。

　トーマス・ボドリーは、エクセターのプロテスタント宗教改革派の出版社主ジョン・ボドリーの長男に生まれた。1553年に即位したメアリー一世は、カトリック教を復活、プロテスタント教徒を徹底的に迫害して、「ブラディ・メアリー」（血まみれメアリー）と呼ばれた。トーマスの父ジョン・ボドリーは1555年に国を捨ててヨーロッパに脱出、家族もこれを追った。一家はフランクフルトに住んだが、同じ迫害を逃れてきたジョン・ノックスに率いられ、ジュネーヴに移った。ここはフランスの改革派ジャ

Sir Thomas Bodley
(1545-1613)

ン・カルヴァンの「聖都市」であった。トーマス・ボドリーはジュネーヴ・アカデミーで1559年まで古典語を勉強していたが、この前年にイギリスではエリザベス一世が国王となり、カトリック勢力が排除されたため、ボドリー一家はロンドンに戻り、父は織物職人組合の公民権を得た。

　1559年、トーマス・ボドリーはオックスフォードのマートン・カレッジに入学した。公民の身分であったが、当地のカルヴァン派の指導者ローレンス・ハンフリーの奨学金を得ていた。1563年に卒業すると、同カレッジの研究員となり、1565年にはギリシア語の講師を務めるようになっていた。1566年にヘブライ語の研究で修士号を取得すると、大学にヘブライ語研究を確立させ、この分野の図書コレクションを受け持っていた。1576年に大学から許可を得て、ボドリーはヨーロッパの研修の旅に出た。いわゆる「グランド・ツアー」(教養のための大旅行)のはしりであった。まずフランスで学び、次いでドイツ、イタリアに滞在して、古典とともにスペイン語を含む外国語を身につけた。1583年にマートン・カレッジに戻ると、ここで上級研究員として3年間教えたが、1586年には教職を辞して政界に転身した。彼の経歴はエリザベス一世の宮廷でも知られていたのであった。

　エリザベス一世に重用されたボドリーは、しばしば大陸に派遣され、フランスではプロテスタント派の庇護者として活躍、オランダとドイツではスペイン勢力の進出を防ぐための画策に奔走していた。1586年にブリストルの富豪の未亡人アン・ボールと結婚し、膨大な遺産を相続していた妻はボドリーのその後の生涯を支えた。なお、夫妻には子どもがいなかった。

1588年にイギリス大使としてオランダ連合州に派遣されたボドリーは，この地に1597年まで滞在した。ここはイギリスにとってはヨーロッパ最大の拠点であり，イギリスとの条約の締結が重要とみなされていた。この間にスペインの無敵艦隊は撃滅され，イギリスの地位は確保されたが，本国の政治は複雑で，エリザベス一世も議会と対立，オランダでの努力にもかかわらず，ボドリーの功績は女王にも無視され，彼は引退を決意した，52歳であった。彼は宮廷での出世を期待していたが，それはセシル男爵とエセックス伯爵の対立という権力争いのなかで葬りさられていた。

　オックスフォードに戻ったボドリーは，その後の生涯を大学図書館の再建に捧げることとした。この大学図書館の起源は1320年にさかのぼる。ウースターの僧正トーマス・パコムが教職員会館に資金を提供し，写本を集めさせたが，この図書館は僧正の死とともに散逸した。15世紀半ば，オリエル・カレッジの図書館がヘンリー四世の庇護のもとで，貴族たちの寄贈により活気を増していた。しかし，16世紀の宗教の変動でこの図書館は目の敵にされ，コレクションは壊滅に近い状態で，16世紀末まで放置されていた。トーマス・ボドリーがこれを復興させようと思いたったのは，彼のもとよりの知的好奇心によっていたが，そればかりではなかった。彼には結婚した未亡人からの資産があり，引退した彼には十分な時間もあった。ロンドンに住んだボドリーは，熱心なプロテスタント教徒で学識もある司書トーマス・ジェームズを蔵書管理の担当者に選んだ。

　1602年に蔵書2,000冊で開館した「ボドリー図書館」は，学術書を網羅した図書館であって，いたるところの競売で得

た貴重な写本や16世紀の印刷図書が収集されていた。ボドリーは，ヘブライ語やギリシア語，ラテン語はもとより，イタリアの初期印刷本など視野にいれており，ボドリー図書館は他に比較するもののない図書館として知れ渡った。ボドリーはさらに，1610年には出版業者組合との間に協定を結び，組合加盟の出版社が出す本の寄贈を受けることに成功した。これはイギリスにおける自主的な納本のはじまりであった。こうした納本には読み物もまじっていたが，ともあれ，蔵書は拡大された。出版業者組合との協定の条件は，図書館を外部の利用者にも使わせることであった。公開図書館の基盤はこうしてできあがっていった。

　ボドリーと司書トーマス・ジェームズの関係は，両者の間に取り交わされた書簡により明白であるが，ボドリーは司書に細かな点にいたるまで指示していた。蔵書の管理については，施設の採光や目録の記述にいたるまでが提案され，司書のほうも公開についての見解を示していた。17世紀の初頭，外部にも公開し，開館時間を大幅に広げていた図書館はまれであった。ここには司書としてのジェームズの思想も表れていた。日曜・祭日を除いて毎日6時間を開館し，主として学生であるが，館外利用も許していたボドリー図書館は，少なくとも250年後のイギリスの公共図書館の先駆的な存在であった。

　G. W. ウィーラーの研究によれば，開館後の1年に，図書館は239回開いており，248名の利用者により蔵書が3,510回使われ，1日平均17名，多い時には35名であったというし，利用した学者は多い者で151回来館していたというが，司書からのこうした統計が，単なる報告のためとはいえ，17

世紀初頭にとられていたことはおどろきであり、この図書館の姿勢と実態を知ることができる。

この図書館は施設面でも画期的な成果を示していた。窓側からの採光を最大に生かした棚の配置、壁面を重要視した方式は、当時の図書館としては進んでおり、他の図書館に影響をもたらしたと言われる。

司書のトーマス・ジェームズは、年俸23ポンド(当時の腕のよい大工並み)で働いており、40歳になっても妻帯せず、主人からの世話を期待しながら、聖書の翻訳にも加わろうとして果たせず、図書館の管理に一生を捧げていたが、こうした努力が図書館の近代化への道を開いていた。

1613年に亡くなったトーマス・ボドリーは、遺産のすべてをオックスフォード大学と図書館に遺贈した。遺産の一部は、ジェームズを含む個人やオックスフォードの貧しい市民たちにも使われていた。彼の後半生の事業をすべて支えた妻は1611年に死去していた。ボドリーの自叙伝は、1608年に書かれており、出版は1647年であったが、これはイギリスでの最初の自叙伝と見なされている。

創設者の功績を称え、死後にその名を冠せられた図書館は、オックスフォードのすべてのカレッジの図書館となり、その後の100年、大学の教員や学生により支えられ、寄付を中心に蔵書を伸ばしたものの、真に大図書館となったのは、19世紀にヘンリー・コックスおよびエドワード・ニコルソンという館長が相次いで蔵書を目ざましく拡大し、サービスを改善してからであった。イギリスでの全出版物の納本を受け取り、外国書も増やしたこの図書館は、現在では蔵書700万冊の大図書館となっているが、そこにあるインクナブラ7,000

冊，および，15世紀以前の写本コレクションの多くは，トーマス・ボドリーからの遺産であった。

参考文献：

Thomas Bodley, *The Life of Sir Thomas Bodley, written by Himself.* Scarecrow, 1967 ; Thomas Bodley, *Letters to Thomas James.* Clarendon Press, 1926.『オックスフォード・イギリス伝記事典』には W. Crenell が執筆している。ボドリー図書館の初期の歴史は David Rogers, *The Bodleian Library and Its Treasures.* Aidan Ellis, 1991 を参照。

2 ハンフリー・ワンリー
(Hamfrey Wanley)

　ハーリー文書として知られるイギリス史の重要な歴史文献の記録者で，中世英語学者であるハンフリー・ワンリーは，イングランド中部コヴェントリーの父親の教区牧師館で生まれた。ワンリーは5人の子どもの末息子であった。母はコヴェントリーの市評議会員の娘であった。土地の無料学校を出ると，ワンリーは服地商人の見習いとなったが，これはもともと彼に向いていなかった。19歳ですでに土地の古文書を筆写することに関心を寄せていたといわれる。古文書に関心を持ったのは，コヴェントリー市の役員で，その歴史に詳しい父からの影響ではなく（父はワンリーが8歳の時に亡くなっていた），母方の祖父でコヴェントリーの市役所に長く勤務していたハンフリー・バートンの影響によっていた。バートン家は由緒ある家系であり，『メランコリーの解剖学』(1621)の著者ロバート・バートンもその一人であって，祖父は家系図学に熱中，イギリスの古代史文献も集めていた。

　ワンリーは，コヴェントリーの主教の勧めで1695年にオックス

Hamfrey Wanley
(1672-1726)

フォードに移住し，同年にはセント・エドマンド・ホールの住人となっていた。この地に着いて半年後，ワンリーは，その古文書への熱意が認められ，ボドリー図書館の助手に採用された。ここで彼は写本の担当者であったジョージ・ヒックスの指導を受け，「バーナード目録」と呼ばれていた『アングロ・サクソン写本図書目録』の編纂を手伝っていた。目録は 1697 年に刊行された。

　ボドリー図書館でワンリーは，自らも古代＝中世英語の写本を集めだした。手書きの資料ならば断片にいたるまでを収集しており，イギリスの歴史文書の筆跡研究に取り組んでいた。彼は写本の研究のためヨーロッパに行きたかったが，旅費の捻出がかなわなかったため，各地の研究者との文通を強め，国内の資料館を徹底的に調べてまわり，古文書の筆跡研究を続けた。同時に，イギリス史に関係する各地の文書の収集も欠かさなかった。彼は独自な方法で手書きの筆写を貼りつけた記録文書をつくっていた。

　1700 年，ワンリーはボドリー図書館を辞めた。彼自身で述べてはいないが，理由は周囲の反感にあったようだ。オックスフォードで彼はいまだ余所者であって，才能の劣る者たちが館長に取り入り，彼の昇進を阻んでいた。ここには自分の将来がないと思い定めたのである。上司のヒックスとの関係が悪化したとか，ヒックスが約束どおり給料を支払ってくれなかったからだとかさまざまに言われている。

　ロンドンに出たワンリーは，同年にキリスト教知識普及協会の秘書補に就任,同協会の図書館を担当することになった。この協会は出版物の刊行・配布を通じてキリスト教を広める目的で 1698 年に設立されていた。1703 年，彼は亡くなった

古文書の収集家ジョン・コットンの私有コレクションの調査を依頼され，数か月後に報告書を提出した。コットン文書は国家に遺贈され，後に大英博物館の創設時にそのコレクションとなったものである。これをきっかけに，貴族の私的な写本蔵書の調査が彼のもとに来るようになった。ワンリーが文献資料収集家として知られたロバート・ハーリーの図書館の管理を依頼されたのは1703年であった。それから1726年の死去の年まで，23年間にわたりロバートおよびその息子のエドワード・ハーリーの家の図書館資料の整理に当たった。このコレクションも，目録とともに後の18世紀の半ばに大英博物館に寄贈されることになる。

　ハーリー図書館でのワンリーの仕事は，写本の購入からその整理，来客への対応，図書館の管理におよんでいた。写本資料は，かつてサミュエル・ピープスが住んでいたバッキンガム通りの邸宅，刊本はケンブリッジシャー州のウィンポール・ホールの邸宅におかれていて，ワンリーはその両方に通って仕事をしていた。特に写本の古資料に関して彼はすでに権威者であって，ロンドンにいることが多かった。朝の8時から11時，午後の2時から4時まで仕事をしていたが，オークションに出たり，古書店主と会う用件も多く，夜まで外部との折衝が続くこともあった。

　ハーリー家が支払う彼の報酬は，週間3ポンドという安さであった。最後の2年間は年給が182ポンドだったとの記録もある。しかし，王立図書館の司書であったリチャード・ベントリーの給与が年間200ポンドだったことから見れば，それが相場であったようだ。食事は主家に招かれることもあったが，住まいが提供されるならともかく，この給与で家を支

えるのは容易ではなかった。

　ワンリーが残したハーリー文書の目録の記述は実に丹念なものであった。写本の作者やその入手の由来から，それが刊本で出されているかどうかにいたるまで克明に調べられ，記録されていた。しかも，彼の筆記した文字は，写本時代の職人の手によるものとそっくりで，まさに芸術品と言えた。「追求がわれわれの生涯の仕事である。他人の見解から取りいれることすら喜びをもたらす。困難にぶつかりしばらく追求がとぎれる，それも心のやすらぎとなりうる」，これは同時代人のイギリス画家ホガースの言葉であるが，ワンリーの態度そのものを語っていた。彼の古写本の知識はこうした点に活かされていたのである。写本目録は1726年にはフォリオ版の大冊（400ページ）で8冊になっていた。

　写本の管理は，記録だけにとどまらない。ハーリー文庫の写本はそのほとんどが黄色のモロッコ革で製本されていたが，その材料から製本の仕上がりにいたるまで，すべてが図書館管理者の責任であった。モロッコ革の入手のため義理の息子をジブラルタルにまで派遣していたという。図書館の写本はワンリーが図書館に入ったころに約3,000冊，彼が亡くなったころには約6,000冊であった。ウィンポール屋敷にあった刊本のコレクションも7,000冊におよび，その目録もワンリー自身の手でつくられていた。

　見事な私有コレクションの所有者として，ハーリー父子は図書館を「公開」することを望んでいた。「公開」とはいっても，無論のこと学者にたいしての公開である。この点でも蔵書を内容にいたるまで熟知している案内人が必要であり，ワンリーは最適任者であった。相手はスウィフトやアレクサ

ンダー・ポープといった、古文献に詳しい歴史学者たちであったからである。

写本取引の相手にたいして、ワンリーは厳格で、内容の批判にたいしても容赦がなかったため、業者たちには恐れられていた。しかし、写本知識のことで意見を求めにくる知人にたいしてはつねに親切で、報酬などはいっさい受けつけようとしなかった。しかし、彼の評価は一方ではたいへんに厳しく、「たいへんな自惚れ屋であり」「大酒飲みで、仕事中でもつねに飲んでいた」と言われ、はなはだしきは「放蕩者で、いつも売春婦と暮らしていた」ともきめつけられていた。

晩年の彼は古文書学会の設立のため奔走していたが、生前にはその実現はなかった。妻は1722年に亡くなり、ワンリーは死の直前に二度目の結婚をしたが、遺産は何も残せなかったという。

彼が世に残したのは、第一に後世の研究者に重要視されたその目録であるが、ワンリーは同時にたいへんな日記の書き手であり、その死の2週間前までの記録が残されており、さらには手紙の書き手としても知られており、その優雅な字体そのものが貴重な財産であった。

参考文献：
基本資料としては、書簡集と日記が出ている。*Letters of Humfrey Wanley: palaeographer, Anglo-Saxonist librarian, 1672-1726.* ed. by P. L. Heyworth. 1989；*The diary of Humfrey Wanley, 1715-1726.* ed. by C. E. Wright and R. C. Wright. 1966. 2 vols. 研究論文はC. E. Wright, "Humfrey Wanley: Saxonist and library keeper" *Proceedings of the British Academy,* 46, 1960, p.99-129；K. Sisam "Humfrey Wanley" *Studies in the History of Old English Literature,* 1953. p.259-77. 写真は『書簡集』より。

3 ジョージ・バークベック
(George Birkbeck)

　物理学者のジョージ・バークベックが，エディンバラで創設した「職工学校」は，イギリスにおける技術教育大学，および，その図書館が公共図書館の前身と見なされており，バークベックの名は，ロンドン大学の夜間コース「バークベック・カレッジ」によって広く知られている。本章は「職工学校図書館」に焦点を当てて，その実態を紹介することを中心とする。

　バークベックは1776年1月10日にヨークシャー州ウエスト・ライディングのセトルという町で生まれた。父はクエイカー教徒の銀行家＝商人で，ジョージは8歳でランカシャー州ニュートンのクエイカー学校で寄宿生活を送った。この教団はフレンド教会とも呼ばれ，もっとも献身的なキリスト教の一派であり，17世紀にジョージ・フォックスにより創設され，教育に熱心な点でも知られていた。1790年に母親が亡くなると，息子は故郷に戻って，勉学を続け，1794年にはエディンバラ大学の医学部に入学した。エティンバラは「北方のアテネ」として，18世紀半

**George Birkbeck
(1776-1841)**

ばのスコットランド文芸復興の中心であり,『ブリタニカ百科事典』も同じころにこの都市で生まれていた。1799年にエディンバラ大学を出たころまでに,彼はすでに当地の小説家ウォルター・スコット,評論家シドニー・スミス,法学者フランシス・ジェフリー,政治家ヘンリー・ブルームと知り合っていた。医学者でありながら民衆への教育の普及に熱心だったのは,こうした家と育ちによっていた。

　エディンバラ大学で学位を取得すると,バークベックはグラスゴー学院の自然哲学教授に任命された。この学院は,グラスゴー大学の自然哲学教授ジョン・アンダーソンが創設した民衆教育のための学校で,生徒たちからは「アンダーソン学院」と呼ばれていた。アンダーソンは,蒸気機関の発明家のジェームズ・ワットと同僚であり,技術教育に熱心であった。この学院で化学を教えはじめたバークベックが,ある日,ここに通っている職人の技術に感心し,化学用の実験具を製作させたことをきっかけに,職人に物理学の基本知識を教えることを思いたった。スコットランドの大学は,オックスフォードやケンブリッジとは異なり,技術教育面できわめて進んでおり,アンダーソン学院のように正規の大学生より市民の一般教育のほうに力をいれていたことで知られていた。さらに,スコットランド南部は,1696年の教育法による教区学校の国営化により,イングランドよりはるかに早く民衆教育が実現していた。

　労働者階級への教育を志したバークベックは,アンダーソン学院で課外の「職工クラス」を開設して,「簡便化学」の無料授業を開始し,人気を集めていた。エディンバラでは同志の文芸評論家たちが1802年に『エディンバラ・レヴュー』

を創刊しており，その進歩的な思想が刺激ともなっていた。バークベックは，さらに時代の急進的な思想にふれるため，そして，医学の実務を役立たせるため，1804年にロンドンに移住した。グラスゴー学院の「職工クラス」は『製造業の哲学』の著書で知られたアンドリュー・ウア博士が続けた。1808年にクラスは小さな図書室を併設するまでとなり，その必要性について学院側と対立したが，ロンドンのバークベックの示唆を受けたウア博士は，1823年に「グラスゴー学院職工クラス」として独立させた。これが通称「職工学院」となり，きわめて人気のある職業教育の公教育の場となった。

ロンドンで医院を開業したバークベックは，1806年に結婚したが，妻はその翌年に初産の後に亡くなった。ロンドンの中心部で医院を流行らせた彼は，次第にここの進歩派グループに接近していった。歴史家のジョージ・グロートとその妻で「急進派の女王」と呼ばれた伝記作家のハリエット・グロート，哲学者で『エディンバラ・レヴュー』の寄稿者ジェームズ・ミル（ジョン・スチュアート・ミルの父），経済学者のディヴィド・リカードなどであった。こうした仲間たちの主張は，社会の改革にあり，その基盤は公教育の普及という点で一致していた。ロンドンの民衆の初等教育がスコットランドより劣っていることを知って，バークベックは1807年に仲間たちとともに「ロンドン学院」を設立して民衆を受けいれた。

イングランドで「職工学院」の教育が開始されたのは，1786年のバーミンガム日曜学校であり，ここは1789年にはバーミンガム兄弟会となっており，1820年代には国内各地に波及し，講演とクラスと図書館の三事業を併設する通称「職

工学校」となっていたが、土地により名称は異なっていた。1823年の8月に創刊された雑誌『職工雑誌』は、急進派ジャーナリストのジョセフ・ロバートソンおよびトーマス・ホジキンが編集し、記事は主として新技術の紹介であったが、その誌面でロンドンでの職工学校の設立を呼びかけていた。1823年11月11日、2,000人を超す労働者がストランドにあるクラウン＝アンカー酒場に集まった。これほどの人数を収容する施設は、当時のロンドンにはここしかなかったのである。集会は満場一致でバークベックを議長に選んだ。ロンドン職工学校が設立され、講演ホールと教室と図書館を備える原型ができあがっていった。

　学校は、進歩的な有識者たちの2,000ポンドからなる寄付により成り立ち、サウサンプトン・ビルに場所が借りられた。足りない3,000ポンドはバークベックが4％の利子を払って借金をしていた。ここの運営に当たっては、バークベックが運営委員となっていた『職工雑誌』の2人の編集者と意見が対立した。進歩派とはいえ、過激な意見を好まないバークベックは、中産階級を会員として学校を支えることを考えてはいたが、過激派の2人は労働者階級が実権を握るべきだと考えており、結局、両者は袂を分かった。過激な思想はいまだ現実には根づいていなかった。

　講演と学習クラスにより技術知識を労働者に教えるというロンドンの職工学校の型は、1824年のマンチェスターを皮切りとし、各地で同種の学校として次々に成立していった。特にロンドンでは、多くの地区に職工学校ができ、この勢いはアイルランドにもウェールズにも広がり、海を越えて、フランス、オランダ、アメリカ合衆国にも出現していった。職

工学校は1831年にはペテルブルグ，1833年にシドニー，1837年には広東，1839年にはカルカッタにも創設された。特に普及したのはオーストラリア南部で，国がその運営を支援したからであった。1851年にはイングランドに610の職工学校（名称はさまざま）があり，講義回数は3,054回，学生数は16,029名であったという。400の学校には図書館があり，蔵書総計は40万冊，貸出冊数は100万冊を超えていたと，ある研究者は指摘している。

　職工学校が数を増やしてくると，その効率化のために連盟がつくられるようになった。もっとも成功していたのが「ヨークシャー連盟」であり，1891年には傘下に200の学校を抱え，会員数は6万名を超し，3万冊を持った図書館網は200の農村にサービスしていた。文字どおりここは会員制の学校組織であり，図書館であって，1850年に議会から承認された「図書館法」が普及するにつれて，その数は減っていったが，20世紀の初頭まで，市民の公教育普及の場であった。

　職工学校の図書館は，イギリスにおける公共図書館の前史をなすものと見なされていたが，それはどの点からであろうか。第一にここは広い範囲の地域に広がっており，市民の読書要求に応えていた。特に中産階級の子弟にも使われ，女性にも利用が開かれていた。ブロンテ姉妹が，キースリーの職工学校の図書館に通っていた話は知られている。国教会の牧師の父ブロンテ師は，この学校の講演者の一人であった。当時の図書館の蔵書目録も『ブロンテ協会紀要』に発表されている。会費は場所によって異なったが，年会費1ポンドが平均値であったらしい。

　1835年に刊行された『職工学校マニュアル』は，この学

校の図書館の運営について詳しく記していた。それによれば，約500タイトルの標準コレクションの内訳は，哲学・形而上学（34タイトル），歴史（60タイトル），紀行（40タイトル）で，ギリシア・ラテンの古典翻訳，伝記，政治経済学，美術，工芸などの分野にもわたっていた。文学作品も，ウォルター・スコット，ジェーン・オースチン，マライア・エッジワース，ワシントン・アーヴィングなどが網羅され，レイン版『アラビアン・ナイト』も『ロビンソン・クルーソー』もいれられていた。

　『職工学校マニュアル』はさらに，利用規則のモデル・ケースを示していた。利用はかなり自由であり，図書の貸出は本のサイズにより期間が決められていた。こうした規制は利用者のためであり，当時の市民は何冊も家に持ちかえって読める状況ではなかった。農村では学校にしても一教室が普通であった。貸出とともに延滞金の罰則も厳しかった。最初の1週間は1日1ペンス（ペニー）であり，その先は1日3ペンスであった。これも，利用者全体を視野にいれてつくられた規則であった。

　大都市の中産階級を会員に持った「職工学校」は次第に文芸クラブ「アシーニアム」の成立につながってゆき，そうした都市では別に労働者階級の読書の場ができるようになって，名称は多岐にわかれた。しかし，1850年以降，大都市からはじまり，イングランド，スコットランドの地方に次々に市民のための「無料図書館」ができると，かなりな数の市はすでにある「職工学校」を吸収・流用していった。ここからも，これらがイギリスの公共図書館の前史をつくりあげていたことを見てとれることになろう。

バークベックは,1817年に再婚して,大家族となっていた。1823年に設立したロンドン職工学校の校長の肩書きはその死の年まで続けた。1825年には3,700ポンドの彼自身の寄付による大講堂も完成していた。彼はあくまでも勤労者の技術知識の普及という初期の目的を貫きとおし,公教育の拡大に尽力したが,エディバラ時代からの同志の政治家ヘンリー・ブルームもまた,それを支えていた。

　ジョージ・バークベックは,1841年12月1日にロンドンの自宅で亡くなった。葬儀には1,000名を超す市民が自宅からカーナル・グリーンの墓地にまでついていったという。彼の死後,ロンドン職工学校は次第に繁栄を失ったが,1867年にはバークベック文芸科学学院として復活し,それは1907年にバークベック・カレッジとなり,1920年にはロンドン大学のコースとなった。技術教育の伝統は,第二次世界大戦後の各地のポリテクニックの設立によって復活していった。

参考文献：
バークベックについてはThomas Kelly, *George Birkbeck*. Liverpool University Press, 1957がもっとも詳しく,職工学校とその図書館についてはWilliam Munford, "George Birkbeck and Mechanics' Institute" *English Libraries 1800-1850,* University College London, 1958 ; Joan Edmondson, "Mechanics Institutes and Public Libraries" *Penny Rate,* by W. A. Munford, Library Association, 1951がとりあげている。なお,『オックスフォード・イギリス伝記事典』の項目はMathew Leeが執筆している。写真は, *Birkbeck College, 1823-1923,* 1924より。

4 トーマス・カーライル
(Thomas Carlyle)

　世界最大で,もっともユニークな会員制図書館のロンドン図書館が発足したのは1841年であった。これがどのように創設されたのか,その推進者であったトーマス・カーライルがここで何を目指したのかを知る前に,1840年代の世界の図書館がどうであったかを知っておく必要があるだろう。一言で述べるなら,学術コレクションと市民のコレクションはイギリスとアメリカでは遅れていた,ましてや,アメリカではいまだ名だたる市民の図書館はなかったのである。これにたいして,その他のヨーロッパではすでに大図書館が整っており,市民にも開放されていた。パリ,ミラノ,フィレンツェの図書館は誇るべきコレクションを備えていたし,ドイツや北欧でも王室図書館や領主の図書館は各地で整備されていた。ロシアのペテルブルグにはエカテリーナ二世が18世紀末に創設した帝国公共図書館があったし,1840年にはアイスランドのレイキャヴィクにも国立図書館ができていたのである。

　19世紀の前半,イギリスにはすでに図書館がいくつもあった。

**Thomas Carlyle
(1795-1881)**

しかし，それらは会員制の図書館か職工学校の図書室で，規模はいずれも小さく，学術図書館といえるものはきわめて少なく，利用も自由ではなかった。唯一の大規模な公開コレクションであった大英博物館の図書館も，成立は18世紀の半ばであり，ナポレオン戦争が終わってヴィクトリア女王の治世がはじまった1837年まで，蔵書は寄贈が主であった。しかも，ここは世襲の理事に支配されていた総合的な博物館であった。大英博物館図書館が世界に肩を並べる真の学術図書館になったのは，パニッツイが刊本部長となった1837年以降のことである。歴史家エドワード・ギボンは書いていた，「この世界最大の都市には有用な施設，公開貸出図書館が欠けている，そのため，いかなる歴史的なテーマに取り組む作家であっても，著作に必要な本を個人的に使うためには自分で購入しなければならなかった」。

ロンドン図書館の創設発起人であった文人トーマス・カーライルは，スコットランド南部ダンフリースシャー州のエクルフェカンで石工の長男として1795年12月4日に生まれた。勤勉な父は息子たちをはげまし，勉学の道に進ませた。エディンバラ大学で数学，その後，法学を学んで教師となり，文学を志し，故郷の農場の未亡人ジェーン・ウェルシュと結婚した彼は，ドイツ文学を研究して1825年に『シラー伝』を書き，ゲーテを翻訳した。1834年に妻と死別すると，ロンドンに出て，主著『フランス革命史』を1837年に完成させた。彼はすでに1832年に日記に記していた，「図書館と事実を集めるための本が不足しているのは何と悲しいことか。どうして国王陛下の図書館がすべての都市にないのだろうか，監獄と絞首台はどこにでもあるのに」。ロンドンに出た

カーライルは，クロムウェルの伝記を書くため，必要な資料をケンブリッジ大学の卒業生に頼んで借りだしていたという。

カーライルがロンドンで頼りにした図書館は，当然のこと大英博物館図書館であった。ここでの彼の研究がとどこおりなく進んでいたなら，ロンドン図書館は実現していなかったであろう。ここで彼はその施設と刊本部長のパニッツイに腹をたてたのである。第一に，図書館の施設はまだ不完全かつ不便であった。大円型閲覧室はまだなく，読書室は狭くて混み合っており，騒がしく，換気はきわめて悪かった。利用者の大半は小説の読者であるか，時間つぶしに来て仲間と談笑している連中であった。しかも，時には座席さえ確保できないことがあった。歴史家＝政治家のマコーレイといった知名人ならば，王室図書館の特別室を使わせてもらえたが，一市民であるカーライルにはその特権が許されていなかった。

チェルシーに住んでいたカーライルにとって，ブルームズベリーの大英博物館に馬で通うのは冬など難儀であった。開館時間は10時から5時までであり，利用できる図書は1回に2冊までであった。しかも，目録は独特な記帳式であり，記録から抜けているものも多かった。請求した書庫の本を受け取るには通例30分から45分がかかっていた。自宅に借りだすことも不可能であった。加えて，閲覧室の職員は，資料を知らず，サービス精神に欠け，研究の役には立たなかった。そして，その背後には閲覧室の責任者で刊本部長のパニッツイがいた。カーライルはフランス革命関係資料を必要としており，この件で当然あるべきパンフレットなどについてかけあったが，相手は彼を無視し「妨害」した。カーライルは雑誌上で大英博物館図書館の使い勝手の悪さを公然と指摘し，

両者の関係はさらに悪化した。

こうした状況のもと，カーライルが大英博物館図書館とは異なった施設，学術書が豊富で有能な司書がおり自宅への貸出を制限しない図書館の創設を考えたのは1838年のことであった。評論家としての彼にはすでに貴族や文人たちに多くの知り合いがいた。ミル，ロックハート，ブルワル＝リットン，ディケンズ，マンクトン＝ミルズ，ランズダウン侯爵，ノーサンプトン侯爵その他であった。生涯を通じてあまり行動的とはいえなかったカーライルは，この時ばかりはきわめて精力的に動きまわり，2年後には賛同者のリストができていた。1840年6月にフリーメイソン酒場で公開説明会が開かれ，「ロンドン図書館」の趣意書が配られた。そこには図書についての幾多の名文句が掲載されていた。図書館は500名の予約会員，3,000冊の蔵書をもって，1841年5月3日に開館した。図書館は，クラレンドン卿が会長となった理事会により運営されることとなった。

ロンドン図書館は，その蔵書に特色を発揮した。毎週水曜日の理事会は創設以後数か月続き，外国語（ドイツ語，フランス語）を含む蔵書の充実を議題とした。古代史・中世史はジョージ・グロートに，政治・経済はミルに，イタリア文学はマッツィーニに依頼，その他多くの分野についても専門家に推薦リストを作成してもらった。ドイツ史とドイツ文学に関しては，図書館の後援者となったアルバート公が寄付するとともに責任者を紹介してくれた。こうして，創設から10年で図書館は内容的には他に比肩のない見事なコレクションとなっていた。

ロンドン図書館でのカーライルの最大の関心事は，図書館

長の選定であった。彼はスコットランド出身のジョン・コクレインを選んだ。グラスゴーの出版社主からロンドンの『フォーリン・クォータリー・レヴュー』誌の編集者となっていたコクレインは，すでに60歳で，図書館の経験はなかったが，カーライルの信頼は厚かった。1852年にコクレイン館長は死去したが，その時にはすでに会員は1,000名，蔵書は6万冊となっており，使いやすい目録も出版されていた。

　後継の館長選びは難航した。カーライルはコクレインの補佐であったジョーンズを昇格させようと計ったが，理事会内部はすでにイギリスの議会政治を反映して二派の対立があった。公募した館長職には200人の候補者が応募し，結局，グラッドストン理事が支持したウィリアム・ダンが選ばれた。カーライルはこれ以後，図書館の運営に関心を失った。ダンは5年足らずで辞めたが，この間にはすでに未返却の図書が問題となっていた。1857年に三代目の館長になったのは，リーズ図書館の館長から転任してきたロバート・ハリソンであった。彼は1893年まで館長を務め，1891年にはイギリス図書館協会の会長に選ばれていた。ハリソン館長のころには，ロンドン図書館も新館に落ち着き，ジョン・スチュアート・ミル，レスリー・スティーヴン（『イギリス伝記事典』の編集者），評論家エドマンド・ゴスその他の蔵書の寄贈・遺贈を受けいれて成長していた。

　ダン館長の時期から，カーライルは理事会への出席がなくなった。1850年までにはすでに『衣装哲学』，『英雄崇拝論』，『過去と現在』といった主要著作の刊行をすませており，評論家としては第一人者であったが，歴史作品から離れて広範囲な資料を必要としなくなったため，同時に，初期の熱意が

薄れたためであった。さらに，裕福でわがままな二度目の妻ハリエット・バーリングとの結婚は，カーライルの性格を変えていた。この関係は多くの「カーライル伝」でさまざまにとりあげられている。1853年にクラレンドン会長が死去すると，カーライルが投票多数で会長に選ばれたが，それは創設者としての彼の功績と批評家としての名声のためであった。しかし，会長の彼は議事には口出ししないよう釘をさされていた。カーライルはますます図書館から足が遠のいた。

とはいうものの，初期からの図書館利用者であったカーライルの評判は悪かった。カーライルとハリエット夫人は図書館のすべての規則を無視していた。まず，借りた本を返したことがなかった。催促状が送られると，「この本は返すつもりがない」と書いて返送したり，それは借りた覚えがないと申し立てたりした。元館長のノーウェル＝スミスによれば，カーライルの貸出記録はそのまま現在までファイルされているといわれる。第二に本への書き込みが多かった。単なるメモではなく，時には長文の批判を図書館の本に書き込んだこともあった。わがままな点では夫人も同様であった。

ロンドン図書館は，現在でも多数の会員に支持されて活動を続けている。蔵書は現在約100万冊で，歴史，文学，伝記，社会，政治，法律関係の資料が多い。また，外国書も多いが英語が主である。会員にはジャーナリスト，出版関係者，研究者の数が多く，会費は年額150ポンドで，館内はなおヴィクトリア朝の雰囲気と館員による丁寧な参考活動で知られている。

参考文献:
伝記作家および文芸評論家としてのカーライルの著作集も書簡集も刊行されており，カーライルの業績をあつかった著作も数多い。なかでもTurnerの伝記がもっとも詳しい。カーライルとロンドン図書館については，ロンドン図書館の元館長であったSimon Nowell-Smith, "Carlyle and the London Library" *English Libraries 1800-1850,* University College London, 1958がとりあげている。『オックスフォード・イギリス伝記事典』にはFred Kaplanが項目を執筆している。

5 アントニオ・パニッツイ
(Antonio Panizzi)

　大英博物館を 19 世紀半ばにイギリスの真の国立図書館につくりあげたアントニオ・パニッツイ（1869 年に叙勲されてサー・アンソニー・パニッツイとなった）は，イギリス人ではなかった。これがこの図書館における彼の仕事をさまざまな形で妨害し，彼は意地になって自分の主張を貫き，多くの敵をつくっていた。パニッツイの生涯とその活動については，すでに紹介されている部分があるので，ここでは，その生涯と業績の節目を説明して，彼が目指したところを明らかにしておきたい。

　パニッツイは 1797 年にイタリアのモデナ公国のブレッシェロで薬剤師の息子として生まれた。両親の親たちは弁護士であった。パルマ大学に学び，1818 年には法学で博士号を取得した。パルマでは市図書館のアンジェロ・ペッツァーナから写本と刊本の手ほどきを受けていた。ナポレオンの后妃マリー・ルイーズの支配下にあったパルマは，ナポレオンの失脚後に王政が復活していた。共和制思想に共鳴していたパニッツイは，秘密組織に加わり，

Sir Antonio Panizzi
(1797-1879)

逮捕の危機を脱してスイスに逃げた。1823年には彼に死罪の判決がくだされていた。スイスからイギリスに渡ったパニッツイは，食うや食わずの生活を続けていたが，ようやくリヴァプールでイタリア語教師の職を得，同時にイタリア文学の翻訳をして生活ができた。この地で政治家ヘンリー・ブルームと知り合い，その紹介でロンドンに出た彼は，1831年には大英博物館の刊本部で助手としての職を得た。年給200ポンドで5日間勤務であり，6日間出れば75ポンド増額という，異例の待遇であった。大英博物館は他と比ぶべくもないほど恵まれていた。

　大英博物館は折から変革期であった。18世紀の半ばに成立した博物館は，ナポレオン戦争後までたいした動きはなかったが，イギリスが戦争に勝利した1810年代から急速に蔵書を増やしていた。館長となったジョセフ・プランタは，利用者の要請に応えるべく目録の作成を急いでいた。助手となったパニッツイはロマンス語資料の目録をまかされていたが，彼が認められたのは1831年に獲得した3万冊のフランス革命関係コレクションであった。彼はおどろくべき速さでその目録を作成し，理事会に認められた。理事会に呼びだされた彼は，すでに刊行されていた図書館の目録が間違いだらけであると批判した。これは彼の上司であるベイバーおよびケアリーを激怒させた。理事会でパニッツイは，アルファベット目録は完全に最後まで揃ってから出すべきであり，それは3年で完成できるであろうと答えた。

　1827年に館長プランタは亡くなり，刊本部長のヘンリー・エリスが館長となり，部長の地位はベイバーが継いでいた。ここで，怠惰を理由に解雇された職員が急進派の国会議員に

訴えたのが機になって，議会は1835年に特別委員会を組織して，大英博物館の管理問題を調査した。委員会はその翌年にも開催され，刊本部がとりあげられた。パニッツイも証言のため呼ばれたが，彼の答えは明快であった。「ナポレオンですら王立図書館の蔵書を拡大するために資料予算を拡大し，館長に自由に収集させた。イギリス最大の図書館の蔵書の現状は嘆かわしい。この国の威信にかけても図書館のコレクションを最大限に重視すべきである。」パニッツイは，外国人でありながら他に劣らぬ「愛国者」となっていた。彼の意見は委員会のプライドを刺激した。委員会の調査を受けて，博物館の理事会は，管理者の兼職を禁ずることとし，それを受けてパニッツイは大学講師を辞めた。刊本部長のベイバーも教区牧師を辞めるよう迫られ，彼は大英博物館の職のほうを捨てた。

理事会は，空席になった刊本部長にパニッツイを選んだ。彼の先任者であるケアリーは，当然自分がなるものと考えていたので反発した。世論も彼に同情していたが，多分に外国人であるパニッツイへの反感が含まれていた。しかし，ケアリーは妻を失って精神に変調をきたしていたのであり，過去の実績からみても精力的なパニッツイのほうが評価が上だった。この人事に反発した写本部のマッデンも，自分のほうが館内では先輩であるのに，パニッツイが先に部長になったことにたいして怒っていた。

1837年より1856年まで刊本部長の地位にいたパニッツイが，この時期になしとげた功績は比類のないほどのものであった。彼はこの時期に蔵書資料を倍増させ，職員数も2倍に増やしていた。彼がまず取り組んだのは，自国の資料の不備

を埋めることであった。少なくとも，国を代表する図書館であるかぎり，この国の刊行物を網羅していなければならなかった。続いて，彼は年度ごとに刊行される資料の徹底収集を目指した。著作権法の不備を改め，すべてを納本するような手段に訴え，出版社をもおどろかせた。さらに，国外図書の収集にも手を広げ，主要な各国語には担当の専門家をつけるとともに，予算を議会にかけあっていた。

　二番目の彼の業績は，書庫の手当てと大型閲覧室の配備であった。完成していた北館はすでに満杯であり，彼の功績とされるトーマス・グレヴィルの寄贈コレクションは未整理のまま積みあげられていた。通りの東の地域の取得を政府に申請したが実現できず，博物館の敷地内で手当てせざるをえなくなり，パニッツイは，矩形に増築がなされた建物の中庭の利用を思いたった。ここに建てられたのが有名な大円型閲覧室であり，その外周りはすべて鉄製の書庫で埋められていた。150万を超える図書の収蔵が可能となり，博物館図書館は救われた。この建築は，裏側の見えない書庫の部分が画期的な評価を得ていたが，同時に，大閲覧室も彼の評判を決定した。

　パニッツイは，利用者の不満の的であった閲覧室の問題を同時に解決した。彼は「貧しい学生であろうが，貴族であろうが」，すべての利用者に場を提供することを図書館の目的としていた。カーライルが申し出た，名のある文化人としての特権的な利用は，パニッツイにとっては認められるものではなかった。周囲に配備した参考図書コレクション，幅広い利用者用の机（302席），中央の参考係主任とその回りに配置させた蔵書目録，ドーム天井からの採光とコルク張りの床，これらすべてによって，この円型閲覧室は一世紀以上にわた

って彼の名を知らしめた。完成は1855年であった。

　刊本部長の間にパニッツイがかかわった仕事には，印刷目録があったが，これは完成にはいたらなかった。さしもの精力家の彼であれ，すでに進行している目録作業は変更がきかず，これまでのものを改定するだけで時間をとられ，ついには「91か条」の目録規則にまとめて提出しただけに終わった。大英博物館のような多数の古書の寄贈資料でふくれあがった図書館にあっては，近代刊行図書の目録では機能しない。パンフレットなどは綴じられており，著者ごとにまとめられていた。彼は，ここの目録には書名のアルファベット順の目録ではなく，著者でまとめることを主張していた。目録そのものの機能を重視していたのである。

　もう一つのかかわりは，ユーワート議員を中心に審議が行われていた「公共図書館法」にたいする態度であった。ここには刊本部の部下であるエドワード・エドワーズが証言に立っていた。パニッツイは，国内図書館の事情が他国と比べて調査されているのに，大英博物館をただ「遅れた機関」としておくのに我慢がならなかった。みずから特別委員会のために諸国の図書館の実情調査に出向いたのである。パニッツイは，フランスやドイツの図書館の調査結果を提出して，エドワーズの資料を批判するとともに，エドワーズを解雇した。

　1856年に79歳の館長ヘンリー・エリスは理事会の勧告を受けて辞任し，館長はパニッツイに決まった。写本部長として彼にならんでいたフレデリック・マッデンは激昂した。しかし，彼がどんなに口汚くののしっても，相手が外国人だからといった軽蔑の言葉だけでは通用するはずもなかった。刊本部長時代のパニッツイの功績は，理事会の認めるところで

あり，館員の多数も認めざるをえなかった。パニッツイには，敵とともに味方も大勢いた，彼が職員の給与と福祉の改善に力を尽くしていたからであった。

　館長となったパニッツイは，すでに大きな仕事をすませていた。残る仕事は，むしろ，その後の拡大に備えた博物館の「解体」であった。博物館の初期からのコレクションであった自然科学の標本類は，科学博物館に移されることが決定した。また1860年代のパニッツイは，館長の職務を離れてイタリアの政治に関与していた。その後の1868年，健康を損なった71歳の彼は引退を決意した。すでに1859年にはオックスフォード大学から名誉学位を贈られており，1861年の政府からの叙勲は，外国人であるとの理由で一度は辞退したが，1869年になって，市民権を取るとともに叙勲に応じた。しかし，彼は1855年にはフランスのレジョン・ドヌール勲章を受け，1868年にはイタリアの国王の授勲を受けていた。彼がもっとも喜んだのは，1856年に博物館図書館の刊本部職員から寄贈された胸像であったという。

　アントニオ・パニッツイの人物像については，毀誉褒貶が半ばしている。一生結婚をしなかったが，社交界では，特に保守派の議員たち夫妻の間では，会話に巧みな気さくな人物として知られていた。しかし，その強引な手法は館内では多くの敵をつくっていた。喧嘩っぱやく，鉄の規律で館内を支配していたためである。しかし，彼はすべてを敵にまわす支配者ではなかった。理路は整然としており，その行動に感服していた人たちもいた。彼を継いで館長となったジョン・ウィンター・ジョーンズも，後に刊本部長となったリチャード・ガーネットも彼の薫陶のもとに育っていたのである。外国人

として「差別」された面は確かにあったが、彼は持ち前の忍耐力で持ちこたえていた。

批判はあるにせよ、大英博物館を真の国立図書館としたパニッツイの功績は否定できないであろう。彼が刊本部長として活躍した時期は、ヴィクトリア女王治世の最盛期であり、国家の隆盛とともに大英博物館も繁栄できたことは事実であるが、彼の努力と功績は認めざるをえない。イタリアを祖国としながらも、パニッツイはイギリスを第二の祖国としていた。チャーチスト運動のさい、デモ隊が博物館を襲うとの噂に、自宅に引きこもったままの館長エリスに代わって、職員たちにゲキをとばし「国のため一身を投げうってでも博物館を守ろう」と叫んでいた。彼は真の意味での文化財の保護者であったので、残骸として形だけ残された現在の円型閲覧室を見ないですんだのは幸いであった。

参考文献：

パニッツイについての文献は数多く、伝記としては E. Miller, *Prince of Librarians: the Life and Times of Antonio Panizzi,* 1967 ; C. Brooks, *Antonio Panizzi: scholar and patoriot,* 1931 ; L. Fagan, *The Life of Sir Anthony Panizzi,* 1880 があり、大英博物館の元刊本部長による C. B. Oldman, "Sir Anthony Panizzi and the British Museum Library" *English Libraries 1800-1850,* University College London, 1958 も参考になる。大英博物館の歴史は、P. R. Harris, *The British Museum Library,* 1998 がもっとも詳しい。『オックスフォード・イギリス伝記事典』の項目もハリスが書いている。日本語のものでは、藤野幸雄『大英博物館』（岩波新書 1975）がある。

6 ウィリアム・ユーワート
(William Ewart)

　イギリスの下院議員であったウィリアム・ユーワートは，公費による都市の無料図書館を初めて成立させ，世界中にそれを広めた「公共図書館法」の生みの親であり，イギリス図書館協会には彼の胸像が飾られ，その功績がたたえられていた。ユーワートは38年にわたり国会議員であり，この間にいくつもの進歩的な法案を成立させており，内閣には入らなかったものの，急進派の議員として知られていた。後に有名な宰相となったグラッドストン（1809-1898）はユーワートの父を名付け親とし，「ユーワート」の名をミドル・ネームとしていた。

　父で同名のウィリアム・ユーワートは，リヴァプールの貿易商であり，その父親の代から財をなして当地で知られていた。リヴァプールは，19世紀初頭にはすでに人口8万人の大都会であり，イギリスの産業革命と貿易立国を支える存在であった。父ウィリアムには4人の息子と4人の娘がいたが，長男と三男は父の商売を継ぎ，四男は国教会の牧師として名をなしていた。この家の次男

**William Ewart
(1798-1869)**

が国会議員となったウィリアム・ユーワートである。娘のうち2人は早くに亡くなり，2人は商人のもとに嫁いでユーワート家を支えた。

　13歳になったウィリアムに最高の教育を受けさせるべく，父は彼をともなってロンドン郊外のイートン校に連れていった。当時のイートンまでの旅はリヴァプールから馬車で2日かかった。1440年にヘンリー六世により創設されたイートン・カレッジは有名なパブリック・スクールで，貴族の子弟のエリート養成で知られていた。貴族ではなかったが，富豪のユーワート家の息子はここで教育を受けることができた。「6時学校」と呼ばれたイートン校は，朝の6時から始まっていたが，同時に午後の散策やクリケットの試合も楽しめた。また，学生はラテン語の古典を中心に学んでいた。同級生には後の宰相のエドワード・スタンリー，後の下院議長のジョン・デニソンなどがいた。イートン校はオックスフォード大学に進む学生の予備門であった。古典とスポーツの基礎は，その後の大学生活に必須の条件でもあった。イギリスの上流社会の基盤はこうした姿で形成されていた。

　1817年にオックスフォードのクライスト・カレッジに進学したユーワートは，ここで1820年にはラテン語の詩「エフェソスのダイアナ寺院」でニューゲイト賞を獲得した。ニューゲイト賞は詩人ロジャー・ニューゲイトにより1805年に設立された新人賞で，大学内では知られていた。この時の賞金21ギニを若者は『ブリタニカ百科事典』1815年版に費やした。同時に彼はすでに進路を定めていた。1820年にロンドンのミドル・テンプルに所属して法律家となったユーワートは，1821年6月にクライスト・カレッジを卒業した。

1821年の夏,ウィリアム・ユーワートはパリに旅行したが,1か月でリヴァプールに戻ると,父の許可を得て10月には「グランド・ツアー」に出発した。当時のイギリスの上流階級の若者たちは,大学を出ると「グランド・ツアー」と称する大旅行に出かけるのが習わしであった。このさいの見聞は将来に備えた教養のためであり,行く先はたいていがヨーロッパ大陸で,フランスとドイツに滞在することが多く,さらにはギリシアや近東の聖地まで足をのばす者が多かった。ユーワートは馬車を買い求め,従者を一人雇って旅行に出発した。まずフランスに渡ったが,パリはいまだ革命後の混乱のさなかにあり,ここは短期間ですませ,フランス国内の都市を旅行した後,トリノからイタリアに入った。まずフィレンツェに行き,ここでイギリス貴族の屋敷に滞在,3月末までフィレンツェで過ごし,その後はローマに住み,そこからナポリに出かけたり,シチリア島まで遠征してカターニアにも行った。イタリア南部の探索は学生の旅行としては異例の旅であった。ユーワートの美術嗜好はこうして育てられていた。ヴェネツィアからトリエステを経由してオーストリアのウィーンに抜け,ここで彼はヨーロッパ諸国の外交団に紹介されていた。こうした旅は1823年4月まで続いた。旅の記録は彼の故郷に宛てた手紙に詳しく記されていた。

　1829年にリヴァプール地区での国会議員の空席を譲り受けて代議士となったユーワートは,下院議員としてこの時より活動をはじめ,同年12月に彼は7歳年下の従姉妹メアリー・アン・リーと結婚してロンドンに住んだ。当時のロンドンはまだ大都会ではなく,北はユーストン通りまでで,ハイド・パーク以西,ランベス以南は田園であり,ここが大都市

となったのはヴィクトリア女王の時代，1840年以後のことであった。議会では時にアイルランドの「カトリック教徒解放」の法制が議題となっており，ユーワートはただちにその進歩的な姿勢を示して，解放に賛成していた。1830年より1837年までのユーワート議員は，若手の「急進派」として頭角を現していた。主として取り組んだのは死刑廃止の法改正であり，主張としては「極刑」の全面廃止であったが，家畜の窃盗などの罪まで絞首刑とされていた当時の刑法を段階的に廃止することに成功していた。少なくとも彼は，公衆面前での死刑執行のしきたりをやめさせることができた。次いで彼が取り組んだのは，博物館の国家支援策であった。ユーワートにあっては，博物館は民衆教育の一環であり，彼の視野には国民教育の必要性が認識されており，それは，後の公共図書館の設立にもつながっていた。彼が美術界の拠点である王立アカデミーの権威に反対したのも，そうした民衆教育の振興のためであった。彼は「進歩派」ではあったが，政党には所属せず，志を同じくする議員たちとともに活躍し，トーリー党およびホイッグ党という二大政党の枠外にいた。

　1837年はユーワートにとって最悪の年であった。7月に妻のメアリー・アンが急に亡くなった。死因は定かではないが，結婚後たて続けに5人の子どもを産んで，生来丈夫ではなかった健康を悪化させていたのであろう。4人の娘と末っ子の息子とともに，いきなり男やもめとなったユーワートは生き甲斐を失った。一人息子は病弱であった。さらに，1837年7月の総選挙で彼は破れ，トーリー党の候補者に議席を奪われていた。

　1年半の独居を経て，1839年の次の選挙でユーワートがリ

ヴァプール北方のウィギン区からの候補者として政治家に返り咲いたのは，妻の叔母ハリエット・リー夫人の支援があったからである。膨大な資産を彼の支援のため提供したハリエット夫人により，選挙区の票は獲得できた。

国会議員に返り咲いたユーワートは，自由貿易の「旗手」として各種輸入税法に反対して名をあげていたが，いずれも孤軍奮闘であり，時には大政党の圧力に屈せざるをえなかった。こうした彼がもっとも知られたのは，1850年の「公共図書館法」の成立によってであった。彼は市民が利用できる図書館の設立も民衆教育の実現のための必須の施設であると考えていたし，彼自身も読書家であって，最近の研究では1841年設立のカーライルのロンドン図書館の最初からの会員であったことが知られている。加えて，ユーワートには強力な味方がいた。大英博物館の職員で，外国の図書館事情に詳しく，ロンドン美術連盟の書記でもあって，ユーワートが博物館の国家援助法の成立のさいに知り合っていたエドワード・エドワーズである。

エドワーズの発案をもとに，ユーワートは同志の議員にはたらきかけ，1849年3月に議会の特別委員会を発足させた。この委員会でユーワートは，証人として喚問したエドワーズに多数の質問を試み，イギリスがいかに市民の図書館の面でヨーロッパ諸国に遅れているかを聞き出していた。しかし，証人の最後として出頭した大英博物館の刊本部長アントニオ・パニッツイはエドワーズの証言に反論した。市民の図書館には反対ではないが，エドワーズのあげた数字が間違っているというのであった。委員会は結論を次の年に持ち越した。

パニッツイは自分の部下であるエドワーズが議会の公聴会

で勝手に振る舞うのが気に入らなかったのであり，館内のエドワーズの目録作業にも文句を付けていた。これにたいしてユーワートはパニッツイを嫌っていた。イタリアからの亡命者であるパニッツイは，大英博物館に入って出世する以前，リヴァプールに住んでユーワートの兄に金銭的な迷惑をかけていたのである。パニッツイと親しい国会議員が特別委員会内におり，議事は難航したが，議員を入れ替えた1850年の特別委員会ではユーワートの多数派工作が成功し，議案は1850年7月30日に下院を通過し，8月15日には女王の認可を得た。下院を通過してしまうと，パニッツイの反対は意味がなくなっていた。

この法案で決められたのは，地方自治体（特に大都市）が納税者の税金1ポンドにつき2分の1ペンス（ペニー）を図書館設立のために使うことを認可したことであった。こうして，税金による市民の図書館が実現する基盤が固まった。その時には，租税収入による資料購入まではできなかったが，図書館法はユーワート議員の引き続きの努力のもとで数度にわたって改正され，「ペニー・レイト」は段階的に引きあげられた。各地の自治体は1851年より図書館法を採択して，公共図書館の開設に取り組むようになっていた。

図書館法の成立とは逆に，大英博物館ではエドワード・エドワーズが図書館から「追放」された。博物館理事会はパニッツイとエドワーズの確執を見逃せなかったのであり，パニッツイに味方せざるをえなかったのである。ユーワートはリヴァプールに近い都市，マンチェスターに設立された公共図書館の館長にエドワーズを推薦した。

図書館法の成立以前に，ユーワートがなぜ図書館にたいす

る国家補助を訴えないで,租税による各自治体の法案採択の方向を推進したかについて,後の研究者からの疑問が提出されているが,この点ではエドワーズを頼りすぎたとのと指摘もある。

その後,ユーワートは死の年まで下院議員を務め,その間にはさらに死刑廃止のために活躍し,公開処刑は1868年に全廃された。さらに彼は,公務員の試験制度の実現にも取り組んでいた。こうした法案は,彼が独力で提出した議員立法であり,一生を通じて内閣には関与しなかった議員としてのユーワートの独自性が貫かれていた。

1857年よりロンドン西方のウィルトシャー州ディヴァイジズの美しい田園の邸宅に住んだユーワートは,1868年の末にもっとも親しかった弟を失い,その翌年の1月20日にウィルトシャーの邸宅で静かに息を引きとった。71歳であった。

参考文献:

William Munford, *William Ewart.* Library Association, 1960 が図書館史研究者により書かれた「ユーワート伝」である。『オックスフォード・イギリス伝記事典』には S. M. Farrell が項目を執筆している。写真はマンフォードの著書より。

7 ヘンリー・コックス
(Henry Octavius Coxe)

　オックスフォードのボドリー図書館を世界的な研究コレクションの場として再建した中興の祖と言えるヘンリー・コックスは，国教会の牧師リチャード・コックスの八男の末息子として，イングランド中部レスターシャー州ノーマントン・ホールの牧師館で生まれた。少年時はウェストミンスターの学校に通ったが，1825年には叔父に引き取られて，ドーヴァーの牧師館で受験準備をすませた。そして，ここに滞在中に，彼は海と船に取りつかれて過ごした。1829年にオックスフォードのウスター・カレッジに入学したコックスは，ボート部に入ったが，学業のほうは失敗，大学での教職はあきらめ，1833年には単位だけ習得して，同年に大英博物館の写本部に就職した。コックスは，大英博物館で写本部の副部長（1837年からは部長）のフレデリック・マッデンにより，大英博物館所蔵の写本文献についての古文献学の知識を徹底的に鍛えられていた。彼の仕事熱心さは有名であり，ほとんど終日を写本の筆耕で過ごし，ギリシア写本の権威者として知られるまでになった。

Henry Octavius Coxe
(1811-1881)

1839年，コックスは，オックスフォードのボドリー図書館の副館長に抜擢され，当地に赴任すると同時に，ヒルグローヴ将軍の娘シャーロットと結婚した。父親の将軍は，国王ジョージ四世の秘書であり，かつてロゼッタ・ストーンをエジプトから運んだことで知られていた。ボドリー図書館での給与は年間250ポンドであり，コックスはカラム教区教会の副牧師を兼任して家計を補った。

　コックスが赴任したころのオックスフォードでは，ジョン・ニューマンによる「オックスフォード運動」がたけなわで，国教会派による改革が進んでいたが，図書館の管理のほうは長年にわたり停滞したままであった。館長のバンディネルは1813年からその地位にいたが，毎日ほとんど数時間しか仕事に来なかったし，自分の年金の交渉が妥結した1860年まで職を手放そうとはしなかった。引退した時には，彼はすでに76歳であった。しかし，こうした長期にわたる放任にもかかわらず，蔵書資料のほうは増加していた。ヴィクトリア朝の繁栄をうけて，出版物の納本と寄贈が爆発的に伸びていたのであり，そのため未整理の滞貨資料が山積みになっていた。図書館でのコックスの仕事は主として写本の整理であったが，館長が不在がちなため，彼は早い時期から館長の代理と見なされていた。もう一人いたアラビア資料の専門家の副館長も館長とほぼ同年輩であった。1860年にバンディネルを継いでコックスが館長に任命されたのは当然の人事であった。

　1860年に理事会の全員一致の推薦のもとに館長に就任したコックスの活動は目ざましかった。図書館は，滞貨資料の積みあげおよび不便さと，資料の混雑ぶりで利用がはばまれていた。コックスは，ただちに改革に取りかかった。彼の最

大の目標は利用のしやすさであり、このためコックスは目録の改編を実現させることにした。滞貨のために図書館分類もほとんど無効であった。コックスは大英博物館およびケンブリッジ大学図書館を視察した後、大英博物館の「切り貼り」目録をもとに、独自に手を加えて、蔵書のすべてを記録に載せることにした。全蔵書の著者目録は 1878 年に刊行された。

この間の増加資料もきわめて多かった。その第一はアシモレアン博物館からの写本コレクションの移管で、15 世紀以前の貴重な写本 3,700 冊が図書館の蔵書に加わった。コックスは写本だけでなく、外国資料、特に「アメリカーナ」を追加し、東洋語、特にヘブライ語とペルシア語の資料を獲得していたし、地図や楽譜や版画にいたるまで、印刷資料の幅を広げた。

ボドリー図書館でコックスが取り組んだ第二の仕事は、ギリシア・ローマの古典および古代イングランドの記録文学の復刻であり、イギリス歴史協会のシリーズ『フローレス・ヒストリアルム』およびロックスバラ・クラブ刊行の古代詩『黒天使』は、コックスの学識と古文献の整理技術の腕前をいかんなく示していた。第二の業績は、1857 年に政府から地中海地域に派遣された調査報告で、コックスは、24 機関に所蔵されていた 600 種のギリシア語古代写本を目録にとり、索引を作成していた。イギリスではこの時期には古代オリエントと地中海世界の文化遺産にも関心を示しており、そこからの写本の獲得もその一つであった。

すでにバンディネル館長時代の 1840 年ころより、コックスが取り組んでいたのは、書庫の増築と利用者の閲覧室の拡張であった。ラドクリフ・カメラと呼ばれる中央の大閲覧室の改修を終え、さらに、第二閲覧室を開設して、利用を拡大

した。同時に，前館長時代に増えていた蔵書のために，隣接した施設を獲得して書庫を拡大した。こうして，ボドリー図書館は大規模な学術図書館として蘇っていった。

コックス館長は，1860年代の末には，すでにオックスフォードの名士であり，コーパス・クリスティ・カレッジの礼拝堂牧師，オックスフォード大学出版会の理事，大学博物館の管理責任者でもあった。

これまでの生涯を健康で，乗馬を得意とし，朝は5時半に起き，歩いて仕事場に行き，朝食前に2時間ばかり仕事をしていた精力的なコックスも，増築計画に取り組んで以来，体調をくずした。コックスは，1874年に腎臓の手術で入院して以来，健康が回復せず，1878年に再度手術を受けた。1880年には日記に「69歳になった。信じられないくらいであり，精神状態はなおも若い」と書いていたが，その2週間後に倒れると，翌年の7月に死去した。

コックスは，1879〜80年にはイギリス図書館協会の第二代会長を務めており，オックスフォードでは誰一人知らぬ者のいない人物であったが，それは当時の総長バーゴンの言うとおりの「心の広い」人物であったからにほかならない。彼は誰にでも区別なく奉仕していたのであり，苦境にいたエドワード・エドワーズにたいして最大限の世話を惜しまなかったことでも知られていた。

参考文献：
コックスの業績はH. H. E. Craster, *History of the Bodleian Library, 1845-1945*, 1981にもっとも詳しく記されており，『オックスフォード・イギリス伝記事典』にはMary Clapinsonが項目を執筆している。

8 エドワード・エドワーズ
(Edward Edwards)

　図書館史研究者 W. A. マンフォードの著書『エドワード・エドワーズ』(1963) には，エドワーズ (1812-1886) の生涯に大きくかかわった人たち（喧嘩相手のパニッツイを含む）の肖像画は出ているが，彼自身の姿はない。実際，公共図書館の創始者とも言われるこの人物の肖像画は残っていない。それは図書館員が仕事は残しても自分の像を残さない象徴であるからかもしれない。彼の一生は不幸の連続であり，大英博物館では彼のことを語りたがらない。墓がきちんと建て直されたのも 1950 年の話である。しかし，彼は間違いなく，生まれつきの図書館員であり，公共図書館の父であった。

　エドワーズはナポレオンがロシアで敗退した 1812 年の冬，ロンドンの煉瓦工の息子として生まれた。家は貧しく，彼の下には妹が 2 人いた。母は息子を職工で終わらせまいとして，自分で読み書きを授けたらしいが，この時代の下層階級のつねとして，彼の幼少期については知られるところが少ない。宗教的には非国教会派に属しており，この派は青少年教育に熱心であった。イギリス国教会から外れていたことと，彼が心情的にはトーリー党にくみしていたことは，一生を支配した要素に思える。父について煉瓦工として働き，ロンドン塔の裏手にあたる，わびしい家に住んでいた彼は自分で学んだ。建築技師クレースのつてをたどり，大英博物館の閲覧許可を

得たのは1834年のことである。アーヴィングの『スケッチ・ブック』にそのたたずまいが描かれる当時の閲覧室は，1日6時間の開館であり，彼はほぼ毎日ここに通った。利用者として図書館のことを書いたエドワーズの小冊子は注目され，彼は1836年の大英博物館の審議特別委員会で発言を求められた。同館の刊本部副部長のアントニオ・パニッツイが一躍その名を知らしめたのはこの委員会であった。パニッツイが格調高い演説で図書館の教育的意義を説いたとすれば，エドワーズはこの委員会では，利用者のための開館時間の延長，利用資格制限の緩和，分類目録の配備を主張した。

　エドワーズのもう一方の興味は工芸にあり，この機縁で彼はリヴァプール選出のユーワート議員を知り，美術協会の書記の役を得ている。とはいえ，生活は不安定で，オーストラリアの富豪マッカーサー氏に頼まれ，新大陸ニュー・サウス・ウェールズに関する一冊の本の執筆を80ポンドで引き受け，短期間に約300ページを書いた。彼の名は著者名として出ていないものの，この本はイギリスでもシドニーでもよく売れた。出版の翌1838年，不眠と不節制と重労働からの病をいやすため，後に運命の地となるポーツマス沖のワイト島で遊んだ。

　1839年2月，パニッツイが大英博物館の目録刊行を実現するため，エドワーズを助手に雇ったのは主として同情からであった。今や刊本部長として，館長をしのぐ勢いのパニッツイにはこうした親分肌なところがあった。彼の地位は有力なホイッグ党政治家により支えられていたことは否定できない。エドワーズが加えられた作業グループの仲間は，ジョン・ウィンター・ジョーンズ（後にパニッツイを継いで館長とな

る),トーマス・ワッツ(後の刊本部長)といった温厚な人たちであった。エドワーズが手がけたのはイギリス王制復古期の資料集成トマソン・コレクションである。1839年,彼が兼任していた美術協会の経理の乱脈が明るみに出て,エドワーズは責任を問われた。彼に責任があったとすれば,それは経理事務に素人で無頓着であったという点であった。そのうえ,彼は大英博物館でも勤務時間にルーズであった。体面だけは大切にするこうした場に彼は向いていなかった。パニッツイのエドワーズ排斥がはじまる。1844年,エドワーズは青年時代からの唯一の友人と言えるヘイワードの姉マーガレッタと結婚し,この9歳年上の妻とささやかな家を持ったが,1847年には父の死により,母と2人の妹の面倒まで見なければならなくなった。月給は最初から10ギニのままで,生活は苦しかったが,彼は酒を飲まず,読書で苦しみをまぎらわしていたという。彼のこの習性は一生変わらなかった。

1848年,ユーワート議員から来た手紙は彼にとって転機となった。ユーワートは政府が公共図書館設置のため町に援助を与える法案を考えており,さきにエドワーズが発表した市民のための図書館設立の呼びかけに触発され,意見を聞きたいと申し込んできたのである。2人はしばしば会い,「イタリアからの亡命者」パニッツイのリヴァプール時代の裏話をユーワートはつねに口にし,パニッツィ批判は共通の話題であった。市民の読書施設についてのエドワーズの知識は相当なもので,ユーワートが「公共図書館法」(1850年)を議会に通すための支えとなったことは間違いない。

1850年はエドワーズにとって,公共図書館設立運動が軌道にのった点でも輝かしい年であったが,個人的には厄年で

あった。パニッツイが理事会を動かし，エドワーズを「無作法で傲慢な態度」を理由に解雇した。退職金は25ポンドであった。

　彼にとって幸いだったのは，「公共図書館法」による最初と言ってよい図書館がマンチェスターに計画されたことである。ユーワートの勧めで彼は大英博物館退職後，間もなくして，マンチェスター市長ジョン・ポターに会った。市長は図書館をつくることには乗り気であったが，当然図書館のことは知らなかった。建物として向かないロバート・オウエン記念館を使わせ，職員の給料を不当に低くおさえていた。エドワーズはここに1858年までいて，最初は自分で選書カードをつくって，市民のためのコレクションづくりに努力したが，年額の給与は変わらず200ポンドという低さであった。エドワーズがこの図書館を「無礼な」「反抗的な」かどで1858年に追い出されたのは，選んだ本が予算をわずかながら上回ったこと，および，採用されてから1858年まで，給料の値上げを要求していたことが要因となっていた。マンチェスター公共図書館は1852年に2万1000冊を集めて開館し，その後のイギリス公共図書館の先駆となった。ただ，同市は専門の図書館員を処遇するすべを知らなかった。

　マンチェスターにいた時期は，エドワーズ個人にとっては生涯でもっとも落ち着いた時期である。ロンドンにいる母たちへの仕送りは大変であったが，家庭的には落ち着き，著作も完成していたためである。主著となった『図書館の回想』は，彼がマンチェスターから追われた直後に出版されている。総計2,000ページ近い2冊本のこの大著は，古代からヨーロッパ・アメリカ当代までの図書館の歴史と，図書選択，建物，

分類と目録，図書館管理にわたるいわゆる「図書館運営」からなっているが，著者のねらいは市民の図書館がいかに成り立つようになったか，また成り立っているかを示すことにあったようだ。図書館関係文献として図書館員に評価されたこの著述も，売れ行きのほうは思わしくなかった。エドワーズは『ブリタニカ百科事典』の第8版にも「図書館」その他の項目を執筆していた。

1859年からの10年は苦難の年月であった。エドワーズは体験を通して，図書館はいずれ政治の場になることを学んでいた。彼にできることは図書館を内側から記録して，図書館員たちの仕事を伝えるしかなかった。

1864年に出版した『図書館とその創設者たち』では，マンチェスターやリヴァプールの公共図書館について述べると同時に，大英博物館におけるパニッツイの功績を冷静に評価していた。1869年の『無料都市図書館』は，特にマンチェスター公共図書館成立の背景に詳しい。

著述での彼の業績は他の方面にも示された。『ウォルター・ローリー卿の生涯』(1868年, 2冊)と英国史の資料編纂の仕事である。前者において著者はローリー卿の書簡を広く図書館，文書館から集めて採録し，複雑と言われるこの人物の生涯を努めて客観的に描くことに成功したとされる。ローリー卿伝はその後ステビングの著作が決定版となるにいたるが，エドワーズの作品も資料的な価値を失っていないと言われる。1870年には『大英博物館を築いた人たちの生涯』2冊を公文書館，大英博物館の記録をもとに書いた。

この10年，彼は貧苦のどん底にあった。著書は売れず，収入の途はなきに等しかった。だが，家では夫人にたいして

本を読んでやっていた。彼の読書は次第に伝記が中心になっていった。1870年，エドワーズはロンドンで図書館長の職を求めたが失敗した。この時の審査員の一人，ボドリー図書館のコックス館長は気の毒に思い，クイーンズ・カレッジの目録整備の仕事をまわしてくれた。妻をともないオックスフォードに住んだ彼は，わずかな給料で家を支え，読書と散歩になぐさめを見出している。すでに老齢に達した彼は，耳がほとんど聞こえなくなっていた。契約が切れ，再び放り出された1876年の暮れ，エドワーズ夫人は73歳で亡くなっている。

　1877年はロンドンで図書館大会が開かれた年であり，図書館協会が発足した年でもあったが，エドワーズには声もかからなかった。難聴と貧乏のためであったろうが，初代会長はかつての同僚ウィンター・ジョーンズであり，引退したとはいえパニッツィの影響力はまだ残っていたと言える。そして，大会ではエドワーズの名前はどの報告や発言にも出なかった。ただ同年，アメリカからメルヴィル・デューイが『ライブラリー・ジャーナル』のイングランドの編集委員にならないかと誘いをかけていた。

　半端な仕事を引き受けながら，さらに数年オックスフォードに住んだ後，わずかな年金を得たエドワーズは，お気に入りのワイト島に移って暮らすことにした。島での読書は主として聖書に限られていたと言われる。以前から親切だった宿の未亡人との再婚も考えたらしいが，彼女のほうは小金を持つ引退執事を相手として選び，その男と結婚すると，夫妻は逆にエドワーズを追い出しにかかった。行く先のない彼は廃屋で寝泊りし，一時は見かねた牧師の家に収容されたりした

が，この家の都合でここも出て，戸外でこごえきった姿で発見されたこともある。1886年2月6日，彼は寄宿先の家で「栄養失調による衰弱」のため死んだ。

　ワイト島に来て取りかかっていた『伝記文献ハンドブック』は未完のままに残された。本をあつかう者は本を絶えず読まねばならぬ，との信念を貫いて生きたエドワーズの蔵書は競売にかけられたが，方々に残した借金の埋め合わせにはならなかったという。『イギリス伝記事典』に共感あふれる項目をエドワーズのために書いたのはリチャード・ガーネットであった。大英博物館で育ったガーネットは，性格が異なるとはいえ，おそらく自分の生きかたに重ねてエドワーズを見ていたのであろう。ワイト島にささやかな碑を立てたのはエドワーズ伝を最初に書いたトーマス・グリーンウッドであり，1902年のことである。図書館協会が公共図書館法施行100周年にこの碑を建て替えたのは1950年のことであった。

参考文献：

Thomas Greenwood, *Edward Edwards.* 1902 ; William Munford, *Edward Edwards.* Library Association, 1963 ; J. L. Thornton, "Edward Edwards" *Selected Readings in the History of Librarianship,* 1966 ; Alistair Black, *A New History of the English Public Library.* Leicester University Press, 1996. なお本稿は，「図書館をつくった人々－エドワード・エドワーズ」(『図書館雑誌』78(9), 1984, p.607-608) を基に改訂したものである。

9 チャールズ・ミューディー
(Charles Edward Mudie)

　ヴィクトリア朝の市民の読書を50年間にわたって支配し，1840〜1890年を「ミューディーの時代」と言わしめた出版社主のチャールズ・エドワード・ミューディーは，多くの意味でイギリスの公共図書館の先駆をなした画期的な「会員制図書館」（貸本チェーン組織）の創設者であった。当時の俗謡は次のように歌っていた．

　　　子どもたちには「パンチとジュディー」が
　　　大人たちには「ミューディー」がなければ

　チャールズは1818年10月18日にロンドン市外のチェルシーで生まれた。チェルシーはすでに静かな高級住宅地に変貌しつつあった。父親は，チェーン・ウォーク通りで新聞業を営んでおり，そのかたわら文房具店も経営していた。チャールズは学校を出てから，父親を手伝っていたが，1840年には独立し，ブルームズベリー地区に自分の店をかまえ，文房具店を経営しはじめた。この

**Charles Edward Mudie
(1818-1890)**

地は大英博物館に近く,ロンドン大学もすでに開学しており,文化人と学生の街として知られていた。2年後の1842年,ミューディーはここで「会員制図書館」をはじめた。この型の「図書館」は貸本屋であり,小説を中心とする読み物を提供する施設で,イギリスではすでに18世紀から栄えていた。同時に,「会員制図書館」としては文人カーライルなどが発起人となって発足した「ロンドン図書館」が1841年に開館していた。

「選定図書館(セレクト・ライブラリー)」の名称で開店したミューディーの施設は,次の点で評判を得た。社会が経済的に安定し,婦人・女子層と学生の読書熱が高まっていたこと,同時に,中産階級モラルを支える本を「選んで」提供することに主眼がおかれていたことである。1852年にオックスフォード通りで開いた店で,ミューディーはショーウィンドに入荷した新刊書を展示し,新聞広告も利用して新刊書の貸出を推進した。会費は年間1ギニ(金貨で21シリングに相当)で,本がいくらでも借りられた。1ギニは当時流行していた「三巻本」小説の値段に等しかった。ミューディーの成功をうけて,同種の「会員制図書館」がいくつもできたが,彼には対抗できなかった。

「ミューディー図書館」の本は,ペガサスの印のついた黄色の子牛皮で製本され,オックスフォード通りをこの本を抱えた娘たちの歩く姿が目立ったと言われる。家庭の居間にもミューディーの本がおかれていた。ミューディーは同じ本を大量に購入して利用者に提供した。こうして,ミューディーの商売は1850年代後半から1860年代にかけて繁栄し,おもな出版社の本を買い占めるほどとなっていた。例えば,ブラ

ックウッド出版から出たジョージ・エリオットの小説『フロス河の水車小屋』は6,000冊の出版のうち3,000部,『アダム・ビード』は3,000冊のうち1,500部がミューディーの「図書館」に並んだ。マコーレイの『イギリス史』は2,400部,ディズレーリの小説『ロシアー』は3,000部が買い占められていた。雑誌『エディンバラ・レヴュー』ですら600部を購入していた。この商売で成功したミューディーは,ロンドン市内に多数の支店を設置したほか,バーミンガムからスコットランド北部にまで「選定図書館」の店舗を増やした。これらはさらに,南アフリカからオーストラリア,ポリネシア諸島にまで広がっていた。このようにして,ディケンズやトロロープ,トーマス・ハーデイにいたる新時代の小説を普及させた,ミューディーの功績を見逃すことはできない。副本はロンドンでの需要が下火になると,箱詰めにして海外の支店に送られ,最後には廉価で販売された。1864年にミューディーはすでに資産10万ポンドの長者として知られていた。

　読者が求めたのは小説ばかりではなかった。リヴィングストンによるアフリカ探検や,スピークのナイル河源流の探検旅行とヴィクトリア湖の発見などが狂喜のうちにむかえられており,偉人伝も盛んに読まれた。読書研究の権威リチャード・オールティックは,『イギリス庶民の読書』のなかでミューディーの蔵書を分析している,それによれば,1853年から1862年にミューディーが購入した本は,小説が41万6706冊,歴史と伝記が21万5743冊,旅行と冒険が12万5381冊など,総計約76万冊であった。これは,当時まだ数が増えていなかった公共図書館の蔵書などは足元にもおよばない数字であった。会員には政治家のグラッドストンがおり,

図書館員のエドワード・エドワーズですら「ミューディー図書館」から本を借りて読んでいたという。

ヴィクトリア朝中期の一大現象と称されたミューディーの「会員制図書館」の最大の見せ場は，1860年ニュー・オックスフォード通りに建設した新館であった。大英博物館の円型閲覧室を模したドーム型の1階には壁面に書架がはりめぐらされ，新着図書が並べられていた。階上には少し古い小説やノンフィクションがおかれ，さらに3階には他の種類の本があった。ここでは，ジェームズ・ダフ・ブラウンが19世紀末に実施する「開架制」がすでに実現していたのであった。本店だけで80名におよぶ店員たちは，終日利用者の対応に追われていた。

ミューディーの事業は1871年に長男に受け継がれたが，この長男は1879年に急逝し，次男が事業を1890年代の半ばまで続けた。しかし，チャールズ・ミューディーの「選定図書館」の盛況は，実際には1860年までであった。成功したミューディーは1850年代には贅沢な生活にひたりきり，ラッセル・スクエアの邸宅は贅沢をきわめ，一族や奉公人までを引き連れてのイタリア旅行などの浪費がめだっていた。1860年の新館の建設とロンドンの名士を呼んでのその披露宴では，かなりな借財を残すこととなった。

ミューディーの借財の後始末のため，スミス＝エルダー，ジョン・マレー，ブラックウッドといった出版社が集まって善後策を話しあった。その結果，合弁会社の設立となり，その後ミューディーはいささか業績を改善させたが，全盛期にはおよばなかった。1870年代から1890年代にかけては公共図書館が都市部に相次いで設立され，市民の読書要求をここ

が吸収するようになっていた。それとともに，三巻小説の時代は終わり，ミューディーが自分一人で選定する図書選択の方針はすでに古くなっていた。

　頼りにしていた息子が亡くなると，チャールズ・ミューディーは気力を失い，翌年にハムステッドの自宅で亡くなった。ミューディーの「選定図書館」は，イギリスの公共図書館の発足初期に側面から市民の読書を支えたところに意義があった。ミューディーのいくつかのアイディアは，その後に受け継がれている。その一つはイギリス社会に定着している「会員制図書館」であり，ロンドン図書館のような会員制図書館は今なお会費制で運営され続けている。

参考文献：
G. L. Griest, *Mudie's Circulating Library and the Victorian Novel.* 1970 がもっとも詳しいが，D. Finkelstein, "The Secret: British publishers and Mudie's struggle for economic survival" *Publishing History,* 34, 1993, p.21-50 は，1860年代のミューディーの経営の苦境を分析している。他に C. J. Pomponio, "Charles Edward Mudie" *International Library Review,* 4, 1972 があり，『オックスフォード・イギリス伝記事典』の項目は David Finlelstein が執筆している。写真はグリーストの著書より。

10 ジョン・パスモア・エドワーズ
(John Passmore Edwards)

　19世紀イギリスの公共図書館運動は，1850年に下院議会を通過した「公共図書館法」によるところがもっとも大きかったが，市民への読書施設の開放をそれ以前から支えていたのは，民衆の教化に関心を持っていた資産家たちの寄付であり，その一人が新聞社主のエドワーズであった。

　ジョン・パスモア・エドワーズは，コーンウォール州トルーロ近郊のブラックウォーターで村大工の息子として生まれた。小学校でわずかな教育を受け，1835年からは父の仕事を手伝って，大工の見習い，酒場の手伝いなどを経験し，その間に手当たり次第に本を読んで，独学で知識を身につけた。これが認められ，1843年にはトルーロの法律事務所の助手に採用された。翌年，ロンドンの新聞『センチネル』のマンチェスター支社の代表となったころには，すでに政治と法律に関心を向けており，反穀物法連盟の会員であった。『センチネル』が破産し，エドワーズも借財を抱え，手当たり次第にさまざまな会で1回1シリングの講演を引き受けてまわった。主題は「禁酒」であり，ヴィ

John Passmore Edwards
(1823-1911)

クトリア時代にはこの問題をめぐって議論が続いていた。安酒ラムの飲酒は下層の労働者の間に広く蔓延しており，それは教化によってしか目覚めさせることのできない悪徳であった。禁酒法の社会活動家たちは進歩的な公教育論者であった。同時にこの時期には，スマイルズの『自助論』が広く読まれ，賛同を得ていた。

借金から抜けでると，エドワーズはジャーナリストとして活躍しはじめた。チャーチスト運動では支援者であり，ロンドン平和協会の会員としても頭角を現し，1848 年より 1850 年にはブリュッセルとパリとフランクフルトの会議にイギリス代表の一員として出席していた。彼はトランスバールの独立論者でもあり，南アフリカの戦争に反対であった。社会改革の闘士であったエドワーズは，賭博禁止，阿片輸入反対の運動の先頭に立っていた。死刑の廃止を叫び，軍隊における体罰の禁止，新聞税の廃止をも主張して知られていた。

1850 年にエドワーズは，蓄えのすべてを新聞『パブリック・グッド』に投資した。文字どおり社会正義の論戦を張りたかったのである。彼は自宅を編集所にし，自ら記事を書き，出版の実務も担当した。これが軌道にのると，『伝記雑誌』，『平和擁護者』，『詩雑誌』といった雑誌も次々に発行していった。しかし，手を広げすぎたのが災いして，出版事業は失敗した。雑誌は相次いで廃刊となった。エドワーズは，独立の時事評論家となり，新聞に記事を書いて生活を支えた。

フリーのジャーナリストとして資金を蓄えたエドワーズが，負債をすべて返済できたのは新聞の破産から 13 年目であった。1863 年に彼はようやく雑誌『建築ニュース』を買い取ることができ，家計も落ちつくと，次に 1869 年に買収

した『職工雑誌』が名実ともに成功した。これはジョージ・バークベックがグラスゴーで開始した職工たちのための技術学校「職工クラス」の成功によって、さらに、イギリス各地で続々と開始された技術教育の学校の普及によって支えられていた。雑誌そのものは、蒸気機関のメカニズムの説明といった初等技術の解説を主としていたが、エドワーズ自身の思想にもかなっており、雑誌の部数は次第に伸びていった。1868年には故郷のトルーロで下院議員の選挙に立候補したが、これは実現しなかった。しかし、1876年にはロンドンの新聞『エコー』を買い取ることができた。

すでに53歳であったが、エドワーズは1部半ペニーのこの大衆新聞を軌道にのせた。彼はこの新聞を「リベラル」な路線にのせて成功させた。これを政界への基盤としたエドワーズは、1880年にはソールスベリーで自由党の議員に立候補して、当選し、急進派の国会議員として活躍を開始した。新聞『エコー』は順調に部数を伸ばしたが、エドワーズは政治家としての活動に専念すべく、1884年には新聞をアメリカの財閥アンドリュー・カーネギーの手に譲り渡した。だが、カーネギーが編集をまかせたイギリスの議員は実務にはうとく、エドワーズは、主義主張だけで新聞が刊行できるわけではないと知り、1886年に『エコー』を買い戻した。1898年まで『エコー』の編集にたずさわったエドワーズは、新聞を売り渡して引退した。新聞『エコー』は1905年に破産して廃刊となった。エドワーズは1911年4月22日にロンドンのハムステッドの自宅で亡くなった。

エドワーズは新聞『エコー』からの利益のほとんどを公共事業に寄付していた。1880年以後に彼がかかわった慈善事

業はきわめて広範囲であり，そこには彼の人道主義者としての姿勢が表れていた。生涯の最後の30年に彼の寄付でつくられたものは，8つの病院，5つの療養所と癩病施設，4つの少年院，3つの博物館であり，無数の水飲み場，はては救命ボートの寄贈までもがあった。ロンドンのタヴィストック・スクエアにはセツルメントが設立され，ここに彼は1万4000ポンドにのぼる資金援助をしており，後にここには彼の名前が付けられた。

寄付行為のうちで，彼がもっとも重視したのは図書館であった。23館の公共図書館が1890年代に，故郷のペンドンスおよびロンドンで建設されており，さらに，彼の寄付はすでにあった公共図書館の資料費の寄付にまでおよんでいた。ロンドン地区で彼が寄付した図書館は，ステプニー，ショアデッチ，ハマースミス，カンバーウェル，エドモントン，サザーク，イースト・ハム，アクトンにあった。

エドワーズは，生前にヴィクトリア女王およびエドワード七世からのナイトの称号の授与を辞退していたが，ロンドンの5地区からの名誉称号のほうは受けていた。彼が図書館に寄付をしたのは，自分の貧しい教育歴からきていたことは間違いない。彼は典型的な「自助努力」の人で，教養を独力で身につけていたが，そうした機会のない貧しい人たちにそれを提供することに一生を捧げていた。

イギリスの公共図書館が発達した裏側には，こうした寄付が多数あったことを知らねばなるまい。1850年以前にも何人かの寄付者はあったが，それが急速に増えたのは，1850年以後であった。寄付行為は募金に応ずるものもあったし，個人名による大口の寄付もあった。建物の建設もあれば図書

の寄贈もあった。1850年がその分岐点にあったのは，ここがイギリスの繁栄の転換点であったことを意味しており，ある意味での「大英帝国」の興隆の起点であったことによる。社会では，これを基盤として義務教育の議論が活発化するとともに，サミュエル・スマイルズの『自助論』(1859)による成人教育の理念が定着した時期であった。図書館への支援は，各地方自治体での「図書館法」の採択とともに，これを支えた市民からの寄付行為が大きな意義を持っていた。1870年代の末からイギリスおよびアメリカで始まったアンドリュー・カーネギーの寄付は，パスモア・エドワーズの行為に刺激されたものであったが，両者の信念はヴィクトリア朝の「善意」の哲学から生まれたものであった。

参考文献：
エドワーズについてはP. Baynes, *John Passmore Edwards, 1823-1911: an account of his life and works.* 1994がある。『オックスフォード・イギリス伝記事典』にはA. J. A. Morrisが項目を執筆しており，William Munford, *Penny Rate.* 1951にはエドワーズの公共図書館への支援についての解説がある。

11 ヘンリー・ブラッドショー
(Henry Bradshaw)

　ケンブリッジ大学の図書館長であり，1884年には図書館協会長であったヘンリー・ブラッドショーは，イギリス記述書誌学の創始者として知られていた。書誌学者としての彼がケンブリッジ大学図書館にたいしてつくした功績は計り知れない。本章では，特にブラッドショーのこの方面の業績がいかなるものであったかに焦点を当てることにより，大学図書館がいかに書誌研究によって発展していったかを概観することにしたい。

　ブラッドショーは1831年2月3日，ロンドンで銀行家の家庭に生まれた。父方の祖先はアイルランド出身のプロテスタント教徒であった。蔵書家の父はアイルランド関係の古書を集めており，1845年に父が亡くなると，コレクションは一人息子のヘンリーに残された。息子は美しい装丁と挿絵の蔵書をながめるのが趣味となっていた。

　イートン校からケンブリッジのキングス・カレッジに入学したブラッドショーは古典を学んだ。当時，大学改革が進行中で，試験制度は確立していなかったが，彼は

**Henry Bradshaw
(1831-1886)**

あえて試験を受けて学士の称号を手にした。在学中から熱心な図書館の利用者であったブラッドショーは、図書館で働くことに決めていた。ただ、1856年11月に大学図書館の助手となったが、翌年の10月には職を辞した。理由は簡単で、図書館を書物の研究に専念する場とみなしたためであった。しかし、大学図書館側は翌年に彼を職員として呼び戻した。図書館の理事会が図書館蔵書の現状、特に古写本と古刊本の状態の調査と今後の方針策定の必要を知り、彼にこの調査を依頼したのである。ブラッドショーはこの時より生涯の最後までケンブリッジ大学図書館に留まった。

　最初は美的な見地から図書資料をながめていたブラッドショーは、その記述に取り組むことになり、方法を模索しはじめた。最初に取り組んだのは、教会の「典礼書」であった。数ばかり多くて、ほとんどが未整理であった「典礼書」をどう処理してよいかわかる担当者がいなかったからであった。彼は教会の儀式や作法の根源から勉強しなおし、ついにはこの方面の権威者となっていった。イギリス国教会もまた、古代からのキリスト教の各派の作法についてのコレクションをつくっておく必要性を感じていた。このためには各地の図書館の蔵書も調べねばならなかったが、こうした本についてはどこにも完全で正確な記述の目録はできていなかった。

　次いで取り組んだのはチョーサー研究であり、文学についての関心はすでに大学時代からかなりなものであった。チョーサーの『カンタベリー物語』は、18世紀の70年代にトーマス・ティスルウィットが編纂したものが使われていたが、間違いが多いと指摘されていた。ブラッドショーはこの作品の写本60種を集めたが、内容にはかなり相違があった。も

ともと24話からなるこの作品のまとめかたが、写本によって異なっていたのである。ブラッドショーは話の内容の関連性と記述の分析により、3系統、12グループにまとめ、これがそれ以後の定本として使われるようになった。

ブラッドショーの研究は、次第に写本の歴史に近づいてゆき、聖書の古写本にも関心を寄せるようになった。1844年にシナイ山のセント・カタリナ修道院で発見された「コデックス・シナイティクス」は、ギリシアの研究者コンスタンチン・シモニデスにより贋作だと見なされていたが、ブラッドショーはこれが4世紀前期の写本であると断定して注目をあびた。彼の研究はさらに聖書の古写本「コデックス・アレクサンドリヌス」の発見につながった。

写本を貴重な珍品と見なす好事家および列挙書誌作成者から、ブラッドショーは次第に脱皮してゆき、写本の記述書誌に取り組むようになった。後にポラード、グレッグ、マッケローが完成する「文学の文法」としての分析書誌学にまでは進まなかったにせよ、その基礎はブラッドショーによりつくられていた。

当然のこととして、次に彼がとりあげたのは、印刷初期の資料であり、インクナブラの研究であった。ブラッドショーはまず、出版業者ウィリアム・ブレイズとの文通から、カクストン印刷の研究をはじめ、さらに、ドイツの初期印刷についての研究に取り組んだ。自宅のコレクションにもあり、ケンブリッジ図書館にもあったウルリヒ・ツェルの初期印刷本を対象にしたのである。彼はその50年ばかり後にフランスで流行することになるアナル派の取り組みの先駆者となっていた。すなわち、インクナブラを個別に列挙する記録ではな

くて，一人の業者の仕事を全体として史的な環境のなかに位置づける研究であった。

　大英博物館以外には書誌学者がほとんど存在しなかった初期の時代に，ブラッドショーは，写本および初期印刷本の実態を解明しようとしていた。大学図書館の仕事に追われて，自分の研究を論文に書き残すことは多くなかったが，彼の評判が高まるにつれて，外部からの相談が増えるようになった。彼が残した書簡は大量にある。書簡を通じて，記憶力抜群のブラッドショーの姿が浮かびあがり，彼が書誌研究者として頼りにされた理由が見えてくる。

　1884 年に図書館協会の会長に選ばれたブラッドショーは，会長講演のなかで，図書館員の任務は利用者の時間を省かせる方向でのサービスである点を強調していた。しかし，その直後に病にたおれ，1886 年に 55 歳で現職のまま世を去った。

参考文献：

Roy Stokes, *Henry Bradshaw, 1831-1886.* Scarecrow Press, 1984, 272p はブラッドショーの論文集であり，ストークスによる伝記を含んでいる。『オックスフォード・イギリス伝記事典』の項目は，David McKitterick が執筆している。写真は，*Cambridge University Library: a history,* 1986 より。

12 ジョン・ピンク
(John Pink)

　ケンブリッジ市の公共図書館の館長を50年間にわたり務めたジョン・ピンク（1833-1906）は「ヴィクトリア朝の図書館員」と呼ばれている。「ヴィクトリア朝」とはヴィクトリア女王の治世時代で，イギリスが「大英帝国」として世界に知られた時を指し，これを支えたのが保守的なモラルであった。この時代の象徴は，1851年にハイド・パークで開かれた世界で最初の大博覧会であり，イギリスの威信がここに示されていた。ピンクが館長であった期間は，ヴィクトリア女王の治世にほぼ一致していたとともに，彼がヴィクトリア時代のモラルを体現して生きていたこと，律儀にもその死後に「幽霊」となって現れ，自分の図書館の将来までを気にかけていたことによる。すなわち，一生を創設期の無料図書館とともに生きた生粋の図書館員であった。

　ジョン・ピンクは1833年4月21日にケンブリッジで生まれた。この大学都市はいまだ改革前で，旧体制に支配され，人口こそは2万人を超えた，当時としてはかなりな規模の都市であったが，まさに変革の時期にあった。彼は大学関係者の息子ではなく庶民の出であって，慈善学校で教育を受けていた。

　ケンブリッジは，1850年にイギリス下院議会を通過した「ペニー・レイト」による「無料図書館」の法律を1852年

に採択した．マンチェスターに次ぐ，国内で3番目の都会であった。図書館の建設が完了し，1855年4月に市民に向けて開館した図書館は，その2か月後に館長を募集していた。学校を出て，書店の見習いをしていたピンクは，他の多勢とともに館長職に応募した。年給は63ポンドで，芳しいものではなかったが，彼は自立せねばならなかった。13名が面接に残され，最後に，ピンクと駅馬車の御者の2人が理事会による決戦投票に残された。投票は両者が半分ずつの票を得，最後に議長がピンクに投票して決着をつけた。市長のクロスは御者を支持していたというが，投票の場に遅れて到着し，採決はすでになされていたのだという。

　フレンズ派教会の集会所を借り受けて，1855年6月に開館した図書館は，ケンブリッジ大学教授2人からの寄付350ポンドを図書購入費としていた。図書館委員会は，市の理事会委員の10名と別に選ばれた市民代表10名から構成されており，当初は毎週委員会が開かれ，細則を決めていた。開館時間は月曜日から土曜日まで，毎日12時から4時までと6時から10時までであったが，こうした開館時間は普通であった。エドワーズが初代館長であったマンチェスター公共図書館でも，朝10時から夜9時まで連日開館していた。ケンブリッジ図書館には週給4シリングで清掃と暖房を受け持つ助手が一人いた。ピンクは，毎朝9時には出勤して，机を整理し，利用者に備えていた。唯一の休日にあたる日曜日の午前，彼はすでに取り組んでいた組合教会の日曜学校の仕事を続けていた。

　最初に開かれた図書館は参考図書館だけであり，入館者は男性に限られ，図書館員はピンク一人であった。1855年7

月に委員会はピンクに命じ、他の公開図書館の女性の利用について調査させていた。ただ、この結果がどうなったかは知られていない。1年が過ぎ、館長の生真面目さは委員会の知るところとなり、委員会は2週間ごとに開かれるようになって、館長の発言も重視されてきた。しかし、図書館の利用は伸びず、かえって利用者は減った。寄贈以外にはたいした蔵書もなく、特許資料とか大学の紀要などに市民が見向きもしなかったのは無理もない。ピンクは貸出図書館と新聞閲覧室を持ちたかった。しかし、市の財政はきびしく、図書館拡大の予算は取れなかった。折からに、クリミア戦争による増税がイギリス全体を覆っていたのである。

　図書館が市民の読書の場となったのは、1857年、ヴィクトリア女王の夫君アルバート公がケンブリッジ図書館の存在を認め、120冊の図書を寄贈したことがきっかけとなった。コレクションにはギャスケル夫人の伝記、ハリエット・マーティノーの『30年戦争史』といったノンフィクションがならんだ。図書館委員会は1858年1月に「貸出図書館」の設立のための小委員会の設置を決めた。委員会は同時に、図書館に付設する博物館の設立を決め、そこへの美術品の寄贈を呼びかけた。図書館と一体になった博物館の設立は、イギリスの文化事業にあっては18世紀からの由緒ある伝統であった。

　同年2月、1,000冊の本の購入費として113ポンドが支給され、ピンク自ら5シリング以下の本を選んでいた。図書とともに、ガス・ストーブが配備されたが、これは1851年の博覧会に出品されて評判となっていたものであった。4月28日に開館となった貸出図書館には、「個室」すなわち女性用

読書室が備えられていた。図書館の利用者は急速に増えた。最初の日の登録者は143名であった。

　貸出部門の成功に勢いづけられたピンクは，新聞閲覧室の設置を委員会に申請したが，その理由づけとして，近隣各地の公共図書館の現状を調査していた。新聞は，委員会では「単なる犯罪や賭博のニュース源」として排斥されていたが，市民には人気があり，マンチェスター，サルフォードといった先進的な公共図書館ではどこでも配備されていた。ピンクは，地方の新聞社に寄贈を依頼するとともに，土地の富裕な市民に新聞の寄贈を呼びかけた。ヴィクトリア朝の富裕な階級はこうした寄付をむしろ歓迎していた。こうして『タイムズ』や『デイリー・ニューズ』は図書館におくことができた。新聞の人気は委員会の面々を苦笑させていたが，読書人口は増加し，1日の利用者は平均170名を超えていた。貸出図書館の貸出冊数は1日70冊であった。これに反して，参考図書館の利用者は減り，1日平均20名であった。ピンクの年給は100ポンドとなった。彼は自費で手伝いの少年を雇っていた。

　次いで，ピンクが当面した問題は「反モラル」の小説類の排除であった。彼も時代の道徳基準には従わざるをえず，『椿姫』などを焼き捨てた。若者にとって「有害」と見なされた本104冊がこうして処分されていた。「好ましくない」本のなかには，ブロンテ姉妹の小説，ルソーの『告白』，ゲーテの小説が入っており，ボッカッチョの『デカメロン』は21歳以下の者への貸出が禁じられていた。

　貸出図書館の利用の増加は，建物の手当てを必要としていた。委員会は市庁舎の一部をこれに割くことにした。この機

会に，同市のセント・メアリー教会の教区牧師は，図書館が閉まっている日曜日を日曜学校に使わせてもらえないかとピンクに頼み，拒否されていた。図書館は「公共」のものであり，教会といえども一部の利用者のための利用は許されるべきではないというのが彼の答えであった。ピンクはこうしたことのけじめは，委員会からの依頼であろうが毅然として断っていた。

1860年代になって，委員会の新委員となった市評議会のロバート・サッドは，費用がかかりすぎるとして図書館の拡大に反対し続けた。利用者の多くは「低級な小説」の読者ばかりであるし，市民のモラルも風紀も低下するばかりであると主張していた。ピンクは酔っぱらって入館してきた者を退出させようとして，顔を殴りつけられたこともあった。しかし，館長は市側の無理解にも屈しなかった。利用者の増加を盾にし，彼は自説を貫いた。1870年代になると，無料図書館の市民への浸透は明らかとなり，図書館委員会でも市内の分館の設置に対応せざるをえなくなった。バーンウェルおよびコリングウッドの分館は1875年に完成，彼はようやく年給70ポンドの2人の若者の分館担当者を得ることができた。

1880年代の課題は，中央図書館の建設であった。ここでピンクは若い建築家および委員会のメンバーと対立した。しかし，館長はすでに市民の支持を得ていた。加えて，公共図書館の経営のプロとして，全国各地の自治体からの問い合わせが殺到していた。この時期はイギリスでも公共図書館の設立が相次いだ時であり，ロンドン市域の図書館も数を増していた。市と建築者は建物の華麗さを求めたが，ピンクは実質的な外装を主張して対立した。

1887年，ピンクの給与は上がり，自腹で2人雇っていた助手への出費はなくなった。しかし，同時に不幸な事件が彼を見舞った。コリングウッド分館の責任者が，公費を乱用したうえに，酩酊して図書館に来るようになり，クビにされた。1850年以降の若者の道徳観念はすでにピンクのものとはかけはなれていた。ピンクは責任をとって，分館の業務までを引き受けようと言い張った。彼の給料は180ポンドにまで下がっていたが，同時に，勤務時間は56時間にまで引き下げられ，週に半日の休暇が取れるようになっていた。

　1901年1月，ヴィクトリア女王が亡くなり「ヴィクトリア時代」は終わった。この年にピンクは肖像画を描いてもらっていた。それはケンブリッジ公共図書館に飾られることになった。小さいながらも図書館長の個室も本館につくられていた。

　1905年，ピンクの図書館長の就任50周年の記念式典が図書館で開かれ，市長と市民の多数が参加した。この年の8月にケンブリッジでイギリス図書館大会が開かれたのも，彼の功績を讃えてのことであったろう。しかし，彼はすでに病身であった。1906年11月に彼はケンブリッジ市内で亡くなった。73歳であった。

　ジョン・ピンクは，館長としての責務を果たすとともに，図書館員としての立場を貫いた。晩年にいたっても一般会員がする仕事を手伝い，延滞図書の催促状をみずからが書いていた。死去にあたって，彼はいささかの寄付を図書館のために残していた。

　故人となった館長の幽霊が図書館の事務室に現れたとの噂が広まったのは，その後間もなくのことであった。だが，そ

れは壁面に掲げてある館長の肖像画を見間違えただけかもしれない。

参考文献：

William Munford, "John Pink" *Library Association Record,* 56, 1954, p.289-294 ; William Munford, *A History of the Library Association 1877-1977.* Library Association, 1976. 筆者はケンブリッジ市繁華街の現在の公共図書館を訪れたが，ピンクの肖像画は入手できなかった。

13 リチャード・ガーネット
(Richard Garnett)

「わたしの家系には一人として成功者がいないのに,どうして皆がガーネット家に興味を持つのかわからない」と小説家のデイヴィド・ガーネットは述べている。確かに,ガーネット家から財産を築いた人物が出たわけではなく,文芸界を除けば特に有名な者がいたわけでもない。そして,一人として特にきわだった社会的地位をきわめた人間もいなかった。ガーネット家は貴族の家柄でもなかった。歴代のガーネットは,ほとんどすべてがオックスフォード,ケンブリッジ大学はおろか,どの大学にも入らないで独学に近い教育の受けかたをしていた。独自の創造的な作品を残したのは,四代目のデイヴィドくらいであったと言ってもよい。しかるに,イギリスではこの家系は「知的貴族」の代表として尊敬を受けていた。それはこの家の一人一人が自分の職に忠実に生き,誠実さと努力で知的に大きな貢献をしていたからに他ならない。

ガーネット一族として知られる最初の人物は,大英博物館で刊本部副部長まで務めたリチャード・ガーネット,二代目はその息子で,

Richard Garnett
(1835-1906)

同じく大英博物館の名物男と言われたリチャード・ガーネットで，イギリス図書館協会長にもなっている。三代目は1890年代から1930年代にかけて，才能ある若い作家を発見し育てた功績を残す文芸評論家のエドワード・ガーネットで，その夫人がロシア文学の翻訳で知られたコンスタンスであり，夫妻の息子が作家のデイヴィド・ガーネットであった。

　二代目リチャードは，父の残した著述を整理編集しているが，三代目も二代目の父の伝記をまとめ，四代目ガーネットは三代目がやり残した仕事を完成させた。つまり，歴代はそれぞれが家の伝統を守っていたわけである。そういえば，図書館員の仕事にせよ，文芸評論もしくは翻訳の仕事にせよ，すべてそうであった。イギリスでは何でもない仕事にまでこうして歴代で積み上げてゆく努力が目立って多いのはどのような理由からであろうか。例えば大英博物館の蔵書は，何代かにわたってつくられた歴代の名家コレクションが入ってきたからだと言ってもよいくらいである。

　その大英博物館の歴史で当時としてはもっとも知られた人物である二代目リチャード・ガーネットは，同名の父の長男としてロンドンに生まれている。この時父は45歳，スタッフォード州の田舎で教区牧師をしていた。この父が大英博物館の刊本部長アントニオ・パニッツイに誘われ，副部長に就任してロンドンに移り住んだのは，息子が2歳の時であった。父も長男であったが，「先生に習うより，先生を教えた」とまで言い伝えられるほどの勉強好きであって，製紙業の家督は弟に譲り，リーズに出て外国語の勉強をはじめていた。その後一時期教職についたが，1813年からはヨークを振り出しに各地でイギリス国教会の牧師を務めた。牧師職の試験を

受けた時，大主教は彼の知識の広さ，特に聖書についての知識に感心したと言われるが，父リチャードはすべてをほとんど独学で身につけていた。ヨーロッパ諸国の言語と文学にはほぼ余すところなく通じており，完璧なギリシア語，ラテン語，さらに，かなりなヘブライ語の知識を4年間で身につけていたと伝えられている。

父リチャードの次弟トーマスは，クリセローの市長にまでなった人物だが，自然史研究の隠れた学者で，生涯を通じて研究・実験を続けていた。末弟のジェレミアは『マンチェスター・ガーディアン』紙に入り，1848年からは編集長になっていた。当時は「知識税」があり，この新聞も週刊であったが，ガーネット編集長の努力により1855年より日刊にこぎつけている。このころの新聞にあっては，社主でもないかぎり，編集長といえども陰の人であった。この2人の叔父から受け継いだものは，二代目リチャードの場合には，少なくなかったように思われる。

父のリチャードが大英博物館に入った時，この博物館はそれまでの性格を一変させようとしていた。すなわち，刊本部長に任命されたパニッツィは，図書資料の部門を拡大して，自然科学標本とか古美術品を所せましと陳列した「骨董の店」から，図書資料を何でも集めた「学問」の博物館に変えようと奮闘していたのである。

温厚なガーネットは，「やり手パニッツィ」の極端な行いには必ずしも同意ではなかったらしい。だが上司に楯つくようなことはなかった。パニッツィのほうはガーネットの学識に敬意を表していた。ロマンス諸語を得意とするパニッツィにとっても，「全世界の図書すべてを」集めるためにはガー

ネットのチュートン諸語およびオリエント諸語の知識はぜひとも必要なものであった。

12年の間，パニッツイと組んで精力的に働いたリチャード・ガーネットは，1850年に亡くなった。ちなみに，パニッツイが図書部長に在任中の20年間で，大英博物館の蔵書は約100万冊増えていた。ガーネットの死後に，パニッツイは，いまだ幼い子どもたちを抱える未亡人の苦境を察し，16歳になる長男リチャードを大英博物館に入れようと申し出てくれた。

若きリチャードは，学費の面倒を見るからケンブリッジ大学かオックスフォード大学に入ったらどうかという親戚の人たちの親切を断り，もっとも低い地位で大英博物館に入った。大学教育の不備な面を見抜いていたからであろうが，自力独行ですべての知識を吸収できると信じていたのであろう。大英博物館は，こうした男にとっては恰好の場であったと言ってよい。

1851年に大英博物館に入ったリチャードは，数年して書庫係を命じられた。博物館図書館の本の分類はここだけの独自のもので，書架の区分は700ばかりに分かれていた。そして，この時期には大英博物館はすでに世界最大のコレクションを誇っており，利用者も専門的な研究のためにいたるところから集まってきていた。書庫係は整理のすんだ本を排架するのが主たる役目で，静かな，のんびりした仕事であった。リチャードは1875年まで，20年以上も書庫と閲覧室の仕事を担当し，本を覚えていった。

ガーネットにまつわる幾多の伝説は，この期間に彼が身につけたものによる。「彼はあらゆるものを読み，忘れたこと

は一つもない」と言われる。利用者から何を聞かれても即座に、資料の正確なページまで教えてくれるといったエピソードは、同時代の文人たちの回想に枚挙のいとまがないほどに出てくる。法王や聖者のことをすべて知っているし、ダービー馬のことからキノコの種類にも詳しかったという。それは彼が、毎朝の出勤にも、片手に鞄と傘を持ち、もう一方の手に新聞を捧げて、歩きながらも読んでいたといった姿と切り離しては考えられない。大英博物館という場は、彼の気質に合っていたのであろう、多くの人が「頭が痛くなる」とこぼすような、必ずしも健康によいとは言えない書庫、その後、大円型閲覧室のなかで48年間働いて、リチャード・ガーネットはついに風邪ひとつひかなかったという。

　1875年、ガーネットは刊本部の副部長兼閲覧室の責任者に任命された。この地位にいたのは10年であるが、その博識と親切な態度で彼が博物館の名物男となったのは、主としてこの時期のことである。研究資料面で彼の世話になった人は無数にいた。彼の名をあげて謝辞を述べている著作だけでもかなりな数にのぼることは間違いない。円型閲覧室に通ってきていたドイツからの亡命経済学者カール・マルクスが、感謝の意を表して与えた写真はガーネット家に残されているという。リチャードはどんな要求でも、何一つ断らず、同僚たちはそれを変わり者として見ていた。しかし図書館でサービスできるのは資料であり、求める側はどのような姿であれ答えを待っている。リチャード・ガーネットが、求める人間より求められる人間になろうとしたのは、人生の出発点からの変わらない生きかたであった。

　1890年からガーネットは、大英博物館蔵書目録編纂の仕

事に専念しはじめた。標目数45万点というこの印刷目録はいつ終わるともなく続くかに見えたが，彼は昼夜を分かたず仕事に打ち込み，後にアーサー・ミラーの協力を得て，ともかく生前には19世紀末までの蔵書の分を完成させている。全項目に目を通したのは，おそらくガーネットだけであろうと言い伝えられている。

　1890年には刊本部長に就任，引退の年1899年までガーネットはこの地位にいた。ここまで来るには，当然並々ならぬ苦労があったにちがいない。彼より若い者たちが追い越して出世してゆく場合も一度ならずあった。外に職を求めて，辞めてしまおうと考えたこともあったようだ。しかしガーネットは，この図書館を愛し，生涯の大半を捧げて図書館の名声の一翼を担った。彼はほとんど休むことを知らなかったし，国外に出かけたこともほとんどない。外国の事情にも通じていた彼の知識は，すべて書物から来ていた。そしてガーネットはそれに満足していた。書物にたいするこのゆるぎない信仰は，大英博物館といえども，ガーネット以後の人間には見当たらない。それは，リチャード・ガーネットとともにちょうど終わっているヴィクトリア朝という時代が生み出しえた「博覧強記」の人物の自信といったものだったのかもしれない。

　リチャード・ガーネットは，引退後の余生を図書館事業に，そして文筆の仕事に費やしている。イギリス図書館協会の会長になったのは1892年のことであるが，協会設立以来の会員でもあった。彼は頼まれればどこの集まりにも話しにゆく。『図書館の職と書誌についてのエッセイ』(1899)，『元図書館員の話』(1901)は図書館に関する講演その他を集めている。

彼の話は「面白い本を読むようで,早口でよどみがなく,正確にして最新の資料に基づいている。聞いていてもコロンやセミコロンの位置までわかるほどだ」,話しかたにもこの人物の人柄が表れていたようである。

リチャードはもともと詩人であり,第一作は23歳の時に出版した詩集であった。そして最後の作品は愛情についてのアフォリズムの作品である。この間,短編集,ギリシア詩,イタリア詩の翻訳も刊行し,いずれも評価が高く,愛書家の間でもいまだに値段が高いと言われる。ただ,彼がもっとも時間を費やし,努力を注いでいたのは伝記であった。当時の伝記の書きかたとして,何もかもあばきたてる方向があったのにたいし,彼は節度ある書きかたを貫いていた。『イギリス伝記事典』,『ブリタニカ百科事典』第9版の項目のほか,単行書の伝記はこうして手がけられている。こうした文筆活動は,子どもが多くて苦しかった家計を支えるためでもあったが,リチャードが金のことを口にするのを聞いた人はいなかったという。ついでながら,彼が生前もっとも親しくしていた『イギリス伝記事典』の編集長とは,お互いの孫同士が祖父たちの交わした約束を守って結ばれた。作家デイヴィド・ガーネットとその夫人であった。

参考文献:

Barbara McCrimmon, *Richard Garnett.* 1898 ; P. R. Harris, *A History of the British Museum Library.* 1998.『オックスフォード・イギリス伝記事典』には Evelyn Kerslake が項目を書いている。写真は W. A. マンフォードの『図書館協会百年史 1877-1977』よりとっている。なお本稿は,「リチャード・ガーネット」『図書』349号所載の文章に加筆したものである。

14 エドワード・トンプソン
(Edward Maunde Thompson)

　1888年から21年間にわたり大英博物館の館長を務め，さらに，ブリティッシュ・アカデミー（学士院）の創設とその会長であったエドワード・トンプソンは，古文献学者として知られていた。歴代の大英博物館長，および後任の同館長とは異なり，図書館の運営だけに専念し，アカデミー以外には外部での活動を控えていたために，一般には名を知られなかったが，館長として彼が残した業績は大きかった。

　トンプソンは1840年5月4日に，西インド諸島のジャマイカで荘園の管理人の息子として生まれた。1854年に教育を受けるためイギリスに移住し，ラグビー校に入学，1859年にはオックスフォードのユニヴァーシティ・カレッジに入ったが，家計が傾いたため，2年で退学せざるをえず，学位は取得できなかった。つてを頼って1861年に大英博物館に就職し，その後の一生をここで過ごすことになった。

　大英博物館はパニッツィ館長の時代であり，トンプソンは当初館長秘書の身分であったが，じきに写本部に回された。写本部長のフ

Sir E. M. Thompson
(1840-1929)

レデリック・マッデンは,バニッツイと「犬猿の仲」であったが,館長の命令で引き受けざるをえず,写本部での修行がはじまった。マッデンは,古文書学者としては知られており,研究熱心であったが,自分の業績だけに目を向けており,部下の育成にはほとんど関心を示さなかった。大英博物館は「ノーブル・キャビネット(高貴な宝箱)」と称されたほどの孤立した存在であり,職員は気位が高く,勤労意欲はほとんどなかった。当時の風刺詩にはこう歌われていた,「忙しさなどまるでなく,時間をもてあまして過ごす,3時半に仕事をはじめたとおもえば,4時までできりあげる始末」。しかし,直属の上司エドワード・ボンドがマッデンを継いで1866年に写本部長になると,トンプソンを見込んで,1871年にはトンプソンを副部長にとりたててくれた。この間に彼は弁護士の資格をとっていた。

　10年で副部長という早い出世は,ボンド部長のもとでのトンプソンの仕事によるところが大きかった。写本部に残っていた滞貨を精力的に片づけたのである。特に写本資料の分類は困難をきわめていた。内容を把握するために読みにくい文字を判読せねばならず,また,分類体系などは自分で作成せねばならなかったのである。こうして,1750年代の開館以来たまっていた,王室寄贈文庫,コットン文書,ハーリー家文書,ハンス・スローンのコレクション,ランズダウン文庫,アランデル蔵書のあらかたが整理されていった。それらの内容はイギリスの歴史文書のほか,古代ギリシアとローマの写本が含まれていた。トンプソンはこうして自力で古文献学の権威となっていった。

　1873年にトンプソンは,上司のボンドと共同で「古文献

協会」を設立し，ここで古文書学に写真撮影を応用する手法を開発，研究を大きく前進させるきっかけとし，博物館図書館にあるギリシア語とラテン語の全写本をフィルムに収めた。これには当然のこと，撮影の技術だけでなく，写本を判定する知識も必要であった。この仕事では若いトンプソンの活動が目立った。古写本の年代判定などはこうして急速に進んだという。1878 年には，ボンドが館長に昇格するにさいし，彼は写本部長の地位についた。

　トンプソンがこの間に大英博物館でなしとげた業績は，多岐にわたる。すでにギリシア語写本の専門家として知られていたが，イギリスの古写本や蔵書中のいくつかの稀覯書についても彼の手による詳細な研究が残されていた。1885 年には『ブリタニカ百科事典』第 9 版の「古文献学」についての項目を寄稿，これを拡大した『ギリシア・ラテン古文献学ハンドブック』も 1911 年に刊行した。ここには写真による図版が豊富に掲載されていた。

　1888 年にトンプソンはボンド館長の引退にともない，大英博物館の館長となった。彼はこの地位でそれから 21 年にわたって務めあげ，博物館の世界的な評価の実現に貢献した（正式には「館長」の名称は 1898 年からであり，それまでは「主任図書館長」と呼ばれていた）。この 21 年間に，もちろん専門の古文献学の研究と執筆を続けていたが，彼がもっとも努力したのは博物館全体の経営であった。図書館部門の写本部と刊本部はもともと仲が悪かったが，両者の融和を図るにはトンプソンのような誰にも好かれる温和な性格の人物が必要であった。同時に，彼は美術部門にも「顔」がきいた。博物館はトンプソン館長のもとで飛躍的な発展をとげてい

た。時あたかもヴィクトリア朝の最盛期であり、海外、特にギリシアや中近東の発掘では大英博物館の考古学チームの活躍によって、大英博物館は所蔵品を拡大した。エフェソスの遺跡の発掘とかオーレル・スタインの中国旅行を支援したのはトンプソン館長の時代であった。

　大英博物館は、開館以降つねに場所の問題で苦しんできたが、トンプソンもこの問題に取り組んでいた。手狭になった本館の周囲の土地を確保するため、財務省とかけあい、何とか北側の隣接地を獲得したものの、念願の南側、ニュー・オックスフォード通りまでの一角への進出は、住民の反対でどうしても実現できなかった。トンプソンは、ブルームズベリーの近隣にいくつかの建物を確保して、蔵書の保存を実現していたが、本格的な手当てはつかず、ようやく1902年に郊外のヘンドン地区に敷地を獲得し、ここに新聞資料と利用の少ない図書資料の保管倉庫をつくった。「新聞図書館」は大英博物館の別館として、現在もその後継機関であるブリティッシュ・ライブラリーの別館として、地下鉄で1時間離れたコリンデールにある。

　博物館の職員にたいしても、トンプソンはつねに配慮しており、ある委員会でどの職員の給与を改善すべきかについての査問があったさい、彼は「館長以外のすべての職員です」と答えたとのエピソードがある。また、刊本部の職員で、つねに上司にたいして反抗的な「変わり者」として知られていたロバート・プロクターが、1903年にチロルの山地で遭難したさい、トンプソンは理事会の反対を押し切り、スイスの地に詳しい職員を現地に派遣、捜索隊を組織させ、その後にはプロクターの遺作の刊行も実現させた。

1909年に引退したトンプソンは，この年に爵位をさずけられて「サー」の称号を得ていたが，それまでにも，ダラム，セント・アンドリュース，マンチェスターの大学からは名誉学位を授与されていた。彼がもっとも喜んだのは，自分では実現できなかったオックスフォード大学の学位と名誉研究員の称号であったと言われる。彼はフランス，ドイツ，イタリアの学会の名誉会員でもあった。ブリティッシュ・アカデミーでは，1907年より1909年にかけて会長を務めていた。

　引退したトンプソンは，著述で暮らしていたが，家庭的にはあまり恵まれなかった。1864年に結婚した妻は，長い間気管支炎で，ロンドンに住むことができず，1917年に死去した。3人いた息子は全員が家を出ていった。ただ一人残って，母親の世話を続けた娘とともに，トンプソンは最後の10年を田舎で暮らした。

　トンプソンは「背の高い，ハンサムな男で，つねにきちんとした服装で，歴代館長のなかではもっとも実務的であった」。館員にたいしても規律と服装にやかましく，閲覧室の担当者はつねにトップハットの着用を義務づけられており，街で自転車に乗っている職員を叱りつけたこともあった。しかし，後継館長ケニヨンによれば「内心は親切な人物」で，つねに職員に気をつかっていたのだという。

参考文献：
F. G. Kenyon, "Sir Edward Maunde Thompson" *Proceedings of the British Academy,* 15, 1929, p.476-490 がもっとも詳しい評伝であり，A. Esdaile および E. Miller の大英博物館史ではトンプソン館長をとりあげている。『オックスフォード・イギリス伝記事典』の項目は Michael Borrie により書かれている。

15 エドワード・ニコルソン
(Edward Williams Byron Nicholson)

　オックスフォードのボドリー図書館をその発展期において支え，ここを世界的なコレクションとしたことで知られるエドワード・ウィリアムズ・バイロン・ニコルソンは，ケント州セン・ヘリアで生まれた。父親は海軍士官，母親は舞台女優であった。海軍を退官した父は，折からにはじまった「ゴールド・ラッシュ」に魅せられてアメリカに渡り，そこで29歳の若さで喧嘩に巻きこまれて死んだ。母は生まれたばかりの息子をつれて，北ウェールズの母親のもとで暮らすことにした。名前のウィリアムズはウェールズの出身を示しており，バイロンは著名なイギリスの詩人にあやかりたくて当人が後に自分でつけた名であった。当地で教育を受け，1867年には奨学金を得て，オックスフォードのトリニティ・カレッジに入った。1871年に歴史学科を卒業するまでに，ニコルソンは学生詩人賞を獲得していた。同時に彼は選ばれてオックスフォード学生連盟会の図書館担当の仕事もしていた。

　大学を卒業後ロンドンに出ると，文学界に入るつもりで雑誌の

**E. W. B. Nicholson
(1849-1912)**

編集の仕事に応募したが果たせず，1873年1月にロンドン研究院の図書館の職員募集に応募し，73名のなかから選ばれて図書館員となっていた。

ロンドン研究院は，市民への学芸の普及のために寄付金により1807年に発足していた団体で，講演会の開催と会員制図書館の維持を主たる事業としていたものの，1870年には「陰鬱な」場所で，会員も集まらず，講演会も「しがない講師の顔ぶれ」で，背もたれもない椅子の講堂で細々と行われていた。図書館長兼秘書となった若いニコルソンは，研究院の活性化のために精力的に働いた。1881年までに図書館の参考部門の蔵書は6万冊となり，貸出部門も併設され，ニコルソンは新聞広告でPRして，図書館利用の会員を増やした。講演会も名だたる講師に依頼して，内容を一新，このため評判は高まった。ほとんど独力で仕事に取り組んだが，彼は図書館の価値は目録の整備にあるとして，蔵書目録をつくりあげていた。

1876年10月にアメリカのフィラデルフィアで開催された図書館員の大会を知ったニコルソンは，イギリスでも同様な大会が必要であると感じて，『アカデミー』誌および『タイムズ』紙に投稿してロンドンの図書館員たちに呼びかけた。1877年4月にロンドン図書館で開かれた会合には，大英博物館の刊本部長リチャード・ガーネットなどがいた。会合では全員一致で全国的な図書館員大会の開催が決められた。ニコルソンはアシーニアム図書館の館長ヘンリー・テダーとともに準備委員となり，大会は1877年10月初旬に開かれて，図書館協会がその場で成立した。ニコルソンは新発足の協会の名誉書記（非常勤）となった。しかし，彼はこの役を翌年

に辞任した。協会の理事会と意見が対立したからであった。

　ニコルソンは，1880年には高給が見込めた雑誌の編集者に転出することを目指し『エイジ』誌などに働きかけていたが，いずれも実現しなかった。結婚していた彼はすでに3人の娘を養う身であった。1881年，オックスフォードのボドリー図書館長の地位に応募し，任命された。ボドリー図書館では，名館長として知られたヘンリー・コックスが亡くなり，ケンブリッジ大学図書館長ブラッドショーおよび大英博物館の写本部長トンプソンを引き抜こうとしたが，いずれも断られたための決定であった。彼はトリニティ・カレッジの卒業生でもあった。しかし，彼はボドリー図書館の伝統とは肌が合わなかった。図書館では経営の改革よりも，落ちついた雰囲気の研究者の場を保つことが求められていた。1885年に彼は書いていた，「もし職を初めから選べるようなことが再びあったなら，給料および余暇の点で，図書館員は最後に選ぶ職業であろう」。雑誌の編集者の500ポンドの年給にたいし，ボドリー図書館長の年給は300ポンドであった。ニコルソンはオックスフォードの「同族」社会からは嫌われていた。とはいえ，図書館の理事会は実績ある彼を辞めさせるわけにいかず，彼も館長を最後まで辞めなかった。

　1882年から1912年までの30年間にわたり，館長の地位にいたニコルソンは，ここで見事な実績をあげていた。第一に職員組織を改革，自分の手で育てるために若者を採用し，高給取りの老人や目録の専門係をクビにした。前館長の善意で非常勤として雇われていたエドワード・エドワーズもそのなかに入っていた。その反面，ニコルソンは理事会の反対を押し切って女性を正職員として採用した。第二に，彼は場所

の確保に思い切った取り組みをしていた。中庭のスペースを利用して、地下室の書庫を増築させたのである。地下室の書庫利用は初めてであった。大英博物館でパニッツイが中庭空間に大円型閲覧室を建て、その周囲を書庫としたのと対になる斬新なアイディアであった。第三に、ニコルソンは停滞していた目録作業にも大ナタをふるった。増加した資料は、時期を限って、新たな分類規則を適用して作業を進めたのである。新旧の分類体系の併存は、ボドリー図書館のような伝統ある図書館ではきわめて反対が多かった。任期5年目に理事会に提出した報告書では、こうした基本方針がすでに堂々と記されていた。

　ニコルソン館長の時期、ボドリー図書館の蔵書コレクションの増加は目ざましかった。印刷図書は毎年平均3万冊から5万冊ずつ増加し、1885年に40万6156冊だったのが、1915年の統計では100万9206冊となっていた。シェークスピアのフォリオ版も何点か追加していた。写本も寄贈や購入コレクションにより規模を拡大していたが、その最大の収穫はマーガレット王妃の秘蔵のラテン語福音書であった。古代のパピルス文献も大量に入手していたし、ヘブライ語、アルメニア語、サンスクリット語の写本なども獲得していた。ボドリー図書館がまとまった日本語のコレクションをつくりはじめたのは1880年代からであり、オックスフォードに留学した仏教徒の僧侶の南条文雄による仏典の寄贈もあった、1908年にはイギリス大使として日本に赴任していたアーネスト・サトウからの仏教典籍の寄贈328冊も追加された。もう一つのニコルソンの特殊コレクションは「スクラップ」の収集であり、あらゆる種類の切り抜きを丁寧に集めており、これは

後に時代を記録する貴重な資料として利用されるとともに，こうした雑件コレクションの重要性を知らせるきっかけとなっていた。

ニコルソンは仕事にたいしては厳格であった。職員が時間どおりに勤務しないのを嫌っており，自分でもそれを率先して守っていた。仕事中での談話も禁じており，彼自身も来客を好まなかった。目録などは館長が一々の記録を点検していた。「人間関係の丁重さは，人生を耐えがたいものにする」というのが彼の哲学であった。こうして彼は，最後までオックスフォード社会のエリート学者たちからは疎外されていた。社交の場にはほとんど出ず，友人もほとんどいなかったため，私的に別の生活をしているのではないかと噂されていた。最後の数年はさしもの彼も力つきて病身となり，1907年には路上で倒れたこともあったが，仕事は放棄しなかった。ニコルソンは現職のまま，1912年3月17日に自宅で亡くなった。63歳であった。

私生活でのニコルソンは，別の一面を示していた。時間どおり帰宅すると，娘たちを相手にチェスをするのが唯一の楽しみであった。チェスと水泳は彼の得意な分野であり，プロ級の腕前を持っていたといわれる。彼の書いたものは，数冊の詩集などを含めてきわめて点数が多く，文章は彼の生涯を通じての関心事であった。特に取り組んでいたのはウェールズ地方の文化で，そこの民話などには多大の関心を寄せていた。だが，図書館関係の記事や論文はほとんど書かなかった。

服装などは無頓着で，夏冬をとおして麦わら帽を愛用し，片眼鏡は彼のトレードマークであった（片目が極端な弱視のため）。そのために「エキセントリック」との評判はつねに

ささやかれていた。こうしたこともあり，オックスフォード地区での評判は最後までさんざんなものであったが，図書館界では彼の実績および人格を評価しない者はいなかったと言われている。

参考文献：
ロンドン研究院時代のニコルソンについては Henry R. Tedder, "E. W. B. Nicholson, in memoriam" *Library Association Record,* 16, 1914, p.95-108 および K. A. Manley, "E. B. Nicholson and the London Institution" *Journal of Librarianship,* 5-1, 1973, p.52-77 があり，ボドリー図書館時代の業績については Edmund Craster, *History of the Bodleian Library 1845-1945.* Clarendon Press, 1952 に詳しい。さらに Strickland Gibson, "E. W. B. Nicholson, Some impressions" *Library Association Record,* May, 1949, p.137-143 はニコルソンの再評価を含んでいる。『オックスフォード・イギリス伝記事典』の項目は Mary Clapinson が執筆している。

16 ヘンリー・テダー
(Henry Richard Tedder)

　イギリスでも伝統ある施設として知られたアシーニアム図書館の名物館長であり，図書館協会の創設期の会計担当の書記としてその基礎固めに貢献したヘンリー・リチャード・テダーは，ロンドンはケンジントンのヴィクトリア・グローヴにあった商店の長男として生まれた。弟のアーサー・テダーは，後にイギリス空軍元帥として，男爵の爵位を授けられている。ヘンリーとアーサーは家庭教師により教育を受け，その後は国外の学校で1869年まで学んだ。1870年代初頭には，進歩主義の哲学者ハーバート・スペンサーの助手となり，その『社会学原理』の編集を手伝った。テダーは，スペンサーの説く有機体としての社会の進化発展の理論に感銘を受けており，その後の一生の指針としていた。スペンサーも彼を信頼し，その死後にはテダーをスペンサー基金の管理者として指名した。

　1873年にスペンサーはテダーをアクトン男爵ジョン・エドワードに紹介し，エドワードの膨大な私有コレクションの整理に当たらせた。歴史文書を主とする蔵書目録は1874年に刊行できた。この

H. R. Tedder
(1850-1924)

仕事が終わると、アクトン男爵はテダーを自分が理事を務めているロンドン・アシーニアムの図書館に推薦してくれた。1824年創設の文芸協会であるアシーニアムは、古代ギリシアのアテナイにあったアポロン神殿の名に由来する、イギリスの著名な文学者や学者を網羅した団体であり、博物館＝図書館としてその後、イギリスとアメリカ各地で同様な施設が開かれていた。ロンドン・アシーニアムはロンドンの中心街に広壮な建築を持ち、文化施設として広く知られていた。

テダーは病気がちの図書館長スペンサー・ホールを補佐するために雇われたが、1875年にホールが亡くなると、その後任となり、1888年にはアシーニアム全体の書記となり、1914年まで活躍、特にこのクラブの財政の安定に寄与していた。引退にさいし、作家のラドヤード・キプリングは「一図書館司書の栄誉を讃えて」と題する詩をテダーに捧げたとされる。

1877年、前年にアメリカで開かれた図書館大会に刺激され、ロンドン研究院の図書館長であったエドワード・ニコルソンとともに、テダーは図書館員の協会の結成を計画、ロンドン図書館で同士たちを集めて会合を持ち、図書館大会の開催を決定した。同年の秋には図書館員の大会がロンドン研究院で開かれ、その席上、図書館協会の結成が決議された。テダーとニコルソンは名誉書記に任命された。会合にはアメリカからメルヴィル・デューイが出席しており、テダーはほぼ同年配のデューイの熱意に感化されていた。その後、ニコルソンはより安定した地位を求めてオックスフォードに去り、テダーは図書館協会の事務をいっさい引き受けることとなった。

新設の図書館協会で，テダーは図書館法の再改定の議論に加わったが，ロンドンの都市図書館の利益を代表すると見なされ，地方の公共図書館の振興を期する者たちと対立し，1880年に協会書記を辞職した。その後の2年間，彼は頼まれてケンブリッジ大学図書館の組織と活動の調査に当たり，報告書を作成していた。

　図書館協会は，悪化した財政の建て直しのため，1889年にテダーを呼び戻して会計担当とすることにし，彼はそれから1924年の死去の年までほぼ独力でその任にあたった。この間の功績により1897年には協会長に選出されていた。この期間にテダーは，さまざまな面で協会の事業改善と経営の合理化を図っていた。会員制度を見直し，試験による正会員への途を開き，出版事業も拡大した。その結果，図書館協会の会員数は増大した。しかし，同時に彼の方針は協会員，特に若手からの反論を招いていた。ダフ・ブラウンやアーネスト・サヴィジからの批判は激しかった。強引な独裁者と見られていたのであるが，協会の理事会の大勢は会計担当の理事を支持していた。

　この期間にテダーは，執筆にも意欲的であった。レスリー・スティーヴン編纂の『イギリス伝記事典』に彼は185項目を受け持ち，主として出版・印刷関係の人物について執筆した。さらに，1885年には『ブリタニカ百科事典』に「図書館」の項目を書いていた。1894～99年刊行のロバート・パルグレイヴの『経済学事典』には40項目の論文も寄稿していた。

　テダーは，アシーニアム図書館長を定年で引退する1914年までに，さまざまな社会活動でも目立っていた。1884年から1909年にはロンドン図書館の運営委員会に連なり，

1910年から1916年には公文書の保存を検討する王立委員会の委員も兼任していた。そして，1902年に彼は書誌学者として王立歴史協会の会員に推薦されていた。アルフレッド・ポラードの『イギリス関係図書目録』の編纂にたいする関与を認められたからであった。由緒ある研究団体であるこの協会では，1904年から1924年まで会計担当理事を務め，1923年には副会長に選出されていた。

アシーニアムを引退した直後の1915年には，1887年に結婚していた妻が亡くなり，テダーは気力をなくしたが，翌年に再婚して活気を取り戻し，第一次世界大戦中には祖国防衛の仕事に熱中して健康をそこなっていたものの，図書館協会と王立歴史協会の仕事に専念して暮らしていた。

1924年8月1日にロンドンのパトニー地区の自宅において亡くなったが，それはロンドン・アシーニアムの創立百周年記念の直前であった。テダーの死は図書館協会では「画期的な一時代の終わり」と受けとめられた。テダーには『職業としての図書館』(1884)という回想録があり，彼の生きた時代を記録していたが，その人間とその業績については再評価の動きが認められる。

参考文献：

R. J. Busby, *Henry Richard Tedder.* Library Association, 1974があり，『オックスフォード・イギリス伝記事典』の項目はSarah Dodgsonが執筆している。

17 トーマス・グリーンウッド
(Thomas Greenwood)

　ヴィクトリア女王の治世の初期，イギリスには大きな社会変化が起こり，活気がみなぎっており，庶民には社会での活動と自己教育への機運が高まっていた。ハイド・パークを舞台に1851年に開催された「万国博覧会」は，大英帝国の実力を世界に示す絶好の機会であった。教育者サミュエル・スマイルズの『自助論（セルフ・ヘルプ）』は1859年に刊行されて，市民に自己形成の必要性を伝え，ベストセラーとなっていた。イギリスの公共図書館の設立運動を側面から支え続けたことで知られるトーマス・グリーンウッドは，まさにこうした上昇気流のヴィクトリア朝における象徴的な努力の人物の一人であった。

　トーマスは1851年5月8日，チェシャー州ウッドレイで，農民から織物工となった父のもとで，5人目の末の息子として生まれたが，父親は彼が生まれて4か月後に亡くなった。この父は農民であったが，1840年代のチャーチスト運動に参加しており，その後，職を追われて職工となっていた。子どもたちを抱えて残された母は

**Thomas Greenwood
(1851-1908)**

一家を支えるのに懸命であり,自分はほとんど文盲であったが,少なくとも末の息子だけには教育を受けさせようとした。このため,トーマスだけは幼いころから日曜学校と牧師館で教育を受け,古典語までを習っていた。しかし,11歳で働かねばならなくなり,マンチェスターに出て,最初は郵便局,次いで織物工場で働いた。こうした間,トーマスがもっとも好んだのはマンチェスター公共図書館の利用で,ここで彼はほぼ独学であらゆる知識を身につけた。1870年にシェフィールドに移ったトーマスは,手伝っていた日曜学校で知り合った娘マリアンヌ・ペテットと1874年に結婚した。マリアンヌはクエイカー教徒で,これまた教育による自立を信じており,一生にわたって夫とその活動を支えた。結婚の前年,彼はシェフィールド中央図書館に職を得ていたが,これは彼が出入りしていた教会のホームズ師が世話してくれたものであった。トーマスはそのころ,すでに土地の雑誌にも寄稿するようになっていた。

　とはいえ,図書館には長くいられなかった。年給75ポンドでは妻と幼い子どもを養うには足りなかったし,母親と妻との折り合いもよくなかった。生きかたを変えようと決心し,家族をともなってロンドンに出たグリーンウッドは,妻の親戚をとおして,1877年に技術畑の業界誌を出版していたホシアン・スミスの出版社で勤めはじめた。スミスは病気がちであったため,間もなくして雑誌の編集と販路の拡大にその実力を発揮したグリーンウッドは,専門の業界誌を次々に発行した。『帽子業界ガゼット』(1877),『陶器業界ガゼット』(1878),『石炭業ジャーナル』(1879),『鉛管業ジャーナル』(1882)を成功させ,続けて技術ハンドブックといった単行

書も手がけた。会社はやがて「スミス＝グリーンウッド出版」となった。1896年に息子とともに会社を独立させたことから見ても，その成功のほどがわかるであろう。

1880年代に入ると，グリーンウッドは商売のためだけでなく，外国にも出かけるようになり，1883年のアメリカ合衆国およびカナダへの旅行は紀行文として刊行されるまでとなった。その後，王立地理学協会の会員にもなっている。彼の足は，南アフリカや西インド諸島というエキゾチックな土地にものびていた。

雑誌への寄稿からはじまった文章の発表は，1886年には『無料公共図書館』の刊行につながっていた。グリーンウッドの伝記『鋤でたがやす』を書いた娘のグレイス・カールトンによれば，公共図書館への関心は1883年ころからであり，それは少年時代からの図書館利用の延長であった。図書館で学んだ彼は，ここを自分の「学校」と見なしていたが，それは彼の社会奉仕の信念に根ざしており，妻もその信条を共有していた。住居を構えたいずれの土地でも，彼は必ず公共図書館の設立を呼びかけていた。「カドワース市が図書館法を採択すべき理由」と題したチラシをみずから作成して市民に配付したのはその例であった。そこには公共図書館を支持する20の理由が書かれていた。いわく「公共図書館は市民の知的・道徳的健全性のために必要」，「これを支えるのは市民の小額の負担ですむこと」，「公共図書館は勤労者階級の大学であるから」，「公共図書館の存在はその市の教育水準の指標」，「新聞室は市民に日常の情報のほか娯楽も提供してくれる」，「公共図書館を持たない市は少なくなっている」。ここには図書館員自身でなく，利用者の目からみた図書館サービ

スの利点があげられており，それだけに説得力が大きかった。

1886年に初版を出した『無料公共図書館』は，1887年に第2版，1890年に第3版が『公共図書館』の書名で刊行され，さらに第4版が1891年に出された。それだけこの本は世に迎えられていた。とはいえ，初版についてはその数値データの間違いなどが図書館員から指摘されており，素人の出版にたいする図書館界からの「反発」が表れていた。しかし，それは次第に運動の支援者を見る目に変わっていった。グリーンウッドはさらに，1900年には『グリーンウッドの図書館年鑑』，1902年には『ブリタニカ百科事典』第10版に「図書館」の項目を執筆するまでとなっていた。

働きすぎのため，1895年には休養を余儀なくされ，視力も衰えていたが，彼は執筆を続け，科学者の伝記事典などを編纂していた。1907年に兄とともに日本に旅行したグリーンウッドは，そこで疫病に感染し，帰国してからは脳に異常をきたし，1908年11月9日にロンドンの病院で亡くなった。遺言により，資産のうちの5,000ポンドはマンチェスター図書館に，200ポンドは最後の住居があったワーウィックに図書館建設費として寄付されていた。

生涯の後半生を公共図書館のPRに捧げたトーマス・グリーンウッドの功績は，何点かの面に示されている。その第一は，イギリスの公共図書館運動への側面からの応援であった。彼は地方各地の新聞の紙面を利用して図書館法の採択を迫り，文章を寄稿するとともに，インタビューに応じていた。1850年に成立した「公共図書館法」の採択は，1880年代にはいまだすべての都市にゆきわたっていたわけではなかった。このように，無料公共図書館の設立運動における彼の功

績は大きかった。また、ジェームズ・ダフ・ブラウンなどは彼の活動を高く評価しており、図書館協会では1901年にグリーンウッドを名誉会員に推薦した。公共図書館史研究のトーマス・ケリー教授は、グリーンウッドの活動がいかにイギリスの公共図書館を支えたかについて詳しく分析していた。

グリーンウッドの図書館界への功績の第二は、エドワーズ伝の執筆であった。エドワード・エドワーズは、直接に出会ったことはなかったが、グリーンウッドが青年期にもっとも世話になったマンチェスター公共図書館の初代館長であって、公共図書館法の成立と初期公共図書館の経営面で優れた業績を残していた。不幸な一生を送った人物であるエドワーズのことを知ったグリーンウッドは、関係資料の収集にのりだし、エドワーズ終焉の地ワイト島のニトンで埋もれた墓石を発見して、新たな碑を設立、これは後にイギリスの図書館協会がその世話を引き継いだ。さらには、エドワーズの著書『図書館の回想』を自分の手で増刷して各方面に配付した。グリーンウッドの『エドワード・エドワーズ』は1902年に刊行された。これは当時としてはもっとも詳しい資料に基づいた伝記であって、著者のエドワーズにたいする同情が示されていた。

第三のグリーンウッドの功績は、イギリス図書館史のための参考資料館の設立であり、彼が集めた資料は当時の図書館事情を知るうえでの貴重な文献を多数含んでいた。彼は、これを基にした図書館研究のためのコレクションをマンチェスター公共図書館に寄付した。死後の遺贈資金はこれを支えるためのものでもあった。彼は図書館の将来を担う人材の育成にも関心を寄せており、図書館協会がエドワード・エドワー

ズの名称で図書館学校を設立するよう望む文章まで書いていた。

　娘のグレイス・カールトンが書いたグリーンウッド伝『鋤でたがやす』には主として著者の両親の勤勉な生涯とその信念が記されているが，イギリスの公共図書館の支援者としてのグリーンウッド伝も別に書かれるようになっている。

参考文献：
一冊本としてはR. J. Prichard, *Thomas Greenwood, Public Library Enthusiast.* Clover Publications, 1981, 61p および Grace Carlton, *Spade Work; the story of Thomas Greenwood.* Hutchinson, 1947, 104p があり，他にはSydney Horrocks, "Thomas Greenwood and his library" *Manchester Review,* 8, 1957, p.269-277 ; James Duff Brown, "Thomas Greenwood" *Library Association Record,* 10, 1908, p.635-636 ; Archibald Sparke, "Thomas Greenwood" *Library Association Record,* 10, 1950, p.383 がある。『オックスフォード・イギリス伝記事典』の項目は Alistair Black が執筆している。写真はプリチャードの著書より。

18 フランシス・ジェンキンソン
(Francis Jenkinson)

　ケンブリッジ大学の図書館長として一時代を築きあげた書誌学者のフランシス・ジェンキンソンは,「聖者」と呼ばれていたほどの孤高の人物であったが,実態は親切な人柄で,誰からも好かれていた。

　1853年8月20日にジェンキンソンは,スコットランドの北東,インバーネスの東のフォリスの町で地方の豪族の長男に生まれた。母親は貴族の娘であった。裕福な家庭の息子として,彼はマールバラ・カレッジから1872年にはケンブリッジのトリニティ・カレッジに招待生として入学し,1876年には古典学の優等生（トリポス）として卒業,ただちにカレッジの研究員となり,1881年より古典学の講師となっていた。もともと身体か弱かったジェンキンソンは,学生時代から孤独で,考古学と自然科学,特に昆虫学に熱中していた。

　学生時代から図書館で過ごすことの多かったジェンキンソンは,当時の館長ヘンリー・ブラッドショーの目にとまった。ブラッドショーは,大学図書館が当時取り組んでいた初期印刷本の整理に彼を

Francis Jenkinson
(1853-1923)

引き込んだ。1886年にブラッドショー館長が突然に亡くなると，その忠実な弟子と見なされていたジェンキンソンはその後任に要請されたが，彼は辞退して，副館長のロバートソン・スミスを推薦した。しかし，スミス館長は1889年にアラビア学の主任教授に就任したため，館長職は再び空席となり，大学理事会はジェンキンソンを館長に選んだ。新館長が最初に取り組んだ仕事は，ブラッドショー館長自身の著作の編纂・刊行であった。

　34年にわたりケンブリッジ大学図書館長を務めたジェンキンソン館長は，ブラッドショー館長とならんで，この図書館の発展期の功労者と見なされている。在任期間中に彼は幾多の仕事を完成させ，健康を危ぶまれながらも70歳まで仕事を続けた。彼の第一の功績は蔵書の拡大であった。最大の寄贈コレクションはアクトン卿の個人図書館の資料で，ロンドン・アシーニアム図書館の館長となる以前にヘンリー・テダーが雇われて目録を作成していたが，膨大なコレクションはケンブリッジ大学に入ってから分類しなおさねばならず，館長はみずからその仕事を指揮した。同時に，周囲の反対を押し切って，有能な女性の司書をこの仕事に起用していた。その他の増加資料は，1898年にエジプトのカイロから到着した10〜13世紀のヘブライ語の文献集成で，14万点を数えるこの写本コレクションは，まず収蔵の場所を確保し，その記録をとる専門家を募集せねばならないほどであった。これらコレクションにより図書館の名声は高まっていった。さらに，1914年から館長がとりかかった仕事は，第一次世界大戦の関係資料で，これらの資料は各国語による記録の断片までをも含み，この膨大なコレクションはその後に大きな評価

を受けていた。個人的な特殊コレクションとしては，ブラッドショー館長がアイルランド関係資料を特別に収集していたのにたいし，ジェンキンソン館長は自身の出身地であるスコットランドを対象にした資料集めで知られていた。さらに，この時期には日本研究家アストンの個人蔵書を手に入れており，自分の部下であったアイスランド出身のエイリクール・マグヌッソンにはアイスランド文庫をつくらせていた。

　また，ジェンキンソン館長が精力を注いだのは，新刊書にたいする配慮であり，1910年に改正が検討された納本法は，ケンブリッジ大学とオックスフォード大学の既得権を脅かすものであったため，館長はこの改定に反対して，図書館の権利の確保に成功した。彼は，そのうえで，大英博物館図書館およびオックスフォード大学との三者間の目録面での相互協力を実現しようと努力していたが，これは周囲の事情が許さずに実現しなかった。

　学問上の業績としては，7世紀のラテン語の詩集の編集やケンブリッジが所有するインクナブラの目録編纂があげられるが，後者はブラッドショー館長の時代にはじめられたものであった。図書館が所蔵するドイツの初期印刷業者ウルリヒ・ツェルの研究もブラッドショーが着手したものを引き継いだものであった。イギリスの15世紀以降の初期印刷本の目録は，ジェンキンソン館長の時期に完成を見ていた。

　館長が任期の後半にもっとも努力したのは，場所の手当ての問題であった。すでに500年続いた図書館の建物は，その全体が書庫となり，増築も実現していたものの，蔵書の収納には十分ではなく，館内は手がつけられないほど雑然としていた。1898年にロバート・スクワイアの遺言で新館の予定

はたったが，カム河の反対側に位置する現在の大学図書館の建物の完成は，その企画を立てたジェンキンソン館長の没後の 1934 年であった。

　音楽を唯一の趣味として，家庭生活を愛したフランシス・ジェンキンソンは，1887 年に結婚した夫人をその翌年に亡くし，49 歳で結婚した二度目の妻との間には子どもがいなかった。彼は 1902 年にオックスフォード大学から名誉博士号を贈られており，図書館員としてはきわめてめずらしく，知的ながら繊細なその姿をヴィクトリア朝最大の貴族肖像画家ジョン・シンガー・サージェントが描いていた。ジェンキンソンは 1923 年 9 月 21 日にロンドンのハムステッドにある看護院で亡くなった。

参考文献：

H. F. Stewart, *Francis Jenkinson: A memoir.* 1926 ; H. Scott "Francis Jenkinson" Nature, 112, 1923 ; S. C. Reif "Jenkinson and Schescter at Cambridge" *Jewish Historical Studies,* 32, 1990.『オックスフォード・イギリス伝記事典』の項目は David McKitterick が執筆している。

19 ヘンリー・ウェルカム
(Henry Solomon Wellcome)

アメリカ合衆国の出身で，1910年にイギリス国籍をとり，医学図書館・博物館と医学研究所を含む遺産のすべてをイギリスの医学研究のために残したヘンリー・ソロモン・ウェルカムの祖先はフランス人であったが，16世紀にユグノー教徒としてフランスを追われ，移民としてアメリカに渡っていた。この時に「ビアンヴニュ」の姓はそのまま英語の「ウェルカム」に変えられた。

ヘンリーは1853年8月21日に，アメリカのウィスコンシン州北部のアーモンドで農夫の次男として生まれたが，一家は1861年のジャガイモ飢饉から土地を見限り，幌馬車で西に移動，ミネソタ州のガーデン・シティに住んだ。父はキリスト教の牧師となり，家をかえりみずに説教に明け暮れており，貧しい一家は当地で薬局店を経営している伯父の世話になっていた。ミネソター帯を襲ったジフテリアの流行はヘンリーを医学に近づけた。14歳まで丸太小屋の小学校で学んだ後，1873年にはシカゴ，次いでフィラデルフィアの薬学カレッジの夜間部に入って苦学を重

Sir H. S. Wellcome (1853-1936)

ねた。翌年ここを終えると，ニューヨークに出て，製薬会社の販売員となった。そのころのウェルカムは医学雑誌に寄稿できるまでになっていた。

ウェルカムが7歳年上のサイラス・バローズに出会ったのは1877年であった。ワイエス製薬会社の販売担当役員であったバローズは，独立するための相棒を探しており，まずイギリスでワイエス社の薬品販売会社を設立して，ウェルカムを誘った。この誘いを受け，1880年にロンドンに渡ったウェルカムは，バローズ＝ウェルカム薬品会社を共同で設立した。イギリスでアメリカの薬品を販売するためには規制があるため，2人はイギリスの会社を設立したのである。宣伝を担当したウェルカムはただちにその手腕を発揮した。1881年から1884年にかけてバローズが世界各地に販売網を広げるために渡航していた間，ウェルカムはロンドンで会社の業績を拡大した。郊外に工場をつくり，新薬の開発に成功したのである。「錠剤（タブレット）」と「卵型（オヴォイド）」を合成した「タブロイド」はバローズ＝ウェルカム社の特許製品となって，莫大な富をもたらした。ウェルカムはロンドンの社交界でも知られるようになり，彼の会社の製品は，アフリカ探検のスタンリーや極地探検のスコットなどにより宣伝されていた。1890年には，すでにバローズ＝ウェルカム社はイギリスでも大会社となっていた。ただ，バローズとウェルカムは会社の所有権をめぐって対立し，1889年にバローズは訴訟を起こしたが，彼は1895年に亡くなった。未亡人により訴訟は続けられたものの，ウェルカムは勝訴した。

1900年にはウェルカムはすでに富豪であった。製薬会社は時に経営を見るだけであったが，利益を生んでいた。彼は

アフリカの熱帯病の薬の開発に取り組み，医学研究者を自社に採用，ロンドン郊外には医学研究所を設立，スーダンのハルトゥームには医学カレッジを開設した。同時に，彼はギリシアの遺跡発掘で知られたシュリーマンやエヴァンスの名声を追って，アフリカでの発掘事業にのりだしたが，これは成功しなかった。ウェルカムはこのころ，医学史の資料も集めはじめていた。

ウェルカムが医師の娘シリー・バーナードと結婚したのは1901年であった。シリーは26歳年下であり，息子は1903年に生まれていたが，この結婚は不幸であった。ウェルカムは未開の地への旅行にまで妻を連れ出したが，シリーは社交界しか知らなかったため，旅先で「骨董品」に熱中する夫にはついてゆけなくなっていた。南米のキートでは，妻の不倫をなじったこともあった。

ウェルカムが「世捨て人」のようになったのはこのころからであった。彼は妻の手紙や関係書類をすべて焼き捨てた。残された彼の関心事は，医学関係の標本類や器具，膨大な図書資料だけであり，彼はその展示会の開催だけを楽しみにしていた。1910年に彼はイギリスに帰化したが，これはシリーと離婚した年であり，その後はアメリカにいる一族のために土地を購入したりしていた。離別してローマで暮らしたシリーは，作家のサマーセット・モームに出会い，結婚して，娘を生んだ。しかし，シリーはモームとも性格が合わずに，その後離別した。ウェルカムの息子ヘンリー・マウントニーは，中枢神経障害を持ち，家庭教師のもとで育ったが，ついには田舎で農夫としてその生涯を送るようになった。

1932年にウェルカムは遺書を書き，すべての資産をウェ

ルカム財団に寄付した。ユーストン通りにあるウェルカム研究院の建物は1932年に完成した。ここには医学研究のために開かれた図書館があり、現在でも活動を続けている。標本と医学資料はすべて科学博物館と大英博物館に寄贈された。遺言により、ウェルカム製薬が生む利益は、ウェルカム財団が管理、医学研究と図書館維持のために使われることになっていた。熱帯医学研究所をはじめとするいくつかの研究機関や若い医学生への奨学金は財団の管理下にある。

　1936年に最後にアメリカに旅行した後、ヘンリー・ウェルカムは同年7月25日にロンドンの病院で亡くなった。財団の努力によって彼の遺骨がセント・ポール寺院に葬られたのは1987年であった。生前のウェルカムは、フィラデルフィアの薬学カレッジからの学位とフランスのレジオン・ドヌール勲章を授与されていたが、1932年に贈られたイギリスの爵位は金で買ったものと噂された。財団が依頼して書かせた伝記書は、プライベートな部分が問題となり、その刊行はとりやめとなった。

参考文献：
伝記には、Robert Rhodes James, *Henry Wellcome*. Hodder and Stoughton, 1994 があり、『オックスフォード・イギリス伝記事典』の項目もジェームズが書いている。ウェルカム財団の活動については A. R. Hall, *Physics and Philanthropy: A history of Wellcome Trust, 1936-1986*. 1986 がある。

20 ジョン・ヤング・マッカリスター
(John Young Walker MacAlister)

　王立医学協会の図書館長でイギリス図書館協会の名誉書記を長く務めたジョン・ヤング・ウォーカー・マッカリスターは，50年にわたりイギリス図書館界のためにつくし，「マック」の愛称で知られていた。

　シェーン・ゴドボルトおよびウィリアム・マンフォード共著の伝記では『比類なきマック』の題名でマッカリスターをとりあげ，さらに，マンフォードが書いた図書館協会100年史では口絵に彼の写真が飾られていた。もう一人の「マック」ライオネル・マッコルヴィンほどわが国では知られていないが，マッカリスターは，1919年には叙勲されて「サー」の称号を授かっており，ロンドンの王立医学協会およびロンドン大学の図書館＝文書館学校に彼の肖像画が飾られているほど，イギリスでは有名な図書館人であった。

　マッカリスター(以下「マック」)は1856年5月10日にスコットランドのエディンバラ北方，テイ河畔のパースで没落地主の次男に生まれた。兄のドナルドは，ケンブリッジのセント・ジョンズ・カレ

J. Y. W. MacAlister
(1856-1925)

ッジの研究員からグラスゴー大学の総長にまでなった医学者で，イギリス医学界の著名人であった。「マック」も自立を志し，兄にならって医学を学ぼうとしてエディンバラ大学に入ったが，病弱で退学せざるをえなかった。1875年に彼は下宿の近くにいた未亡人の娘エリザベス・バトレイと結婚し，翌年には息子が生まれた。「マック」はようやく20歳になったばかりであり，兄のドナルドのほうはすでにケンブリッジ大学の医学部で研究に取り組んでいた。妻と娘を抱え，なおも医学の勉強を続けようとしたが，結核にかかり，一人で海岸の保養地で療養する身となった。

1877年に家族とともにリヴァプールにいた両親の家に身を寄せた「マック」は，リヴァプール図書館の副館長の職に応募し，年俸80ポンドの図書館員となった。リヴァプール図書館は1760年の設立という歴史の古い「会員制図書館」で，蔵書約7万冊のイギリスの図書館史でも名だたる存在であった。1877年には税金で成り立つ無料公共図書館がすでに各地にできていた。努力家の彼は就職後ただちに理事会に認められ，1年後に年俸は100ポンドとなっていた。

リヴァプール図書館をモデルとして1770年にできていたヨークシャー州リーズ市の図書館は，同じく会員制図書館として出発し，市の裕福な市民に支えられ，1850年代よりは熱心な歴代館長に率いられて活動を展開していたが，1880年に館長のスターンバーグが48歳の若さで突然亡くなり，図書館委員会は急ぎ館長の募集をはじめた。年俸200ポンドというこの職には137名の応募者があった。ケンブリッジ大学，地理学協会の図書館員とともに「マック」が選考に残り，もっとも若い彼が選ばれた。その理由は定かではないが，リ

ヴァプール図書館とリーズ図書館との密接な関係にあったと思われる。1880年に彼はイギリス図書館協会に加入し，1883年にはヨークシャー州から選ばれて理事会に名を連ねていた。1881年には父が亡くなって，彼は自分の家族だけでなく，残された母親と3人の妹の面倒をみなければならなくなり，通勤列車のなかで石鹸会社のPRの詩を書いたりして賞金かせぎをしていた。リーズ図書館で記録に残る有名な話は，前館長の「幽霊」の出現であった。ある春の日，残業して最終列車に間に合うように図書館を出ようとして，書庫の奥にいる人間の姿を認め，大声で呼びかけたが，相手は答えずトイレに消えていった。後を追ってトイレに行ったが人影はなかった。翌日この話を図書館委員会の者に語ると，その風貌は前館長スターンバーグのものであることがはっきりした。同様な話は1906年に亡くなったケンブリッジ公共図書館長ジョン・ピンクにもあり，図書館史研究者で「マック」の伝記を書いたマンフォードは「図書館の幽霊」は「確かに調査に値するテーマである」と書いている。不思議なことにアメリカにはこうした話がない。

　図書館長の「マック」はリーズではすでに広く知られていたが，彼は医学にいまだに関心があり，その方面の仕事につきたいと考えていた。ようやく余裕のできた1887年，『アシーニアム』誌の広告に載ったロンドンのリベラル・クラブの書記の職に応募した。宿舎つきで給料は150ポンドであったが，ロンドンは図書館員としての将来が期待できる場であった。同時に彼は，リーズの医師の友人を通して打診していた王立医学外科学協会の図書館長職にも応募して，これも採用となり，リベラル・クラブには午前だけの勤務が可能かどう

か問い合わせ,二つの職を同時に務めることとした。

ロンドンに出た「マック」は図書館協会でさっそく頭角を表した。この年のバーミンガム大会で読みあげ,雑誌『ライセアム』にも発表された「求む図書館員」という文章が図書館界の注目を引いたのである。この論文の論旨は,「技能（クラフト）」と見なされている図書館の職業は,「専門職（プロフェッション）」であり,図書館員は第一に目録と分類の知識を基盤に図書館という組織を確立することである,第二に利用者の知識獲得を支援することであると説いていた。「良き図書館員は案内人であり,哲学者であり,利用者にとっての友である。図書館の専門家が任命されなければ,学徒や勤労者は自分で途を探さねばならず,悪くすれば誤った方向に行ってしまう。」図書館協会が発足して10年目であり,いまだこうした職業論もほとんど発表されていない時期に,31歳の「マック」はこの論文で一躍イギリス図書館界の「顔」となっていた。ちなみに,目録と分類の重視は,印刷目録が図書館と利用者を結びつける最大の道具であった当時としては当然のことであった。

王立医学外科協会の図書館長となった「マック」は,ただちに玄関のドアを開放し,会員が自由に出入りできるようにした。格式の高いイギリスの組織では,玄関の扉は内側で出迎える召使が一々鍵で開けるのがしきたりであった。新館長にとってはそんな習慣は必要がなかった。会員800名の協会の図書館は拡大しつつあり,図書館の蔵書はすでに3万冊を超えて,場所が手狭となっており,彼は新館の獲得のため有力者を動かしはじめた。会長のサー・アンドリュー・クラークが1万ポンドを寄付してくれたのを皮切りに,彼の精力

的な募金運動は成功し,協会はハノーヴァー・スクエアの新館に移った。「マック」の計画は,しかし,単なる場所の獲得だけではなかった。借り受けた広い建物に医学関係の多数の協会を集め,場所を賃貸して,ゆくゆくは関係団体の大同団結を考えていたのである。

ちょうど同じ時期に図書館協会の名誉書記となった「マック」は,ここでも精力的な活動をはじめた。彼は協会の活動の場として仮住まいでない建物が必要であるとし,理事会に働きかけるとともに,会費の値上げと募金運動の開始を訴えた。協会の活動の基盤として当然考えられたのは雑誌の刊行であった。それまでに出ていた会報の『ライブラリー・クロニクル』に代えて,彼は新雑誌『ザ・ライブラリー』を1889年12月から刊行しはじめ,その編集長となった。雑誌は以後10年間続き,「マック」の協会内の地位を確立したとともに,図書館の理論的方向もここで模索されていた。活発な議論が誌上で展開され,ジェームズ・ダフ・ブラウンやルイス・スタンリー・ジャストなどが活躍した。

「マック」は1892年にはフランス図書館との合同会議を成功させ,1898年には図書館協会のロンドン大会をアメリカ図書館協会と合同で開催して,これも成功裏に終わらせていた。しかし,彼のこの時期の最大の功績は,図書館協会を女王の勅許を得た組織としたことである。1898年5月,図書館協会は正式に王立協会となった。さらに,ロンドン大学のユニヴァーシティ・カレッジに図書館員の養成コースを開設したのも彼のアイディアと努力のたまものであったが,その実現にはカーネギー英国財団の副会長となっていた兄ドナルド・マッカリスターの側面からの支援も見のがせない。

とはいえ，1890年代も後半になると「マック」の権威もゆらいできた。その第一の理由は，編集長の彼が病気がちとなり，雑誌『ザ・ライブラリー』の刊行が1895年のころより断続的に遅れ，合併号が目立つようになったことによる。忙しすぎる彼には雑誌の編集は無理であったが，責任感の強い彼は雑誌を投げ出そうとはしなかった。折からに，ジェームズ・ダフ・ブラウンが新理論雑誌『ライブラリー・ワールド』の刊行をはじめ，若い図書館員たちを引きつけていたし，協会内部でも『ザ・ライブラリー』に代わる会報『ライブラリー・アソシエーション・レコード』の刊行を計画していた。

　加えて，「マック」の牽引力を低下させたのは「開架制」論争であった。ブラウンがクラーケンウェル公共図書館で試みた「開架」図書館は好評であり，「本は自分で内容を確かめて読んできた」との自説から「開架制」を支持した編集長は，反対派の図書館員からの批判にさらされた。コトグリーヴの「指示板」方式による「閉架制」を支持する者は依然として多かったのである。

　図書館協会にたいしてきわめて顕著な功績をあげていたにもかかわらず，「マック」はその独裁的な手法を批判され，1898年の末に協会の名誉書記の職を辞任させられた。雑誌『ザ・ライブラリー』は廃止となり，新しい『ライブラリー・アソシエーション・レコード』の初号がヘンリー・グピーの編集で1899年1月に刊行された。

　図書館協会の事務局から身を退き，本務の王立医学外科学協会の図書館長に戻った「マック」は，かねてからの宿願である医学関係の諸学会を大同団結させる仕事に取り組んだ。彼が頼りにしていた王立医学外科学協会の会長サー・アンド

リュー・クラークが1893年に急逝して,計画は一時頓挫したものの,彼はあきらめず地道に説得を続け,1907年6月,王立医学外科学協会は他の14の団体との合併を実現させた。国王の新たな勅許が下り,協会は会員4,000名を擁する世界最大の王立医学協会となった。

こうした間にも「マック」は仕事の手を休ませてはいなかった。彼は1899年より休刊となっていた『インデックス・メディカス』(アメリカの軍医総監局図書館長のジョン・ショウ・ビリングス博士が30年前に創刊した医学索引で,その意義は広く認められていたが,財政難のため刊行が一時頓挫した)を1903年より復活させ,その編纂を引き受けていたのである。この刊行のため彼は200ポンドを自分で負担していた。だが,続刊をめぐる財政はきびしく,この索引誌は1906年で再び途切れた。

1914年8月の第一次世界大戦の勃発とそれに続くツェッペリン飛行船の空爆は,ロンドン市民にとって文字どおり「晴天の霹靂」であった。図書館の建物はさまざまな他の用途に使用され,図書館員は兵士として前線に送られた。全国約3,000人の図書館協会員のうち,400人が戦場に出ており,当時はいまだ男性が多かった図書館界は人手不足でサービスも停滞していた。図書館協会の理事会は1915年6月,「王立医学協会の書記マッカリスター氏に図書館協会の会長を引き受けるよう要請する」決議を採択した。かつて彼を協会から「追放した」理事はまだ残っていたものの,こうした時期の適任者は彼以外にはいなかったのである。王立医学協会ではその実績から医学協会図書館だけでなく,医学協会全体にさえ「君臨」していた「マック」は,この要請を受け,戦争が

終結するまで図書館協会の会長を兼任した。この間に彼は毎年，図書館大会を主催し，その変わらぬ威厳を示していた。

戦後の1925年9月に王立医学協会を引退した「マック」は，その数か月後にロンドンの自宅で静かに息を引きとった。69歳であり，図書館界および医学界の仕事はすべて果たしていた。図書館学教育においても彼は恩人であり，ロンドン大学の図書館学校では毎年マッカリスター賞を授与している。

職業上の業績だけでなく，人物としても「マック」は傑出していたし，多くの人から尊敬されていた。彼が出入りしていたロンドンの社交クラブでは，各界の名士とつきあう花形的な存在として知られていた。彼とアメリカの作家マーク・トウェーンとの交友は知られており，アルバート・ペインが書いたトウェーンの伝記にはその経緯が詳しくとりあげられている。

参考文献：

S. Godbolt and W. A. Munford, *The Incomparable Mac.* 1983 ; J. Minto, *A History of Public Library Movement in Great Britain and Ireland.* 1932 ; W. A. Munford, *A History of the Library Association 1877-1977.* 1976.『オックスフォード・イギリス伝記事典』には Evelyn Kerslake による項目の執筆がある。写真は W. A. マンフォードの『図書館協会百年史 1877-1977』よりとっている。

21 アルフレッド・ポラード
(Alfred William Pollard)

　大英博物館の刊本部長を務め，同時に，イギリス書誌学会の創設者であったアルフレッド・ウィリアム・ポラードは，一生をつうじて熱心なイギリス国教会の信者であって『生活・愛・光』(1911) という宗教書も書いていた。

　1859 年 8 月 14 日にロンドンのケンジントンで医師の父とその二度目の妻のもと，末っ子に生まれたポラードは，3 歳で病のため言語障害になっていた。そのため，他とのコミュニケーションがはかれないことで一生を苦しみ，みずからは孤独を好んで，一人で仕事のできそうな図書館員の職と研究者の仕事を選んだ。

　1877 年にオックスフォードのキングス・カレッジに進み，古典を学び，シェークスピアにのめりこんでいたが，幸運だったのは，そこでアリス・イングランドと知り合ったことであった，2 人は 1887 年に結婚した。学校教師となったアリスは，夫とともに女性の権利主義者であった。娘と 2 人の息子にめぐまれ，家庭生活は安泰であった。

Alfred William Pollard
(1859-1944)

　言語障害のためオックスフォー

ドでは教職につけず、ポラードは母方の祖父を頼って、1883年に大英博物館の職に応募して採用された。当時の大英博物館では語学を重視しており、すでに彼はラテン語、ギリシア語のほかに、フランス語とイタリア語を習得していた。

　女子高校の教師となった妻の勤務のため、ロンドン南部のウインブルドンに定住したポラードは、往復の通勤列車のなかで論文やエッセイの執筆を続けた。まわりの騒音などは気にならなかった。

　大英博物館の刊本部に配属されたポラードは、シェークスピアおよび中世イギリス文学の専門家として名をなすとともに、1892年には書誌学協会の発足にさいして尽力し、名を知られるようになり、1895年には協会の雑誌『ビブリオグラフィカ』の編集を担当するまでとなった。1899年にリチャード・ガーネットの引退をうけて刊本部長となったポラードは、部局内の仕事のすべてを監督する立場となり、1893年より初期印刷本の目録作成を担当していたロバート・プロクターの影響で、インクナブラへの関心を持つようになった。その後の1903年9月にプロクターがスイスで遭難すると、プロクターの仕事はすべてポラードが引き受けることになった。プロクターが残した仕事『イギリス国内の初期印刷図書および国外出版のイギリス関係図書目録』は初期印刷本にかんする2万6000項目の記録であるが、インクナブラについてはプロクターのほうがよく知っていたため、編纂にはその後9年がかかった。しかし、完成した図書目録はその後に範を示すものとなった。

　1887年から図書館協会の名誉書記となっていた王立医学協会のマッカリスターは、その翌年に刊行しはじめた協会の

機関誌『ザ・ライブラリー』の編集を大英博物館のガーネットに相談，ガーネットはポラードを推薦した。彼はその後の45年以上にわたって図書館協会の機関誌の書物解説欄を担当して書き続けた。ポラードはさらに，書誌学協会の雑誌もほぼ独力で編纂しており，その他にも，マッケローを助けて『イギリス研究レヴュー』の編集にも参加していた。

シェークスピアの初期印刷本である「フォリオ版」の検討に取り組んだのは，1900年代の初頭からであった。ケンブリッジの書誌学者グレッグの影響で，外国の初期印刷本ばかりでなく，17世紀のイギリス出版に目を開かされたポラードは，『シェークスピア・フォリオとクワルト版』(1909)，『海賊版との闘い』(1920) を刊行し，1923年には『シェークスピア研究入門』に寄稿，この方面の権威として認められるようになっていた。

この間，ポラードにとっての決定的な打撃は，第一次世界大戦に参戦した2人の息子を失ったことであった。砲兵隊大尉であった長男のジョフリーは1914年10月，フランスのモンスの激戦で戦死した。続いて1915年10月，次男のロジャーが兄とさほど離れていない戦場で亡くなった。両人の死はポラード一家にとって計り知れないショックであった。とはいえ，その後のポラードは，内面の悲しみを越えるべく，言語障害は苦にせず，かえって積極的に社会の前面に出るようになっていた。1919年よりロンドン大学の書誌学担当の名誉教授となり，1924年に大英博物館を引退した後も，論文を書き続けた。

書誌学者としてのポラードは，イギリスの記述書誌学の創設者の一人として知られている。「15世紀の印刷本の余白や

出版社の実態や活字のミスを詮索するのは、エゴにすぎない」と同時代の図書館員にまで非難されたポラードであったが、書誌学者の任務は出版史の再検討であり、書誌学は初期印刷本がいかに人類の文化の方向を変えたかを探る試みであること、第二に書誌学は「文学探究のための文法」の役割を担うものであり、テキストを正確に後世に残すことで文学の生命が保たれる、といった考え方を貫いた。ポラードをはじめとするイギリスの書誌学の研究グループにより、文学研究は美的な鑑賞から科学的な分析へと変わっていた。

1926年に妻に先立たれたポラードは、1934年には書誌学会の書記から身をひき、娘とともにウインブルドンで暮らしたが、翌1935年に自宅の庭で突然倒れた。その後9年を生きたが、1944年3月8日にウインブルドン病院で死去した。

大英博物館に在籍した時代から、ポラードは幾多の名誉称号を授けられていた。1921年にはダラム大学の名誉博士、1921年にはブリティッシュ・アカデミーの名誉会員になり、1930年には初期イギリス文献協会の会長となっていた。さらに、1934年にはケンブリッジ大学図書館の新館完成時に、名誉博士の称号を贈られていた。また、アメリカ書誌学協会からはただ一人の外国人名誉会員となっていた。

参考文献：

L. Dover Wilson, "Alfred William Pollard" *Proceedings of the British Academy,* 31, 1945, p.257-305 が伝記としてはもっとも詳しい。ポラードの論文集と著作目録は Fred W. Roper, ed. *Alfred William Pollard: A selection of his essays.* Scarecrow, 1976, 244p があり、『オックスフォード・イギリス伝記事典』の項目は W. W. Gregg が執筆し、H. R. Woudhuysen が補足している。

22 ジェームズ・ダフ・ブラウン
(James Duff Brown)

　「生まれつきの理想的な公共図書館員」と称された，イギリス式開架制公共図書館の父ジェームズ・ダフ・ブラウンは1862年11月6日，エディンバラの生まれであった。彼の出生に立ち会った当時20代半ばの若い医師，ジョセフ・ベルは赤子の母に，「この子は頭の形から察すると，貴族の風格を備えるようになりますな」と語ったという。ベル医師は後にシャーロック・ホームズのモデルとなった人物とされている。

　とはいえ，ブラウンの家は決して豊かではなかった。父はアバディーン北部の農村の出身で，乾物屋の手代であったが，職を求めてエディンバラで行商人に転じていた。母は父の田舎で教会の合唱団の歌い手として勤めていた。エディンバラの家も，都市開発で市が建てた労働者用公営住宅であった。

　長男として生まれたジェームズは，弟妹が増えて大家族となった家から離れ，姉と2人母方の親戚に預けられて，そこで学校教育を受けている。ブラウン家で目立つことは，両親ともに歌を愛し，そ

**James Duff Brown
(1862-1914)**

122

の音楽の趣味は子どもたちに受け継がれたと言えることである。ジェームズの姉はピアニストとなっている。ただ末の弟は生まれながらの全盲で，ジェームズは弟と文通するために点字を習得していた。12歳で教育を終えたジェームズ・ブラウンは，すぐにエディンバラの書店に奉公に入った。書店に勤めるうちに自分のコレクションをつくる楽しみを見つけたらしいが，蔵書と言ってもこの場合，たいしたものではない。家族がエディンバラからグラスゴーに引っ越したので，いっしょに移ったこの少年の勤め先は，やはり本屋であった。グラスゴーは，このころすでに人口50万の大都市であって，書店は規模も大きいが，仕事にも温かみがなかった。彼は減俸覚悟で，同市のミッチェル図書館の助手職に応募し，採用される。ここから彼の図書館員としての生涯がはじまっているが，時に16歳，収入は週12シリングであった。この図書館でジェームズは修業時代の10年を過ごしたが，この間図書館の蔵書は，1万5000冊から8万冊になっている。

　ここで彼が自分の時間をさいてつくりあげたのが『音楽家伝記事典』であった。これは622ページの大作で，1886年のアレクサンダー・ガードナー社の出版である。「ベルリオーズの項目など行数と同じだけのミスプリがある」との評もあったようだが，「盛り込まれた情報はほぼ正確」であり，グローヴでさえ「事実に関するかぎり，かなりの価値がある」と評価していた。いずれにせよ，24歳の無名の若者がこれだけのものに取り組み，しかもいまだ没後20年を経ていないベルリオーズまでをまとめるのには，かなりな勇気がいったであろう。

　1887年，彼は従妹のアニー・ワットと結婚しているが，

図書館での年俸はまだ100ポンドになっていなかった。翌1888年に図書館大会がグラスゴーで開かれ,ジェームズ・ブラウンは「辞書体目録における件名標目の配列」という論文を発表,ここで大図書館5館の例を比較検討し,これが列席した図書館員の注目を集めたらしい。聴衆のなかにいたH.フインチャムは,ロンドン西郊クラーケンウェルに新設予定の地区公共図書館の委員であり,新図書館長公募の責任者であった。

ブラウンはこれに応募し,82名のなかから選ばれて,年俸250ポンドのこの地位につくことになった。面接では彼のエネルギーと仕事熱心さ,「非凡な将来性が見込まれる若者」との評価を得たようだ。「わたしが脱帽するのは富に対してではない,学問に対してだ」が彼の口ぐせであった。

現在では大ロンドンの一地区をなすクラーケンウェルは,19世紀には時計製造,修繕の町であった。土地の富裕な商人と国会議員の寄贈により,新しい図書館の設立が決まっており,ブラウン新館長はその初めから立ち会った。彼は自分で本を選び,新館は8,000冊の蔵書をもって1889年3月に開館している。

彼がこの新図書館で最初におこなったのは,図書館職員として女性を積極的に採用したことで,これは19世紀の公共図書館ではきわめてめずらしかった。この図書館の設計も,新聞閲覧室と貸出部門を1階に,読書室と参考部門を2階に配した,現在のイギリス公共図書館の型を先取りしたものであった。書庫は地階にあった。次に新館長が取り組んだのが蔵書の印刷目録で,彼は書架分類にエドワーズがマンチェスター無料図書館で試みた11区分を改善した独自な体系を用

いていた。

　クラーケンウェルにジェームズ・ブラウンありとして公共図書館界に広く存在を知られるようになったのは，こうした彼の斬新なアイディアと，その実行力が大きくものを言っている。理屈は実現して見せねば人はついてこない。特に図書館の実務においては然りである。彼が図書館史に名を留めたのは，後の時代に型となる公共図書館サービスの数々を先駆的に実験して見せたためであろう。「実務の図書館員にあっては，立派なカウンターこそ，いつまでも変わらぬ楽しみの源である」と言うブラウンは，『図書館用品ハンドブック』（1892）をみずから著し，家具から貸出スリップにいたるまで自分で考案して見せた。1894年の図書館協会の機関誌『ザ・ライブラリー』には「農村図書館の問題」なる一文があり，そこには彼の移動図書館のもくろみが馬車，図書，馬などの基本費用と御者などの経費が一覧にして示されている。

　開架制の考えを彼が抱いたのは，1891年ころのこととされる。もちろん開架制度は彼が最初に示したわけではない。アメリカでは広く開架制は実施されていた。しかし，イギリスでは，公共図書館で全面的に開架制を導入するにはまだ反対が多すぎた。1850年の「公共図書館法」成立以来，イギリスの図書館の貸出は「個人の申し出に基づく」大英博物館方式が一般であった。そこには，利用者の多くはまだやっと文盲を脱したばかり，そして必ずしも清潔ではないといった考えかたが根強かったのである。ブラウンは図書館界にも存在するこうした偏見と戦うため，まずその必要性を文章で説得しなければならなかった。反対の火の手もまたあがった，労働者階級がおもな利用者である無料図書館では，開架制は

不適当というのである。いわく、「本を元の場に戻せないだろう」、「必要以上に図書館に留まり、館内が混雑する」、「高い棚の本を婦人にとらせるのは失礼である」、「開架制度は中世の図書館への逆行」。

ブラウン館長は、「イギリスにおいて、開架制への反対には二つの面がある。保守的な図書館員と一般市民の不信である。この場合、後者が説得できれば、前者はいずれ一掃されるであろう。若い世代の図書館員の意見が力を持つようになるための進歩は一挙には望めない」と考え、さまざまな戦術で戦いを進めることにした。その一つが公共図書館運営のテキストを書くことであり、他は新しい雑誌を発行することであった。

『ライブラリー・ワールド－図書館員のための相互コミュニケーションのメディア』誌は、1898年7月に創刊された。後には強力な助っ人ルイス・スタンリー・ジャストを得て、いっそう充実したものとなっているが、当初はブラウンが独力で発行していた。この雑誌は実務に主眼をおき、図書館と利用者を結ぶ方向を目指していた点からみると、図書館協会の機関誌『ライブラリー・アソシエーション・レコード』などとは異なっていた。世紀末のヨーロッパには、各界でさまざまな実験がおこなわれていたが、図書館界にも、実務に限定されてはいたものの、精力的な試みが見られたわけである。この雑誌は多くの点で従来の型を打ち破っていた。痛烈なアフォリズムで紙面を飾ったのもその一つであろう。「分類できないような本なら、買うな」、「悪名をはせる方法に事欠いたなら、図書館協会に入れ」とまで書かれていた。

1899年、地方自治体改革法により、クラーケンウェル図

書館はロンドンのフィンズベリー地区の公共図書館となった。そして20世紀を迎え，風向きはブラウンに有利になってきて，彼の考えかたもいたるところで実現を見るようになる。カーネギーの図書館が次々に建てられる時代になったからである。

ブラウンのマニュアルとして知られる『図書館経営マニュアル』は1903年の初版から1920年の3版まで，約20年にわたって公共図書館の手引書となっていた。確立された運営の技術と，著者個人の意見とが混同した箇所は見られるものの，この本は実務家，学生の必読の書とされていた。そこでは，図書館員の労働時間を週42時間制として提唱し，男女の同一労働同一賃金を説く，1903年当時としてはかなり思いきった意見が述べられている。

1904年，フィンズベリー区に隣接するロンドン北部イズリントン区で図書館法が通過，ここに新しい公共図書館がつくられることになり，迎えられて館長となったブラウンが，ここで第一に地区委員会に頼んだことは，女性の副館長を採用する案であった。この時期でもまだこれは前例のないことであったが，彼の理論が机上だけのものでないことを示していた。

1906年9月に開館したイズリントン公共図書館北部分館は，開架式図書館として計画され，建設された最初の近代的図書館である。最初の1週間で1万人の登録者がつめかけ，整理に警官も出動したといわれる。そしてここは多くの国内国外の図書館員が見学に訪れる場となった。

ジェームズ・ダフ・ブラウンは1914年2月，51歳で心臓の発作に見舞われ亡くなった。第一次世界大戦前夜であった

のもなにかしら象徴的な感がする。「行く手をさえぎるものすべてをなぎ倒して進む消防車」と言われたこの人物は,「20世紀の図書館には映画,ラジオのような影響力が期待できる」と考えていたそうである。彼にはそのほか書誌・分類・音楽関係の著書数冊がある。

参考文献:
W. A. Munford, *James Duff Brown.* Library Association, 1968 ; L. G. Butcher, "James Duff Brown" *Encyclopedia of Library and Information Science,* v.3, 1968, p.371-378. なお本稿は,「図書館をつくった人々-ジェームズ・ダフ・ブラウン」(『図書館雑誌』74(4), 1980, p.158-159)を改訂・加筆したものである。写真はマンフォードの著書より。

23 チャールズ・ハグバーグ・ライト
(Charles Theodore Hagberg Wright)

　会員制図書館であるロンドン図書館の館長を 47 年にわたって務め，同図書館の基礎を固めたチャールズ・セオドア・ハグバーグ・ライトは，理想的な館長であり，会員であった同時代の文人や政治家たちすべての信頼を得ていた。ヨークシャー州リッチモンド近郊のミドルトン・タイアスでイギリス国教会の神学者の父，およびストックホルムの王立造幣局長の娘であった母のもとで生まれ，兄は著名なバクテリア学者となって「ナイト」に叙せられ，弟は将軍となった一家の出であった。

　ベルファストの王立アカデミー研究院を出ると，一族の伝統となっていたダブリンのトリニティ・カレッジで学び，1885 年に学部を卒業，1888 年には文学修士となっていた。ギリシア・ラテンの古典を専攻したが，思いたってロシアに渡り，ペテルブルグで大学教授の家庭の世話になり，ロシア語とロシア文学の知識を身につけた。ロシア知識人のニヒリズムと革命思想に共鳴したが，一年で帰国の途につくと，フランス，ドイツ，ルーマニアに滞

**Sir C. T. H. Wright
(1862-1940)**

在，さらに母親の母国スウェーデンに赴き，幅広い言語知識を取得した。

1890年にアイルランド国立図書館の副館長となったチャールズ・ライトは，1893年にロンドン図書館が募集した図書館長の地位を獲得した。1841年に文人カーライルを中心とした発起人により設立されたこの会員制の図書館は，文化人のサロンの様相を持つようになっており，図書館長の地位も尊敬に値するものとなっていた。館長職の年収は400ポンドで退職金なしの条件であったが，この時の応募者は253名であったという。応募者には作家，法律家，学校長がおり，大英博物館の職員もボドリー図書館の館員もいた。選考に当たったのは，その前年に理事長に選出されていたレスリー・スティーヴンであった。後の作家ヴァージニア・ウルフの父親であるスティーヴンは，雑誌『コーンヒル・マガジン』の編集長で，スミス出版が計画していた『イギリス伝記事典』の編集者でもあった。彼は大方の予想に反して，政治家グラッドストンを退けて理事長の地位についていた。スティーヴン，および面接した委員会は，多勢の候補者のなかから，全員一致でライトを図書館長に選んだ。その語学力と家系，社会的地位が気に入られたのである。

ライトはその死の年までの47年間，図書館長を務めたが，この間に蔵書は16万7000冊から47万5000冊に，会員は2,293名から4,400名に増えていた。館長が実績を残したのは，こうした図書館の拡大だけではなかった。いくつかの点で彼は「大図書館長」の名にふさわしい業績をあげ，会員制図書館の館長としては類をみない国家の叙勲「サー」の称号を1934年に授けられた。

館長に就任するとじきに，ライトは職員を増やし，残業を廃止，職員の給料を上げた。彼がフリーハンドで図書館の経営に打ちこめたのは，優れた館員のおかげでもあった。1882年に入館，1886年には出納の窓口をまかせられていたフレデリック・コックスもその一人であった。コックスは図書館の名物男となり，「歩く書誌」とまで言われ，何を聞いても即座に答えが出てくることで知られていた。ライトは利用者の会員にたいしても毅然とした態度をつらぬき，長期にわたって利用しない名誉会員は除名され，普通会員の会費の滞納や利用図書の延滞にもきびしい態度でのぞんだ。

　「ザ・ロンドン」と呼ばれ，貴族と紳士の集会場となっており，中産階級の人たちのあこがれであった，この図書館の最大の課題は，蔵書を収納する建物であった。ロンドンの一等地のペル・メルにあった図書館は，すでに手狭になっており，資料の自由な利用をさまたげていた。館長はペル・メルの敷地と建物を売って，より安い土地の確保にのりだした。その結果，ピカデリー・サーカスからほど近いセント・ジェームズ・スクエアの閑静な住宅地の建物が選ばれた。同時にライトは，募金にとりかかった。これを成功させた裏には，会員である政治家や作家の協力があったことは言うまでもないが，ライトはこうした人たちからも信頼を得ていた。彼は経営者としても抜群であり，この敷地に30万冊を収納できる図書館を建設するとともに，獲得した隣接の敷地でマンションを経営して，ここの収入を運営資金にあてるとともに，ここを将来の増築場所に予定していた。図書館の新館には，大英博物館にも利用された鉄製の書架（両面が利用でき，高さは2メートル程度）が導入された。また，書庫内はすりガ

ラスの床で，天井からの採光が下までとどくようになっていた。新図書館は1898年12月に開館した。報道によれば，開館して1週間で入会の申し込みは50件にのぼったという。

ライトが同時に取り組んだのは，蔵書の分類と目録の整備であった。「すべて最初からやりなおした」という資料整理を，彼は独力で4年かけて片づけた。時には睡眠時間が4時間，多くは図書館に泊り込んで仕事を続けた。分類にはアメリカの議会図書館分類に近い方式を採用し，一方で細目はライト館長が独自に作成した。「魔女」，「錬金術」から「決闘」，「気球」，「ビール」，「賭け事」，「養蜂」といったテーマの本が束ねられていた。作業室の壁には「推測でなく，考え込むこともない，正確，正確，正確に」といった標語がかかげられていた。こうした分類が図書館利用者に喜ばれたことは言うまでもない。著者目録は1903年から刊行されはじめ，主題索引は1909年から刊行がはじまった。

無類の本好きであったライトは，図書館の蔵書（特に文学や文化に関する蔵書）を，英語はもとより，ロシア語，ドイツ語にわたって拡大していった。ここのロシア語の蔵書はよく知られており，トルストイなどの文化人と文通していたライトは，資料の収集においても一流の「目利き」であったとされる。ドイツ語の本も重視され，輸入が禁止されていた第一次世界大戦中でも内務省にかけあい，購入許可をとりつけていた。彼が自分の責任で集めていたのは第一次世界大戦関係の資料で，これもまた世に知られたコレクションとなった。政府機関が戦時中にロンドン図書館から借り受けた本は膨大な量におよんだという。そこにはシベリアの地図なども含まれていた。ロンドン図書館は，理事会の許可のもと，戦時期

には傷病兵にたいしても特別な貸出を行っていた。

　公共図書館とは別な図書館の活動領域があり，それはヴィクトリア朝の「自助努力」による知識の獲得であるとのライトの信念は，生涯の最後まで変わらなかった。ロンドン図書館という独得な場が現在も活動を続けているのは，彼の信念に基づく経営努力にあった。1919年に57歳で未亡人と結婚したが，子どものいなかった彼は，図書館と一生をともにした。残念にも，1941年の創設百周年の直前に彼はロンドンの自宅で亡くなったが，知識人の間では彼はもっとも知られた存在の一人であった。

参考文献：

G. Gillam, "Hagberg Wright and the London Library" *Library History,* 1, 1967, p.24-27があり，ロンドン図書館を紹介した図書 John Wells, *Rude Words,* 1991は邦訳されている（『ロンドン図書館物語』高島みき訳　図書出版社　1993）。なお，『オックスフォード・イギリス伝記事典』の項目は Alan Bell が執筆している。肖像写真はウェルズの本による。

24 フレデリック・ケニヨン
(Frederick George Kenyon)

　大英博物館の館長職を1909年に引退したエドワード・トンプソンから引き継ぎ，同様に21年間，館長として勤務したフレデリック・ジョージ・ケニヨンは，トンプソンと同じ古写本の専門家であったが，その性格と館長時代の仕事はまったく異なっていた。温厚で親切ではあったが，かえってそのために多方面に引き出されて活躍し，ケニヨンの肩書は何十にもなり，年表をつくらないとその活動のすべてを記すことはできないほどであった。

　フレデリック・ケニヨンは1863年1月15日にロンドンの母方の祖父の家で生まれた。父親はイングランド西部のシロップシャー州プラドーの地方貴族であり，またオックスフォード大学の法学教授であった。代々軍人と学者の家系であり，フレデリックはその両方を受け継いでいた。兄弟の多くは軍人として第一次世界大戦で活躍し，そのうちの2人は将軍であった。母方の祖父は大英博物館の古銭学の権威者であった。

　学校に入る以前に，家庭で姉から古典語を教えられており，幼い

Sir F. G. Kenyon
(1863-1952)

ころに連れていってもらった大英博物館のアッシリア室の彫刻群に惹かれた体験があった。1875年にウィンチェスター・カレッジを終えると，1882年にオックスフォードのニュー・カレッジに入学し，ギリシア語と聖書学を専攻した。だが，関心はむしろ文学にあって，ブラウニングの詩にのめり込んだ。さらにはクリケットの選手としても活躍していた。ニュー・カレッジを卒業し，モードレン・カレッジの研究員となった後，1888年にケニヨンは大英博物館の写本部の職員となった。

大英博物館に入ったのは，ギリシア語を専攻していたこと，および祖父の関係もあったと思われる。写本部ではただちに未整理のギリシア語写本の目録を担当した。彼が幸運だったのは，折しも大量のギリシア語のパピルス文献を博物館が獲得しており，なかにはアリストテレスの未発表の論文やピンダロス他のギリシア詩人の作品が含まれていたことであった。『大英博物館のギリシア語パピルス』の目録は1893年から刊行され，続いての英語訳での紹介（デモステネス，アリストテレスなど）はケニヨンにダラム大学とハレ大学からの学位をもたらした。貴重な案内書となった『聖書と古代写本』も1895年に刊行されていた。こうして，ギリシア語写本の権威となったが，精力的なケニヨンは，若いころからの関心事であったイギリス詩人ブラウニングの研究においても，入門書（1896）およびエリザベス・ブラウニング書簡集を刊行していた。

1898年に写本部の副部長となったケニヨンは，同館所蔵の写本の目録作成でさらに実績をあげるとともに，名だたる個人収集家の蔵書の目録作成を依頼されて完成していた。さ

らに,古代海軍史の関係資料の展示会を主催していた。1909年にトンプソン館長を継いでケニヨンが大英博物館長となったのは,理事会や館内職員の歓迎するところであった。彼は刊本部の職員とも親しく,美術部門の者たちからも尊敬されていた。そして,館長となったケニヨンのその後の業績は目をみはるものとなった。

聖書研究が続けられたことは言うまでもなく,1901年には『新約聖書のテキスト批評ハンドブック』が出版され,その第2版は1912年に出た。また,博物館内の貴重資料を知りつくしていた館長は,博物館のPRに積極的であった。絵はがきの発行,および館内の案内ツアーと講演会の開催はケニヨンの発想によるものである。

1893年に発足していたブリティッシュ・アカデミー(学士院)に最初から積極的に参加しており,1906年には理事,1917年から1921年にかけては会長,その後は書記の地位にいて,そこの人文研究協議会では1917年から1919年にかけて報告書を提出,博物館を引退した後には『ブリティッシュ・アカテミー50年史』(1952)を書くにいたっている。彼は自分の館から分かれて設立されたケンジントンの自然史博物館の運営にも協力的で,政府担当者との交渉を引き受けていた。さらにケニヨンは,国立戦争博物館の設立にも熱心な唱導者の一人となっていた。非常勤職はさらにいくつもあり,1919年から1924年にはヘレニズム研究推進協会の会長,さらには,ローマ研究推進協会その他の役員にも加わっていた。

若き日からのケニヨンの軍事熱は相当なもので,フランス＝プロイセン戦争やロシア＝トルコ戦争の記事の完全な切り抜きを自分の手で集めており,1899年の南アフリカ戦争時

には，副部長の職にありながら，館長の許可を得て国内ライフル部隊に入り，その後も軍事教練やキャンプに参加，1905年には曹長，1912年には大尉に昇進していた。1914年に第一次世界大戦が勃発すると，すでに館長の身であったが，ケニヨンは6週間の休暇をとって，部隊とともにフランスのアーヴルに渡った。さすがに首相と軍事省により本務に呼び戻されたが，ケニヨンはさらに1916年と1917年，休暇をとって戦争に参加，1916年には陸軍少佐，1917年には中佐に昇格していた。このように軍務にも彼は実力を発揮していたことがうかがえる。博物館とはその間は手紙でやり取りをしていたという。第二次世界大戦の際にも，歳をいつわって国内予備軍に志願していた。こうした経歴から，ケニヨンは第一次世界大戦後，戦時墓地復旧委員会の招きで，フランスやベルギーをはじめ，エジプトからパレスチナ，トルコ，サロニカ，セルビアの各地で破壊された墓地の調査の実施をまかされていた。

第一次世界大戦終了後に，ケニヨンは大学基金委員会（UGC）の設立にあたりその委員となり，この地位は1947年まで続けられた。この間の1924年，彼は教育省の依頼で，大学基金委員会の公共図書館委員会の議長となって，国内の公共図書館の調査を引き受けた。1927年に刊行され，自身も一部を執筆していた「ケニヨン報告」は，国内の公共図書館網の整備とその相互協力体制の確立を進言した重要な文献となり，その勧告により協力の要としての国立中央図書館(旧学生中央図書館）が1931年に実現した。ケニヨンは国立中央図書館の執行委員会の議長となり，1947年にいたるまでその地位にいた。

こうして，大英博物館の仕事のため，自分の研究を進められなかったケニヨンは，1930年に引退すると自分の研究に戻ったが，それだけに専念するわけにはいかなかった。ダブリンの美術収集家チェスター・ビーティが集めたパピルス文書の鑑定を依頼され，その目録に取り組まざるをえず，1933年から1941年の間は，断続的にその目録編纂の仕事が続いた。1933年には，ロシア政府との間で行われた古写本の福音書「シナイ本コデックス」の獲得の交渉をまかされ，彼の発案でその獲得のために市民からの募金を募った。1937年には，危険をおかして市民戦争たけなわのスペインに渡り，対決する両陣営を訪れて，戦争による美術資産や文書館の破壊をくいとめるための説得に努めてまわった。

　ただこの間も，ケニヨンは聖書研究のことを忘れなかった。主要著書として『聖書の話』(1936)，『聖書と考古学』(1940)，『文学批評・常識・聖書』(1949) があげられよう。こうした実績により，彼は1925年には勲章を授与され，「サー」の称号を得ていた。母校であるオックスフォードのニュー・カレッジおよびモードレン・カレッジの名誉研究員にもなった。1952年8月23日にサレー州オックステッドの病院で死去したフレデリック・ケニヨンは89歳であった。長女は考古学者となり，オックスフォードのセント・ヒュー・カレッジの院長であった。

　自伝的文章には，自分の一生は幸運に恵まれていたと書かれていたが，そのとおりであるとともに，ケニヨンの生涯が「運」ばかりで成り立っていたわけではなく，その絶え間ない努力によって成り立っていたこともまた明らかなことである。

参考文献：

H. I. Bell, "Sir Frederick Kenyon" *Proceedings of the British Academy,* 38, 1952, p.269-294 がもっとも詳しい叙述であり，『オックスフォード・イギリス伝記事典』の項目は H. I. Bell が執筆している。死亡記事は『タイムズ』の 1952 年 8 月 25 日号に掲載されている。

25 ルイス・スタンリー・ジャスト
(Lewis Stanley Jast)

　クロイドン公共図書館およびマンチェスター公共図書館の館長として知られたルイス・スタンリー・ジャストは，精力的な公共図書館の活動家として多くの功績を残した。

　詩人であり，劇作家であり，神秘思想の推進者であったが，本質的にはジャストはヴィクトリア朝の代表的な保守派＝道徳家であった。一生をイギリスの公共図書館に捧げてはいたが，生まれた時，ジャストはイギリスの市民ではなかった。

　1823年生まれの父親，ステファン・ルイス・ド・ヤストシェプスキは，ポーランド東部マゾフシェ地方のウォムザの地主の息子であった。軍人となったステファンは，1849年のオーストリア軍による侵攻からポーランドを守る愛国者ラヨシ・コシュートの反乱に加わったが，ロシアの介入でポーランド軍は壊滅，ステファンはコシュートとともにトルコに逃れ，その後フランスからイギリスに渡った。一生を通じて見られるジャストの反抗精神は父親から受けついだものであり，彼の2人の兄もまた，医師お

Lewis Stanley Jast
(1868-1944)

よび勤労者カレッジの経営者として独自の生涯を送った。三男のルイス・スタンリーは1868年8月20日にイングランド北部のヨークシャー州のハリファックスで生まれた。父は1873年までイギリス国籍は取らなかった。

ハリファックスで煙草店を開いて成功していた父は，三男の息子を公務員にするためロンドンのキングス・カレッジに送った。しかし，公務員試験に失敗してハリファックスに戻ったルイスは，当地の図書館に出入りし，次第に本の世界に引き寄せられた。1887年に彼がハリファックス公共図書館の助手となったのは偶然のきっかけからであった。ルイスがポーランド名ヤストシェプスキをジャストに変えたのは1895年のことで，子音が続くポーランド名の発音はイギリス人にはむずかしかったからであり，最初の4文字を取って新たな姓としたが，そのさい，ポーランド発音の「ヤスト」も英語発音の「ジャスト」に変えていた。

ハリファックス公共図書館ではその勤勉さと勉強熱心さが認められ，20歳でジャストはこの町の最初の分館をまかされるまでとなっていた。ここで彼が洗礼を受けたのは館長のジェームズ・ホワイトレイからであり，その「接神論」の神秘思想はその後の彼の一生を支配することになった。もともと彼は，兄の影響でインドの古代思想の信奉者であった。

24歳になる1か月前の1892年，ジャストはピーターバラ公共図書館の最初の館長としてケンブリッジシャー州のピーターバラに赴任した。外国名前の彼が55名の応募者のなかから選ばれたのは予想外のこととして評判となった。1850年に制定された「公共図書館法」による無料都市図書館は，いまだ発展途上であり，ピーターバラ図書館はそのかなり早

い時期の成立であった。ここで彼はまず，蔵書の分類をデューイの十進分類に変えた。1876年にメルヴィル・デューイにより発表されていた「十進分類法」は，イギリスではいまだ採用する図書館がほとんどなかった。ジャストがこれをとりあげた理由は，もちろんデューイの論理的な思想に感銘を受けたからであったが，同時に，これこそが新たに出発する市民の図書館にふさわしいと感じたからであった。ジャストはその後も熱心なデューイの紹介者となり，論文をいくつか発表していた。

　ピーターバラ図書館は，平日は午前9時から午後9時まで開館し，それは当時のイギリスでは普通であった。開館当初に館長はさらに午後11時まで働いていた。ジャストは1895年には図書館内で「図書の話」の時間を持ち，利用者＝市民にみずから話しかけていた。若くて精力的な彼は，当時としてはめずらしい自転車で市内各所をまわり，寄付集めや市民集会に出ていた。こうした姿が市当局と図書館委員会に評価され，ジャスト館長は委員会とは友好的な関係を保つことができた。イギリスの公共図書館の設立初期には，図書館委員会に館長が「いじめられる」ケースがきわめて多かったのである。

　図書館長となった当初から，ジャストは図書館協会の会員となり，1894年のベルファスト大会では「デューイ分類」について発表していたが，この会合で彼は公共図書館初期の先駆者ジェームズ・ダフ・ブラウンと出会っていた。2人の交際は1914年のブラウンの死の年まで続き，ブラウンはジャストに大きな影響を残していた。ジャストが名前を変えたのもブラウンの勧めによっていた。

ジャスト館長は，図書館における分類を体系としてばかりでなく，思想と見なし，それについても一家言を持っていた。雑誌『ザ・ライブラリー』の批評家がピーターバラ図書館の分類について批判した時，彼は論争を挑んで抗戦の構えを示した。とりあげられた問題は，バニヤンの伝記を「文学」にいれるか「宗教」にいれるかであり，彼は『天路歴程』が文学書として知られているとしても，バニヤンは宗教家であり，その伝記は「宗教」として扱うべきだと主張して譲らなかったのである。この論戦はジャストの名を高めた。

　1898年にジャストは，ロンドン郊外クロイドンの公共図書館長に任命された。1888年に図書館法を採択して市民の図書館を設立していたクロイドンは，まさに発展途上の町であった。この図書館で館長はいくつかの先進的な試みを実行した。まず，ジェームズ・ダフ・ブラウンがはじめた開架制を採用した。当時の多くの図書館は閉架制をまもり，「指示板」により本の出し入れを扱っていた。開架制への反対は，本が紛失するからという理由よりは「指示板」がきわめて便利だったからである。ジャストは実例をもって閉架制に対抗した。さらに館長は，当時イギリスではめずらしい女性の採用に取り組みはじめていた。

　ロンドンおよびその郊外にいた図書館員たちは，クラーケンウェル図書館のブラウンのもとに集まるようになり，この仲間の集まりは新雑誌『ライブラリー・ワールド』の刊行につながった。ブラウンを編集主任とするこの雑誌は，図書館界の既成の権威に対抗するものであり，誌上での意見発表は活発であって，各人は自由に発言するために匿名を使いはじめた。ジャストは「怒れるオーランド」を採用した。彼の批

判の矢は次第に図書館協会に向けられた。当時の協会はオックスフォードとケンブリッジ出身のエリートたちが支配する場であり,「学歴のない」ブラウンやジャストは相手にされなかった。新雑誌の刊行はこうした事情を背景にしていた。協会理事会の構成を変えよとジャストは主張した。さらに彼は,正会員と助手会員の区別の廃止,公正な試験制度の導入を論じたのである。ジャストの議論がきっかけとなったこれらの論点はその後に採用され,古い体制は変えられていった。

　1904年10月,ジャストはセント・ルイスで開かれたアメリカ図書館協会の大会に出席した。ここで彼が感銘を受けたのは,アメリカにおける女性図書館員の活躍ぶり,そして児童図書館サービスの普及であった。本の読み聞かせやストーリーテリングはいたるところで実施されていた。これは彼自身も関心を持ってきたことで,イギリスの公共図書館でも20世紀の初頭から取り組みがなされることになる。ジャストはこの機会に念願のメルヴィル・デューイとの面会を実現することができた。

　ジャストがウィニフレッド・オースチンと知りあったのは1910年ころであった。互いに図書館協会の活動家となっていた2人は愛しあうようになった。オースチンは,早くに父を失い,努力のすえ,1906年に視覚障害者図書館の書記となっていた。彼女はその後,図書館協会で身体障害者サービス活動の専門家として活躍し,弱者にたいする支援で考えをともにするジャストと親しくなっていた。2人は1914年に婚約,大戦が終わったら結婚することにしていたが,1918年5月,ウィニフレッドは内臓障害で突然亡くなった。ジャストは彼女に捧げる詩を書き,戯曲を書いて,これは同年

11月に上演された。

1914年には尊敬するジェームズ・ダフ・ブラウンが亡くなった。ジャストは孤軍奮闘の一生を送ったこの先輩を悼む長文の追悼の辞を『ライブラリー・アソシエーション・レコード』に掲載した。

1915年にマンチェスター市評議会は，空席となった副館長のポストにジャストを招聘した。土地の出身者もこの職に応募していたが，すでにジャストは図書館界では「知名人」であった。1852年に設立され，初代館長にエドワード・エドワーズを迎えていたマンチェスター公共図書館は，エドワーズが参画して成立した1850年の「公共図書館法」によりつくられたイギリス公共図書館の「名門」であり，ジャスト自身もエドワーズの業績を高く評価しており，1912年のエドワーズ生誕100周年には論文を書いていたほどで，自分がエドワーズの後継者になったことは彼にとって感慨深いものであった。

副館長時代のジャストは，分館全体の総合目録を手がけており，それも当時としては画期的な仕事であった。さらに，図書館協会の北部支部を設立し，みずからその会長となっていたが，これは若い図書館員の育成を目指すためのものであった。1920年4月に館長のチャールズ・サットンが死去すると，ジャストは委員会の推薦で館長となった。

マンチェスター公共図書館長としてのジャストの功績はいくつかあげられるが，その最大のものはマンチェスター市の「見せ場」となった有名な新館の建設であった。すでに1928年より設計がはじまり，建物が完成したのは彼の引退後の1935年であったが，新館の構想はジャストのものであ

った。広壮なギリシア様式の円柱を持つ華麗な建物は3階建てで，その3階には座席数400の閲覧室を備え，その下は書庫となっており，地階には劇場もあった。ジャストの演劇好きは劇場の併設にまでおよび，駅と市庁舎に近いこの劇場も市民の娯楽の場となった。ジャストはその後，マンチェスター演劇クラブの職員ミリセント・マービイと結婚した。

館長が新たに取り組んだのは児童サービスであった。すでに旧館にも児童室が設けられており，新建築ではこれがさらに重視されていた。彼には児童サービスについての著書『図書館の本に何がおこるか：若い読者への物語』(1928)もあり，そこで彼は図書館で本がいかに扱われ，いかに破損してゆくかを語っていた。

広い市域を抱えるマンチェスターでジャストが取り組んだもう一つのサービスはブックモビルであり，「ビブリオバス」と名づけた改良バスは，市交通局からもらい受けたものであって，1,300冊の本と30の座席を備えていた。このブックモビルは1931年から郊外各地に駐車するようになったが，イギリスではかなり早い取り組みとして知られていた。

1930年に図書館協会の会長に選出されたジャストは，彼の職業の最後の年を会長演説で飾った。語られたのは彼の図書館哲学であった。

1931年に引退し，バースに住み，次いで第二次世界大戦期にはペンザンスに住んだジャストは，自叙伝『図書館と生活』を書きはじめ，これは1932年に刊行された。彼の著作には他に戯曲が3本，詩集が1冊ある。

1935年はジャストにとって輝かしい年であった。マンチェスター公共図書館の開館にあわせて図書館大会がこの地で

開かれ，彼は最大の賓客として招かれたのである。

　1944年のクリスマスを友人たちと祝ったジャストは，その直後に突然倒れ，12月28日に亡くなった。76歳であった。

参考文献：
W. G. Fry and W. A. Munford, *Louis Stanley Jast.* Library Association, 1966.『オックスフォード・イギリス伝記事典』の項目は K. A. Manley が執筆している。写真はフライ＝マンフォードの著書による。

26 エセル・ウィニフレッド・オースチン
(Ethel Winifred Austin)

　イギリスの国立視覚障害者図書館の実質的な設立者であったエセル・ウィニフレッド・オースチンは，図書館活動では素人であったが，身体障害者へのサービスにかけるその熱意のために，活動期間わずか12年であったが，ここを世界でも名だたる拠点として，その活動を後々までの模範とした人物として知られている。彼女の功績は多岐にわたっていたが，それを支えたのは彼女の幸運な面であった。ただし，生涯の最後は不運であった。

　ウィニフレッド・オースチンは，ロンドンのブラックヒース・ヒルで1873年10月7日に生まれた（死亡記事では1875年生まれと記載），富裕な保険代理店主の10番目の子であった。高校までの教育は当時としては一流の高校で過ごし，卒業後の淑女教育はスイスの寄宿学校で受けることになっていた。しかし，父の突然の死により，オースチンの学業は打ち切られた。失意のうちに家庭にとどまり，30歳を越えるまで家族の面倒を見ていたウィニフレッドにとって，たまたま目について応募した私立の視覚障

**Ethel Winifred Austin
(1873-1918)**

害者図書館の書記，および図書館員の職への応募とその職への採用は幸運であった。年給は75ポンドと普通以下であったが，図書館はロンドンの中心街ベイスウォーターにあり，自宅から通うことができた。

視覚障害者図書館は，自身も視覚障害者であった富豪の未亡人で慈善事業家のマーサ・アーノルドの個人寄付により1882年に設立されていたが，こうした事業にはいまだ理解が得られず，適任の担当者にめぐまれず，経営は難航，場所もハムステッド地区内で何度か変わっていた。1898年にアーノルドが死去すると図書館は法人化され，1904年にはベイスウォーターに移転し，利用者への貸出業務が再開されていた。

1906年に図書館員となったオースチンは，点字資料を主とする蔵書約8,000冊を抱えつつ，当初はあらゆる管理と利用者サービスを自分で定めねばならず，苦労の連続であった。彼女は，まずブライユ方式の点字を習得し，この技術をボランティアの職員や協力者たちに教えはじめた。同時に，彼女は図書館協会に加盟し，自分の図書館への理解をまず図書館界に広めるべく努めた。公共図書館はすでに20世紀にはその数を増し，利用者には身体障害者も多く，そのサービスに苦慮していた。オースチンは1910年および1911年には図書館大会で身障者図書館サービスに関する報告を発表し，名前を知られるようになっていた。1913年からは雑誌『図書館員と本の世界』に「視覚障害の世界からのニュース」というコラムを担当するまでとなった。

1913年には視覚障害者図書館連盟が組織され，その主唱者であったオースチンは会長となり，その図書館はサービス

活動の中核となった。連盟はまず 27 の参加図書館の総合目録をつくりはじめた。身体障害者図書館の活動初期においては，経験よりも熱意が事態を打破するようになり，オースチンの存在は短期間でゆるがぬものとなった。彼女の活動面を拡大させたのは，1914 年の第一次世界大戦の勃発であった。イギリスの社会にとっては不幸な事態であったが，この戦争はヨーロッパ戦線での未曾有の殺し合いの結果，無数の身体障害者を生んでいた。銃弾や砲弾の破片による死傷者だけでなく，塹壕内の劣悪な生活からくる視覚障害者もかなりな数にのぼった。帰還してくる兵士たちへの支援は，社会の大きな問題であり，その者たちの社会復帰の職業訓練が課題となっていた。

1914 年にはカーネギー英国財団が 5,000 冊の点字図書を寄贈し，王室のルイーズ王女は 6,000 ポンドの寄付を寄せてくれた。経営的にこれらの寄付行為を支えたのは，オースチンの努力による貸出図書の郵送料の免除であり，1 冊あたりの郵送料は，政府の決定により 7 ペンスから 1 ペンスに引き下げられた。このことにより，彼女の名声はさらに高まった。歴史にとっては不幸なこの時期の幸運な出来事は，1915 年のカーネギー英国財団からの 1 万 2000 ポンドの寄付であったが，これもオースチン自身が財団に出向いて獲得したものであった。この資金を得て，図書館は念願の場所の確保にのりだし，1916 年にはウェストミンスター地区に移転することができた。これを期に，図書館は正式に「国立視覚障害者図書館」となり，ここからの郵送貸出はすべて無料となった。

オースチンの独自な活動はさらに続いた。視覚障害者のための音楽資料の開発を思い立ち，楽譜を点字で刊行，そして

レコードの貸出を強化した。また，図書館に演奏家を雇い入れ，そこで音楽会を開催して，来館できる利用者のための活動も開始していた。パリの同種の図書館と協定を結び，資料の相互貸借にのりだしたのも彼女の発案であった。このようにして，戦時期の1914～1918年は彼女にとって，もっとも忙しい時期であった。

　こうした彼女を私生活の面で支えたのは，ルイス・スタンリー・ジャストとの交際であった。ジャストと最初に出会ったのがいつであるかは定かではないが，おそらく彼女が図書館協会の会合に出席するようになった1910年ころであろう。そのころはジャストが図書館協会で活躍した時期であった。2人の仲は次第に発展し，結婚を約束するまでとなった。しかし，この結婚は双方の家庭から反対されていた。オースチンの母親は，中流の意識がいまだ去らず，クロイドン図書館の館長であるジャストの職などは将来の見込みの薄いものであったし，それを知ったジャストの家族もこの侮辱を受け入れかねていた。しかし，2人の愛情は強固であり，交際は続いた。2人とも若くはなかった（ジャストは40代，オースチンは30代後半）。しかし，オースチンとしては，結婚した女性が仕事を続けるのを嫌う当時の習慣にしたがうのは気がすすまなかったし，ジャストの母親が望む子どもを産むこともできないと考えていた。

　1915年にジャストはマンチェスター公共図書館の副館長に就任し，そこの新館の建設に手腕を発揮するようになった。ロンドンとマンチェスターで暮らす2人は，ともに仕事が忙しく，会う機会も制限されていた。当時は，電話などでのコミュニケーションはほとんど望めなかった。ジャストは結婚

を急いだが、オースチンは戦争が終わるまで待つよう相手を説得していた。しかし、幸いにも、ジャストの斡旋でマンチェスターの視覚障害者協会が彼女の国立図書館との活動提携を希望し、1917年1月に国立視覚障害者図書館のマンチェスター支部が実現、オースチンはマンチェスター支部の活動もその支配下におき、しばしばこの地に通うようになっていた。

　しかし、この幸運は長くは続かなかった。聖霊降臨祭に、2人はスコットランドの湖沼地帯で休暇を過ごす約束をしていたが、オースチンは5月に入って急に腹痛を訴えた。医師は盲腸炎と診断し手術が行われたが、内臓障害をともなっており、手術は成功せず、ウィニフレッド・オースチンは聖霊降臨祭の前日にロンドンの病院で亡くなった。

　それを知らずにスコットランドで一人彼女を待っていたジャストは、追悼の詩を彼女に捧げた。

　　　　星とともに一人、太陽とともにあり、
　　　　愛は消えうせ、愛する人は行きぬ、
　　　　されど湖は輝き、流れは走りさる。

　　　　いくたびか訪れし恋人たちの地
　　　　風景は変わらぬままに見事なり
　　　　されど、神よ、われには何もなし。

　劇作家でもあったスタンリー・ジャストはさらに、『恋人と死せる女性』と題する、オースチンに捧げる詩劇を書き、これは1918年11月にマンチェスターの劇団により上演され

た。
　オースチンの死はイギリスの図書館界をあげて追悼され，その短い生涯を惜しんだ。写真で見ると，ウィニフレッドはつぶらな眼の清楚な女性であり，図書館界ではその親切な人柄が知られていた。

参考文献：
オースチンについては，後に国立視覚障害者図書館の館長となったウィリアム・マンフォードが略伝を書いている。スタンリー・ジャストとの交流についてはフライ＝マンフォード共著のジャストの伝記に記されている。W. A. Munford, "Portrait of a Women Librarian: Ethel Winifred Austin" *Library World,* 60, 1959, p.166-170 ; W. A. Fry and W. A. Munford, *Louis Stanley Jast.* Library Association, 1966.『オックスフォード・イギリス伝記事典』の項目は K. A. マンレイが書いている。写真はフライ＝マンフォードの「ジャスト伝」より。

27 アーネスト・サヴィジ
(Ernest A. Savage)

若いころから図書館長を経験し，45歳から22年間エディンバラで図書館長を務め，この間に図書館協会の組織改革を行い，図書館協会の会館とその図書館をつくり，協会長となって，図書館界では知らぬ者のいなかったアーネスト・アルバート・サヴィジは，名前(「粗暴な」の意)とはうらはらに情熱の人であった。

1877年3月30日にロンドン南部のクロイドンで実業家の長男に生まれたサヴィジは，学校を出るとただちに印刷業者の徒弟として職についた。幼いころから読書好きで，日曜学校の本をことごとく読んでいた息子にたいし，父は「そんなに本が好きなら，図書館にでも入ってみたら」と勧めた。同時に父は，1888年に3回目の投票があった市の「図書館法」の採択の決議に票を投じていた。父の知人の図書館委員会議長の紹介で，1890年に新設のクロイドン公共図書館に入ったサヴィジは，館長に就任していたスタンリー・ジャストの指導により図書館とは何かを徹底的に仕込まれた。ジャストはクラーケンウェル図書館で

Ernest A. Savage
(1877-1966)

「開架制」を実施したジェームズ・ダフ・ブラウンの薫陶をうけており，クロイドン図書館は「開架制」にかぎらず，公共図書館のさまざまな革新的な実験の「アトリエ」であった。

　1895年末にハートフォードシャー州の小さな町ワットフォードの図書館に移ったサヴィジは，ここでも館長ウールマンから実務を習得していた。勤務の初日に手渡されたのは「十進分類表」であり，翌日から分類をまかされた。1898年，彼はクロイドン図書館に呼び戻され，再びジャストの配下となった。なお，1898年は図書館協会が王立の認可団体となった年でもある。また，ダフ・ブラウンは図書館協会とは別に，新雑誌『ライブラリー・ワールド』を刊行しており，この雑誌もまた，協会の機関誌『ライブラリー・アソシエーション・レコード』とならんで，その後のサヴィジの主たる意見発表の場となった。

　1900年に副館長にとりたてられたサヴィジは，音楽教師のビアトリス・カターモールと結婚した。相手は幼いころからの隣家同士であった。1904年には27歳でロンドン郊外のケント州の町ブロムレイのカーネギーの寄付で建てられた図書館の館長となり，ここで彼はみずから実験に取り組める立場となった。ブロムレイにいたのは2年だけであったが，すでに図書館協会の会員であり，雑誌に寄稿しはじめていた。1906年，彼はリヴァプールの対岸，ウイラル半島の町ウォラシーの図書館長の職に年給200ポンドでつき，この図書館は1908年に開設された。この間に彼は，西北部図書館協会の設立に参加していたが，同時に図書館協会の書記ダフ・ブラウンからの依頼に応じて図書館の手引書を執筆しはじめた。最初の本『図書館目録の記述マニュアル』は1906年，『図

書館と図書コレクションの話』は1909年に刊行された。しかし，彼の名を後世に残したのは図書館史に取り組んだ『古代イングランドの図書館』(1911)であった。イギリスの図書館史としてはほぼ最初の本であったが，調べはゆきとどき，史実の発掘とともに記述の確かさは34歳の若者の手によるものとは思えない。彼はこれをリヴァプールの私立図書館とロンドンの大英博物館に通って完成させていた。この時期に彼は，図書館協会の雑誌の仕事にも協力しており，さらに，ブラウンやジャストの「匿名会」の一員となり，「ゼノドトス」の筆名で知られるようになっていた。

1915年にロンドン北方の都市コヴェントリーの公共図書館長職の募集があった。ここの中央館はカーネギーの支援で完成され，さらに3つの分館が実現していた。その立役者である名館長ピットが引退したための募集であった。市の図書館委員会は84名の候補者のうちから3名を選んで面接した。グラスゴーの分館長とクロイドンの副館長セイヤーズとサヴィジであり，サヴィジが任命されることになった。

第一次世界大戦がはじまっており，コヴェントリーは軍需産業の都市として人口がふくれあがり，工場労働者と市民の図書館利用者が急増していたのにたいし，男性の図書館員は戦場にかりだされてその数が減っていた。館長となったサヴィジ自身も軍隊に応募していたが，視力が弱く採用されず，1918年にようやく受け入れられたが，その直後に終戦となっていた。

コヴェントリー公共図書館長としてサヴィジが残した実績はいくつかあった。その第一は，工業・商業コレクションの実現であった。このコレクションはこの新興都市にふさわし

いもので，図書館の利用は倍増したといわれている。第二の功績は，1917年にサヴィジが図書館協会の特別委員会の一員として発表した報告書であり，画期的なものであった。1915年に発足した政府の科学産業研究庁の要望に応じて，委員会が発表した勧告には次の事項が盛り込まれていた，「1.　市の商業と産業の振興のため，公共図書館には図書館法による税金レイトの撤廃が必要である，2.　サウス・ケンジントンの科学博物館図書館と共同，あるいは独立の国立科学技術関連の貸出図書館設置を実現すべきである」。この前項は1919年に実現されることになり，後者はただちには採択されなかったが，第二次世界大戦後の1962年に国立科学技術貸出図書館としてボストン・スパで実現されることとなった。特別委員会の勧告はこうした時代の要望を先取りしていた。

1922年にサヴィジはスコットランド第一の歴史と観光の都市エディンバラの公共図書館長となった。競争は激しかったが，すでに彼は名を知られていた。当時，エディンバラは人口が41万人，図書館の蔵書は約19万冊であり，市民への貸出は小説が主であった。ここでも彼は新たな活動を展開していた。1944年までの22年間在職したサヴィジ館長は，まず第一に「開架制」をとりいれた。分館のすべてにそれを実現するには4年がかかったが，利用は見違えるほど伸びた。第二に，図書館の分類に「アメリカ議会図書館分類」を採用した。十進分類の信奉者であった彼は，その後ブラウンの「主題分類法」に傾倒しており，その結論としてもっとも詳しい主題分類である議会図書館方式にふみきったのであった。この方式は，ノンフィクションを重視した館長の考えかたに合

っていた。この方式が分類担当者にとって適用がもっとも容易であることがわかったと彼は述べていた。坂道の途中に位置し，4階建てのきわめて使いにくかった中央館の建物にエレベーターを取りつけて利用しやすくしたり，市内各所に分館を次々に増設していったりしたのもサヴィジ館長であった。こうした分館の設立を基盤に，彼は「音楽図書館」,「美術図書館」,「商業図書館」,「地方誌図書館」と次々に専門コレクション16館を実現していった。館長の任期中に第二次世界大戦が勃発し，分館の一つはこの戦争の爆撃で破壊され，職員は戦争にかりだされて不足した。しかし，館長は朝から夜まで勤務して図書館の閉館を許さなかった。

　エディンバラ公共図書館長の間に，サヴィジが残したもう一つの大きな功績は，図書館協会にかかわるものであった。すでにワットフォード時代から協会員であり，ウォラシー時代には雑誌に定期的に寄稿していたが，エディンバラに赴任したころから，サヴィジの協会への関与はさらに深まっていった。1926年，アメリカ図書館協会は創設50周年時にイギリスの図書館員をアメリカに招待した。翌年に50周年を迎えるイギリス図書館協会はサヴィジを含む6名を派遣した。サヴィジはフィラデルフィアの図書館大会に出席して「イギリス公共図書館の現状」を報告，さらにアメリカ国内の図書館を見学してまわり，アメリカ図書館協会の活動を調査した。会員がすでに8,500名で，事務局員が90名のアメリカ図書館協会の活動に感銘を受けたサヴィジは，イギリスでの図書館協会の体質の強化を期待した。帰国した彼の報告には，アメリカと図書館員の交換研修を進言するという大胆な提言もあった。

1928年に図書館協会の名誉書記に任命されたサヴィジは，協会の改革にのりだした。1936年には協会長にもなったが，この間につくした功績もいくつかあった。まず第一にサヴィジはカーネギー英国財団の支援を得て，組織改革に取り組んだ。地域単位の図書館協会をすべて図書館協会の傘下に吸収できたのも，彼が北部ミドランズ図書館協会の会長を務めていたからであった。活発な活動で知られた図書館助手協会も図書館協会の支部組織となった。第二に，これもカーネギー英国財団の事務局長と親しいサヴィジの努力によって，独立した協会の本部の建物をブルームズベリ地区に獲得した。そこには図書館協会の図書館も設けられた。第三に彼は出版委員会の活動を強化した。雑誌以外にはさしたる刊行物もなかった図書館協会の出版事業は，この時期にアメリカ図書館協会に匹敵するような活発な事業を展開し，シリーズの単行本を出すようになっていった。サヴィジは図書館協会がこれまでおこなってきた試験制度の見直しもおこなった。その結果，1928年には900名足らずだった会員数が，1932年には4,000名前後となった。この間に，カーネギー財団の要請で協会から派遣されたサヴィジは西インド諸島の図書館調査に出向き，報告書をまとめ，この地域の図書館振興策を提言していた。

　エディンバラ図書館長であった期間，サヴィジは執筆者としての活動もきわめて活発であった。数冊の著書が書かれていたが，特に後世にも影響を与えたのは，1939年に出版した『総合図書館における特殊文庫，その他の論考』であり，その中で，著者の図書館哲学が明確に述べられていた。そこには「参考図書館員でなければ図書館員とは言えない」その

他，図書館と図書館員についての金言や警句があつめられていた。

エディンバラにいた時期に彼が唯一実現できなかったのは，給料が抜群によいウェールズ公共図書館の館長職の獲得であった。そこはウェールズ語資料に詳しい副館長が昇格し，サヴィジの任命はなかった。

65歳で引退したサヴィジにたいして，1944年にエディンバラ大学から名誉博士号が贈られた。その後，さらに22年を生きたが，正規の職にはつかなかった，というより，第二次世界大戦後の数年は混乱期であり，1950年ころにはすでに若い世代の図書館長が育っていたのである。期待したほどの年金はなく，彼はその後，さしたる旅行もせずにエディンバラで暮らした。執筆活動はいぜん旺盛であって，図書館関係の雑誌に寄稿していたが，その多くは「編集者への書簡」であり，図書館協会への批判文が目立っていた。例えば，功績のあったエドワード・エドワーズにたいして，協会は生前には何もしてやらず，亡くなった後にようやく墓を立てたことについての批判などであった。何冊かの本も書いてはいたが，1952年に刊行した最後の一冊『一図書館員の回想：人物肖像と考察』は自叙伝というよりは回想録であり，そこに示された独特の考察は現在なおも貴重であるが，人物評にはかなり思いきった好悪の判断が目立っていた。彼が特に評価したのはジャストであり，悪評をあびせたのは，図書館協会の会計を長く務めたテダーであり，「ペニー・レイト」を金科玉条のごとく宣伝した「部外者」のグリーンウッドであった。

2人の息子は独立してエディンバラにおり，孫とともに町

を散歩するのが晩年の日課となっていたが，いっしょに暮らしていた一人娘が1965年に亡くなり，その翌年にサヴィジはエディンバラで亡くなった。

参考文献：
James G. Ollé, *Ernest A. Savage: Librarian Extraordinary.* Library Association, 1977, 224p がもっとも詳しい評伝であり，サヴィジの生涯のみならず，同時代の公共図書館の事情および図書館員についてもとりあげている。写真もオレの著書に多数がある。

28 サミュエル・ブラッドフォード
(Samuel Clement Bradford)

　科学博物館の図書館長として科学技術文献の収集と提供を実現し，科学技術文献の利用傾向を理論的に解明し，「ドキュメンテーション」技術の開発に献身したサミュエル・クレメント・ブラッドフォードは，一生を通じて「努力の人」であった。

　ロンドンのカンバーウェルで 1878 年 1 月 10 日に商店の息子に生まれたブラッドフォードは，ロンドン大学の夜間コースに学んで，化学を専攻した。1899 年に科学博物館の図書館に勤務しはじめたが，正職員となったのは 1901 年であった。科学博物館が大英博物館の自然科学の標本類を引き受けて，ロンドンのサウス・ケンジントンの地に設立されたのは 1883 年であったため，ブラッドフォードが勤務したころは，図書館資料がいまだ整っていない状態であった。彼自身もまた，セルロースの溶解といった自分の研究を続けていた。図書館資料の拡大が図られたのは，1914 年の第一次世界大戦の勃発時からであり，それは科学技術の文献需要が急激に高まったからであった。彼は 1909

S. C. Bradford
(1878-1948)

162

年コーラ・メイベルと結婚し，当時は郊外であったウインブルドンに住んだが，子どもはできなかった。戦時期には博物館の化学関係資料の収集を担当していたが，同時に国立物理学実験所にも出向していた。

　ブラッドフォードが国内の科学技術文献の拠点としての科学博物館図書館の実現に取り組んだのは，第一次世界大戦後のことであった。1922年に図書館の副館長となり，1925年に図書館長が引退して，その後任に昇格したが，この間に彼は自分の「夢」の実現のために全精力を捧げつくした。目標としたのは，科学博物館図書館を「国立科学図書館」とすること，そこでの活動を「新時代の文献の検索と提供の場とすること」であった。朝の10時に出勤し，昼は自室でサンドイッチを食べ，夕方の5時まで仕事に取り組み，他のいっさいは見向きもしなかった。化学の博士号はこの間に取得していた。

　「国立科学図書館」の構想は，教育省からは相手にされなかったが，ブラッドフォードは自分の名刺に「科学博物館図書館＝国立科学図書館」の名称を勝手に書き込んで使用していた。根気づよく教育省にかけあい，図書館の蔵書と職員を着実に増やし，彼が引退した1937年までには科学博物館図書館は，蔵書面でもサービス面でも国内随一の場となっていた。このようにして，第二次世界大戦後には国立科学技術貸出図書館（現在のブリティッシュ・ライブラリー文献供給センター）が成立しうる基盤をつくりあげていった。

　ブラッドフォードが考える科学図書館の構想は，科学技術の文献の迅速な提供サービスにあり，そのためには文献の抄録と索引の実現，および有効な分類体系の採用が必要であっ

た。早くからブリュッセルの国際ドキュメンテーション連盟の活動に共感していた彼は，オトレとラ＝フォンテーヌの国際十進分類法の熱心な支持者であり，その普及につくすとともに，この体系をもとにした世界の科学技術文献の総索引の実現を目指していた。

国際十進分類法は，デューイの十進分類法を基盤としているが，細分に「場所・時・形式・言語」の補助標記を持ち，主題の分析と合成が可能な厳密な分類法として特に科学技術の専門図書館に向いており，ヨーロッパを中心に国際的に広く普及していた。ブラッドフォードは1927年に国際書誌イギリス協会を発足させ，国際十進分類法の国内でのPRに努め，自分の図書館でもこれを採用，この体系をもとに文献検索のための主題索引を5インチ×3インチのカードに記録した。その数は500万枚に達していたという。

科学技術文献の情報提供のためには，こうした情報がどのように散布しているかを把握する必要があった。ブラッドフォードは論文が多数掲載される雑誌を分野別に調査し，そこでの発表論文数を統計的に図示して，その発表が一定の線を描くことをつきとめた。「ブラッドフォードの法則（あるいはブラッドフォードの分散則）」と呼ばれる主題と文献の関連性を統計的に分析したこの手法は，結論の分析にたいするその後の批判はあるものの，計量書誌学の分野で現在でも高く評価されている。

60歳で引退した後は執筆に専念し，1948年には主著である『ドキュメンテーション』を刊行した。この本は，国際十進分類法の評価と科学技術文献およびその提供をあつかう図書館発展の経緯をとりあげており，情報科学の基礎を固めた

本として評価されている。

　生涯を通じての趣味はバラづくりであって，つねに上着にバラの花をつけて歩く紳士として知られており，バラづくりの本も1冊書いていた。サミュエル・ブラッドフォードは，1948年11月13日にウインブルドンの自宅で亡くなった。

参考文献：
雑誌『ドキュメンテーション・ジャーナル』（*Journal of Documentation*）のブラッドフォード生誕100周年特集号には，M. Gossetおよび D. J. Urquhart が執筆している。『オックスフォード・イギリス伝記事典』の項目は A. J. Meadows が執筆している。なお「ブラッドフォードの法則」については，B. C. Brooks, "Theory of the Bradford Law" *Journal of Documentation* 33, 3, 1977, p.180-193 ; Wilson O. Aiyepeku, "The Bradford Distribution Theory: The Compounding of Bradford Periodical Literatures in Geography" *Journal of Documentation* 33, 3, 1977, p.210-219 があり，わが国の『ドキュメンテーション研究』の33巻5号には仲本秀四郎氏が「ブラッドフォードの法則　その半世紀」と題する論説を書いている。写真は『ドキュメンテーション・ジャーナル』特集号より。

29 ウィリアム・バーウィック・セイヤーズ
(William Charles Berwick Sayers)

　ロンドン郊外クロイドンの公共図書館長として32年間を図書館活動の実践につくし，同時に32年にわたってロンドン大学図書館＝文書館学校で教えたウィリアム・チャールズ・バーウィック・セイヤーズは，国立中央図書館の育ての親であり，有名な「分類研究グループ」の生みの親であった。彼の学生であったインドの図書館学者ランガナータンの言葉によれば「二世代にわたってイギリスの図書館界を指導していた人物」であった。

　セイヤーズは，1881年12月23日にロンドン郊外のサレー州ミッチャムの町で生まれた。父親は装飾画家であったが，息子が5歳の時，気管支炎喘息のため，霧のロンドンを嫌い，イングランド南海岸のボーンマスに移住した。ここは田園地帯であり，セイヤーズはここで少年時代を自然に親しんで過ごした。彼が図書館の仕事に参加したのは，ボーンマス公共図書館が設立された時であり，セイヤーズが14歳の時で，助手職員として週給は6シリングであった。安い給料で働かせていても「好きなことが追求で

W. C. Berwick Sayers
(1881-1960)

きるのだからそれでよい」といった考えが図書館の理事会ではまかり通っていた。19世紀の末，イギリスでは公共図書館が着実に数を伸ばしていたものの，そこはいまだ実験の場であった。ボーンマス公共図書館の館長として赴任していたのは，クラーケンウェル公共図書館で館長ジェームズ・ダフ・ブラウンを補佐してきたチャールズ・リデルであった。クラーケンウェルは「開架制」の最初の導入館として全国的に知られていた。リデル館長は，図書館界で多彩な活動を展開したダフ・ブラウンの信奉者であった。セイヤーズもまた，ダフ・ブラウンの思想に大きな感化と影響を受けていた。

　1904年，セイヤーズはロンドン南郊クロイドンの公共図書館に副館長として赴任した。23歳であった。ここでは同年に館長アーネスト・サヴィジがマンチェスター公共図書館に転出し，副館長のスタンリー・ジャストが館長に昇任したばかりであった。サヴィジもジャストもともに，ダフ・ブラウンの感化のもとに図書館を運営してきており，いずれも図書館協会の初期の担い手として知られていた。改革派の図書館員として，セイヤーズはまさに理想的な育ちかたをしていたことになる。オックスフォードやケンブリッジの大学出身者が主要ポストを占める図書館界において，「学歴のない」こうした新しい世代の進歩的な図書館員の弟子となっていたのである。セイヤーズはクロイドンでその後のほぼ一生を過ごしたが，この地もイギリスの近代公共図書館史においては「聖地」であり，ジャストやサヴィジからはじまる著名な図書館員を多数育てた場であった。

　1915年3月にはイングランド西部の町ウォラセイの図書館長に転出したが，同年12月にはクロイドン図書館の館長

職が空席となり,図書館理事会はセイヤーズを呼び戻すことを決議した。すでに10年の経験で彼の実績と人柄は知れわたっていたのである。1915年から1947年まで彼はクロイドン図書館の館長であった。二つの世界大戦を経験したこの時期,クロイドンはロンドンに通う市民の居住都市として大きく発展し,市民への図書館サービスを支えた。セイヤーズ館長はその長い在職期間に市との良好な関係を築き,予算獲得の面で力量を発揮したが,それはこの都市の市民の図書館利用の伸びが抜群であったからにほかならない。館長は利用者サービスの幾多の面で先駆的な実験を行っていた。セイヤーズのもとで育ったライオネル・マッコルヴィンはこの図書館が「開架制はもとより,分類法,索引,児童室の運営,館外奉仕,その他あらゆる活動を自由に討議できる実験室であった」と述べていた。セイヤーズがこの図書館で実施した取り組みの一つは,女子職員の積極的な採用であって,ここからはその後,優れた女性図書館員を輩出させていた。その一人オリーヴ・クラークは1915年にセイヤーズと結婚した。

　セイヤーズが図書館界に残した業績は多岐にわたる。その一つは著作による遺産であって,すでに1913年,彼は『児童図書館』を書いていた。この本は児童図書館サービスをあつかった最初の教科書であるとともに,全般的にまとまりがよく,著者の熱意が伝わる。この本は1932年には改訂版が出て,その後も広く使われていた。児童図書館員のアイリーン・コルウェルは,この本に触発されて児童図書館員の道を選んだと告白していた。著者はすでに1909年には「おはなし会」を自分の図書館で実施しており,児童のための音楽会なども実験していた。

図書館分類の著作も，セイヤーズの名を高めたことで知られる。彼が体系的な書誌分類に関心を持ったのは，ジェームズ・ダフ・ブラウンの「主題分類法」からの影響であった。『分類の基準』は各種の図書館分類を比較検討した理論書であり，すでに広く使われていた十進分類を排し，知識の理論的な体系化を推奨していた。これをさらに敷衍して，著者は1918年に『図書館分類入門』を，1927年には教科書『分類マニュアル』を刊行した。前者は著者の生前に9版を刊行，後者は同じく3版を刊行していた。図書館分類の権威としてのセイヤーズは，その後多くの後継者を輩出したことで知られ，彼の死後に出版された『セイヤーズ記念論集』(1961)にはその後の図書館分類の錚々たる研究者である，ランガナータン，エリック・グロリエ，フォスケット，ヴィッカリー，シェラ，ラングリッジ，カイル，パーマーが寄稿者として名を連ねており，それぞれが恩師の功績を讃えていた。知識の体系化としての図書館分類が，「コロン分類法」から「分類研究グループ」にいたるイギリスの分類研究に大きな足跡を残していることは知られている。

　児童図書館サービスにしても分類研究にしても，セイヤーズが図書館学校で教えていた科目であった。彼は1919年にロンドン大学に図書館学校が設立された当初から教えていた教師の一人であった。その後の40年間，セイヤーズは文字どおり戦前・戦後のイギリスおよび国外の図書館員を育てた。自身その学歴がなく，図書館協会の検定による執務から出発していた者としては異例であったが，それだけ評価が高かったことを意味していた。彼の講義は明快な口調で知られ，彼の指導は後々まで多くの図書館員に感謝されていた。

セイヤーズの功績は，図書館協会の仕事のなかでも光っていた。ブラウン，サヴィジ，ジャストといった著名な先達にならい，セイヤーズはまず若手図書館員の質的向上に取り組んだ。中心となって1906年に組織した「図書館助手協会」では，その当初から1915年まで事務局長を務め，その後は会長を引き受けており，その機関紙『ライブラリー・アシスタント』には1906年から1915年の間，ほぼ毎号に寄稿しており，その精力と熱意は会員のすべてが認めるところであった。親機関にあたる図書館協会には1912年から理事会に名を連ね，1937年には会長に選出された。それ以後は執行委員会の議長であり，1947年から死の年までは名誉会員となっていた。ここでも彼は代表的な顔であった。

　精力的なセイヤーズは，クロイドン図書館およびロンドン大学の講師を辞めた後も図書館界からは引退しなかった。彼のもう一つの関心は，イギリス国内の図書館協力システムの構築であった。理論面だけでなく，すでに1927年から「学生中央図書館」の理事であり，ここが1931年に「国立中央図書館」となると，その年から死の年までここの理事会に名を連ね，1940年代にはここのユニオン・カタログの編纂を積極的に支持していた。ユニオン・カタログとは「総合目録」のことで，図書館の蔵書の書誌情報を一つの記録にまとめ，その情報源をもとにして図書館間の相互利用につなげるためのものであった。戦時期にドイツ軍の空爆で被害を受けたこの図書館の再建にもっとも力を尽くしたのは，1945年から理事会の議長であったセイヤーズであった。

　1960年10月，78歳でなおも若いと言われたセイヤーズはクロイドンの自宅で亡くなった。セイヤーズが育てた国立中

央図書館は，彼の死の後に創設された国立科学技術貸出図書館に吸収され、ブリティッシュ・ライブラリーの貸出機能として，現在も活動を続けている。

参考文献：
D. J. Foskett and B. I. Palmer, *The Sayers Memorial volume: essays in librarianship in memory of William Charles Berwick Sayers.* Library Association, 1961 にはセイヤーズの伝記その他についての多数の論文と写真が収録されている。他には J. G. Ollé, "W. C. Berwick Sayers, librarian and teacher" *Journal of Librarianship,* Oct. 1981, p.232-248 があり，
『図書館雑誌』1982 年 7 月号には石山洋氏が「ウィリアム・チャールズ・バーウィック・セイヤーズ」を書いている。

30 ライオネル・マッコルヴィン
(Lionel Roy MacColvin)

「マッコルヴィン報告」と著書の翻訳でわが国でも知られているウェストミンスター公共図書館の館長ライオネル・ロイ・マッコルヴィンは，一生をつうじて幸運に恵まれた人物であった。とはいえ，「運も実力のうち」であり，彼の幸運はその人柄と当人の日々の努力から生じていたことは言うまでもない。

マッコルヴィンは，1896年11月30日にニューカッスル・アポン・タインのヒートンで肖像画家の次男に生まれた。祖父は名の知れたチャーチスト運動家であった。父の仕事のため，一家は1901年にロンドンに移住，クロイドンに住んだ。ライオネルは奨学金を得て，土地のグラマー・スクールを出ると，1911年にクロイドン公共図書館で助手職員となった。ここにはすでに3年前から兄が働いていた。館長はスタンリー・ジャストであったが，マッコルヴィンの直属の上司はバーウィック・セイヤーズであり，彼はセイヤーズから感化を受けて図書館の仕事に生涯をかけるようになった。1916年に兄が志願して第一次世界大戦

**L. R. McColvin
(1896-1976)**

に参加、1918年にその兄がドイツの捕虜収容所で病死すると、弟もフランス戦線に通信兵として加わり、伍長となって1919年に無事帰還した。その後、ただちにクロイドン公共図書館に復帰し、マッコルヴィンの職業人生がはじまった。彼はきびしい勤務の時間拘束の合い間に独学で勉強し、1921年の夏にアベリストウィスのウェールズ図書館学校の夏期講習を受講、同年の図書館協会の検定試験に合格した。その後、マンチェスター近郊の炭鉱の町ウィガンで図書館員の募集があったのでこれに応募し、採用となった。夜遅くまで勤務してから夜行列車で出かけたため、到着しても泊まるところがなく、警察で一泊させてもらったこともあった。ウィガン図書館では副館長の地位を得たが、館長が間もなく病にたおれ、マッコルヴィンは館長代理となった。その間、毎晩のように館長の自宅に行って仕事の相談をしていたという。この地で彼はハロウィーン・パーティで出会ったメアリー・カーターと1922年に結婚した。

　1924年にマッコルヴィンはイングランド東部の由緒ある商業都市イプスウイッチの図書館長となり、同時に「公共図書館における音楽」と題する論文によって、図書館協会の名誉会員の資格を獲得した。イプスウイッチの町で彼は、図書館の仕事のほかに、音楽会の開催にも熱心に取り組んだ。そして、音楽関係の文章も雑誌に寄稿できるまでとなり、さらに、町の劇場で彼の音楽劇も上演されるようになっていった。1925年からは図書館協会の理事に選出されたが、30歳そこそこで「図書館助手協会」ではなく、図書館協会の理事となったのは彼がはじめてであった。この役職は1961年まで続けられた。

館長の死去により，1931 年に 51 名の後任館長の応募者の中から館長に選ばれたマッコルヴィンは，ハムステッド公共図書館に呼ばれてロンドンに戻った。ここに在任した 1937 年までの時期は，折からの経済不況で資料購入費もきびしかったが，マッコルヴィンは，建築物として後に評判となる分館を建設した。また，図書館長と同時に彼は，同地区にあった詩人キーツの記念博物館の館長をも務めた。図書館協会の理事であったマッコルヴィンは，1934 年より協会の名誉書記となり，この地位は 1951 年まで続けられた。1936 年には，図書館協会から派遣されて，アメリカの東部から中西部にかけての多数の図書館を訪問し，多くの図書館員に出会った。この経験は彼にとって貴重であった。それまでは真面目いっぽうで，決まりきったサービスだけに注目してきたマッコルヴィンは，図書館のさまざまな改革に取り組むようになっていった。特に熱心だったのは，図書館の各種活動で，美術クラブや講演会を組織したり，児童図書館サービスを開始して注目を集めたりしていた。著作もこの時期に集中しており，主著となった『図書館蔵書と利用者サービス』(1936)，『図書館と公衆』(1937) および『音楽図書館』(1937) が書かれていた。

　1937 年にマッコルヴィンはウェストミンスターの公共図書館長に選ばれた。今度も多数の応募者のなかから実績を買われての選任であった。ここは，ロンドン中心部の最大の図書館であり，貸出コレクションが大幅に拡大され市民の評判となっていた。大量の蔵書が開架制となり，館員が盗難を心配したほどであったが，館長は「なくなったところで，それは誰かが読んでいることになる」と言って気にしなかった。

古きよき時代の話ではあるが，館長の決断力をこのような点からも，垣間見ることができる。

　第二次世界大戦の勃発は，特にウェストミンスター公共図書館にはきびしい時期となった。幸い，ドイツ空軍による直接の爆撃はなく，各分館も閉館せずにすんだが，館員は戦場に動員され，館長は分館を走りまわって女子職員をはげまし，図書館活動を続けた。またマッコルヴィンは，図書館協会の戦時危機委員会の中心人物でもあった。

　1941年，図書館協会はカーネギー英国財団と共同で戦時期の公共図書館活動報告を出すことになり，マッコルヴィンに調査を依頼した。彼は図書館理事会から6か月の出張を許可してもらい，国内各地を訪問し，担当者たちと会合を重ね，報告書をまとめた。記録のほとんどは列車のなかで執筆し，時にはトイレット・ペーパーを使って書いていたといわれる。報告書『大英帝国の図書館システム』（マッコルヴィン報告）は1942年に提出されたが，戦争がたけなわであり，協会員に回覧して意見を求めることができず，個人報告という異例な形で刊行された。内容は国内の公共図書館の現状調査で，正確な調査をもとにして，図書館員の資質の低さや地区によるサービスの格差が指摘され，職員の再教育と図書館員の教育の見直しを戦後の課題として勧告していた。

　戦争が終わると，マッコルヴィンはただちに新たな活動を開始した。1945年には疎開していた資料をもとに戻し，チャリング・クロス通りの音楽図書館を再開させ，ドルーリー・レインに新たな児童図書館を開設，さらにバッキンガム宮殿通りには「ウェストミンスター歴史コレクション」を，翌年にはリージェント通りに老人図書館を開設した。

1946年末には，オーストラリア政府から派遣が委嘱され，マッコルヴィンは6か月間，国外で過ごすことになった。中東を経由してオーストラリアに渡り，図書館調査をすませてから，ニュー・ジーランドでも図書館の現状を調べ，そこからさらにアメリカ合衆国に移動した。この旅行で彼は総計271の図書館を訪問しており，訪問した国で講演や放送にも出演していた。1947年にメルボルン大学出版会から出た報告書『オーストラリアの公共図書館』は，この国の図書館の発展の転換点となったと言われている。

　1948年にはチャリング・クロス通りに貸出図書館の新館が建設された。市内でも繁華街の中心にあるこの場所の利用はすさまじく，年間の貸出が75万冊におよび，その約半数は12時から2時までの昼食時であったという。同年にはバッキンガム宮殿通りに音楽中央図書館も新館を持つことができた。地域内の特殊図書館として設立された最後のものは，1960年に開館したチャーチル・ガーデンの児童図書館で，この型の図書館のモデルとなりうるものであった。

　1950年代はマッコルヴィンにとって，国内・国外の活動，ともに多忙であった。1951年まで図書館協会の名誉書記を務めあげ，その翌年には図書館協会の会長に選ばれていた。その後，彼は1956年に教育省の依頼で「イングランドとウェールズの公共図書館システム」を検討するペンブローク・カレッジの学長シドニー・ロバーツを議長とする委員会に加わった。この報告書の勧告は1964年の「公共図書館・博物館法」の制定へとつながる。マッコルヴィンのこれら図書館協会にたいする功績に報いるため，協会は1961年，マッコルヴィンを名誉フェローに推挙した。

国際舞台での図書館活動は，マッコルヴィンならではの活躍の場となっていた。1949年にブリティッシュ・カウンシルの依頼でハンガリーを訪れ，この国の図書館組織の改善に協力し，さらに西ドイツでブリティッシュ・カウンシルの図書館の設立を実現させていた。ブリティッシュ・カウンシルでは図書館協力に関する委員でもあり，国外でのイギリス図書の普及に努力していたことでも彼は知られている。1950年からは，国際図書館協会連盟(IFLA)のイギリス代表として，ヨーロッパ各地の会議に出席し，連盟に公共図書館部会を設立させ，その議長をみずから務め，同時に連盟の副会長にも選出されていた。北欧諸国とイギリスとの間の図書館協力の実現のため，定期国際会議の開催を実現させたのも彼であった。国外でのこれほどの活動を支えたのは，ウェストミンスター地区評議会の議長とウェストミンスター公共図書館の副館長以下の職員の理解があってこそである。なお，ここの職員の給与は他の公共図書館の職員にくらべて抜群によかったといわれている。

　この間のマッコルヴィンの執筆活動も活発であった。1956年に刊行された『読書の機会』は，私的な読書を奨励したものであり，著者によれば，「自宅の蔵書のコレクションがもっとも重要で，公共図書館はそのための刺激と支えの役割を担うべきものである」。1957年には『児童にたいする公共図書館サービス』というマニュアルがユネスコの求めにより書かれた。

　1961年に二度にわたる突然の発作にたおれ，一時は記憶を失って，職業からの引退を余儀なくされた。病気はその後に回復したが，そのまま静養を続け，1976年1月16日にハ

ロゲイトの自宅で亡くなった。長男のロイはその後，ロンドンのランベス公共図書館の館長となっている。

　マッコルヴィンは，社交的で誰にでも好かれたが，同時にきわめて謙虚な性格で，部下たちとパブでビールを前に語りあうのが最大の楽しみであったという。公的な場での講演にも定評があった。

参考文献：

Robert F. Vollans, ed. *Libraries for the People.* Library Association, 1968. は，K. R. McColvin, "My Father"; Robert F. Vollans, "McColvin the Librarian"; Robert L. Collison "Lionel Roy McColvin: a bibliography of his writings" が採録されている。*Library Review,* v.32, Summer 1983. はマッコルヴィン特集号で，K. C. Harrison, "The professional"; P. M. De-Paris, "The collection builder"; R. L. Collison, "The information provider"; W. R. Maidment, "The chief" が掲載されている。さらに K. C. Harrison, "McColvin, IFLA and international librarianship" *IFLA Journal,* 3, 1976, p.133-136 があり，『オックスフォード・イギリス伝記事典』の項目は B. C. Bloomfield が執筆している。写真は，W. A. マンフォードの『図書館協会百年史 1877-1977』よりとっている。

31 セオドア・ベスターマン
(Theodore Besterman)

　『世界書誌の書誌』という文献世界の金字塔の編纂で知られるセオドア・デオダトゥス・ナサニエル・ベスターマンは、ポーランドのウッチでユダヤ人ダイヤモンド商の息子に生まれた。幼名はナタニエルで、デオダトゥスは神の恩恵に浴するよう付けられていた。セオドアは家庭教師により教育を受け、学校にも大学にもほとんど行かなかったが、ポーランド人らしく外国語には長けていた。彼は、ユダヤ人であること、正規の教育を受けなかったことを生涯他人には告げなかった。

　若くしてロンドンに移住し、その後の一生を外国で暮らした。おそらく両親からの遺産があったのであろう。執筆は多かったが、それによる収入は多くなく、正規の勤務はわずかしかしたことがなかった。しかし、彼はヴォルテール関係資料、17世紀の絵画集成など、世に知られたコレクションを一生をかけてつくりあげていた。

　少年時代、16歳の兄が水死し、一人息子となったセオドアは、孤独で物言わぬ性格の持ち主であった。ロンドンでは、昼食にリンゴ1個を持って大英博物館に通っ

Theodore Besterman
(1904-1976)

31　セオドア・ベスターマン………179

た。当時かなり流行っていた神知学（接神論）のアニー・ベズントの研究に取り組み，1924年には『アニー・ベズント文献目録』を編纂していた。同年には「水晶占い」の文献目録も作成，翌年には心霊研究協会の研究員となり，10歳年上の秘書ヘンリエッタ・バーレイと結婚した。その後，1930年代まで心霊研究が続いたが，30年代半ばにはベズントを「大げさな全体主義者」と批判するようになっていた。ベスターマンの関心は人類学に移行し，民俗学者ジェームズ・フレイザーの書誌や物理学者オリヴァー・ロッジの書誌などを刊行していた。妻とは1935年には離婚した，そのため心霊研究協会からの非難が彼に集中した。

1931年までに63点の論文や書誌を発表していたベスターマンは，この年にロンドン大学の図書館学校の非常勤講師となったが，同時に彼は「オックスフォード書誌学シリーズ」の編纂にたずさわった。シリーズの第一冊目は，1935年刊行の彼自身の『体系書誌学の起源』であった。本書は翌年に改訂第二版が出，1950年にはフランス語訳が出版されて，著者の書誌学者としての地位が築かれた。

主著となった『世界書誌の書誌』の構想が発表されたのは1935年であり，それから，ほとんどの時間を大英博物館図書館とその近くの国立中央図書館に通ってその仕事に取り組んでいた。そのかたわら，精力的な彼は，1938年から郊外のハムステッドにある自宅ギュイオン・ハウスで同名の出版社を開始した。同年に出した『マグナ・カルタおよび他のイギリスの勅許状』は評価が高かった。さらに彼は他の出版社の企画に参加し，アメリカの「ピルグリム・ファーザーズ」の原典の復刻版を出していた。しかし，ギュイオン・ハウス

は1940年にドイツ空軍の爆撃で破壊され、そこにあった彼自身のデザインによる手漉きの紙と印刷機器はすべて破壊された。

『世界書誌の書誌』の刊行は1940年からである。この年に出た初版は2冊本で、8万点の世界各国（東洋諸語は除く）の文献目録を採録、オックスフォード出版会から刊行されていた。「書誌の書誌」には1866年にユリウス・ペッツホルトが刊行した先行の書誌があったが、ベスターマンがその補遺版ではなく、新版として企画したのは、追加分がきわめて多いことと、ペッツホルト版が限定版で入手が困難であったことによる。ベスターマンの『世界書誌の書誌』は、さらに10年後の1950年にはページ数が50％増えた第2版が3冊本となり、ロンドンで私家版が刊行された。さらに1955～56年、第3版が4冊本となり、総計5,701コラムの完結版がジュネーヴの書誌学協会から刊行された。いずれの版でもベスターマンは記述を新たに書き改めていた。最後の第3版は、1960年に縮刷復刻版がアメリカのスケアクロウ出版から刊行された。ベスターマンは、1940年代にはこの他に、16世紀の初期印刷図書の目録までを編纂、刊行していた。

第二次世界大戦後のベスターマンは、二つの大きな仕事に取り組んでいた。1945年にはイギリスの専門図書館協会（Aslib）の依頼で、その機関誌『ドキュメンテーション・ジャーナル』の編集責任者に任命され、1947年6月までこの雑誌を独力で編纂していた。第二の仕事は、1946年からパリのユネスコで担当した世界書誌センターの顧問、および情報交換部長としての任務であった。戦後の情報爆発のなかで、文献情報をどうあつかってゆくかが課題であり、ベスターマ

ンは各国の国立図書館の整備と世界的な規模の総合目録の実現を考えていた。しかし，ユネスコ内部でも政治的な権力闘争が激化していた。自由主義諸国の立場と社会主義諸国の立場の対立であった。出版物の交換協定を優先する主張を前にしてベスターマンは撤退せざるをえず，ユネスコからは身を引いた。しかし，ユネスコと国際ドキュメンテーション連盟が1952年より1959年にかけて刊行した第4版までの『雑誌記事抄録』の刊行は引き受けていた。

ベスターマンがフランスの啓蒙思想期の巨人ヴォルテールに関心を抱いたのはきわめて早い時期からであったが，その文献を集めるようになったのは1950年代からであった。おそらくヴォルテールの懐疑的な思想にベスターマンが感銘を受けたのであろう。資料収集はその後の一生続けられ，ヴォルテール自身の著作とその膨大な量の書簡だけでなく，絵画や家具，当時の参考文献にいたるまでが徹底的に集められた。その結果，ヴォルテール研究だけでなく，18世紀研究の雑誌の刊行にまで取り組むことになった。ベスターマンはフランス政府と交渉して，この資料収集と研究の公刊への支援を根気よく求めたが，ついに成功しなかった。次いで，彼はヴォルテールが最後に住んだジュネーヴに移り，市当局と交渉した。当初は外国人嫌いの市民から嫌われ「イギリス人は国に帰れ」といったプラカードさえ現れた。結局は権利金を支払ってヴォルテールの旧宅を借り受け，ここを「ヴォルテール研究所・博物館」とした。

ベスターマンが編纂した『ヴォルテール書簡集』は1953年から刊行がはじまり，1964年の第96巻まで続き，ジュネーヴのヴォルテール研究所・博物館で刊行されていた。索引

は1965年に出た。同時に、ベスターマンの編纂になる『ヴォルテールおよび18世紀の研究』という論文集が1956年から毎年1冊以上発行され、1967年には51冊を数えるまでになっていた。

アメリカ国籍のイーヴリン・マックとの結婚は1958年に解消され、その後、ジュネーヴ出身のマリー・ルイーズ・ミュイデンと結婚したが、ジュネーヴ市との借家契約の交渉が難航し、1960年代末にはジュネーヴを引きあげねばならなかった。ロンドンに移住、さらにオックスフォード近郊のバンベリーに移ったが、集めた資料の重要な部分はジュネーヴ市に没収された。その後、ベスターマンは、17世紀の美術書の復刻を企画したが、これは実現せず、1976年11月10日にバンベリーの病院で亡くなった。

残されたコレクションのうち、ヴォルテール関係はオックスフォードのテイラー研究所にできたヴォルテール室が引き取って保管した。貴重で豊富な内容で知られたベスターマンのコレクションのうち、バーンズ文庫はアメリカのダートマス・カレッジ図書館にあり、これも完璧なコレクションとして知られたアイルランドの劇作家サミュエル・ベケットのコレクションはマクマスター大学図書館が所蔵している。17世紀以前の美術書の集積は、彼の死後、オックスフォード大学が引き取った。

ベスターマンは、孤独な一生を送った。信頼できる友人は少なく、仕事だけが信頼できる相手であった。そのため、彼は一生を通じて、きわめて几帳面な生活態度であり、朝は4時に起きて食事も就寝も時間がほぼ一定していたといわれる。彼が1973年にイギリス図書館協会でおこなった講演の

題は「ブックマンの50年」であったが,「ブックマン」の名は彼こそもっともふさわしいかもしれない。

オックスフォード大学はベスターマンの死後,名誉学位を授与しており,1969年に名誉会員に推薦していたイギリス図書館協会は,彼の死後にベスターマン・メダルをイギリスの書誌学者に毎年授与することを決定した。フランスからはレジョン・ドヌール勲章が贈られている。しかし,その死の直前に,彼が愛した大英博物館の円形閲覧室は解体されることが決まった。図書館と博物館・美術館が隣接していたこの施設は,本と美術を友としていたベスターマンの生き甲斐であった。

参考文献:
Francesco Cordasco, ed. *Theodore Besterman, bibliographer and editor.* Metuchen, N. J., Scarecrow Press, 1992, 479p がベスターマンの伝記について詳しく,「ブックマン50年:1973年アランデル・エズデイル講義」は一橋大学社会科学古典資料センターから刊行されている(石井健訳)。『オックスフォード・イギリス伝記事典』の項目は Giles Barber が執筆している。写真は,コールダスコ編纂の著作による。

32 ドナルド・アーカート
(Donald Urquhart)

　ヨークおよびリーズの中間に位置し，ロンドンとエディンバラからも中間点にあるボストン・スパに，ブリティッシュ・ライブラリー文献供給センターは存在する。ここは，1962年に設立された国立科学技術貸出図書館を前身としており，1969年にデイントン委員会の提出した報告書によって，この国立図書館はブリティッシュ・ライブラリーの貸出局に再編され，現在へと至っている。ここの初代館長である，ドナルド・アーカートは科学者であり，20世紀のイギリスではこのような科学者出身の図書館員の貢献が大きかった。現在のブリティッシュ・ライブラリー文献供給センターの成立は，このアーカートを含め，サミュエル・ブラッドフォード，フレデリック・デイントンなどの「科学者」によるところが大きい。

　「ミスター・ボストン・スパ」と呼ばれたドナルド・アーカートは，イングランド北東部の海辺の町，ノーサンバランド州ホワイトレイ・ベイで1909年に生まれた。父スコットは外交員であった。1928年シェフィールド大学へと進学，物理学を学び，1934年に

Donald Urquhart
(1909-1994)

博士の学位を取得したが、経済不況で教職につけず、鉄鋼協会の調査部に席をおき、その後の1938年、ブラッドフォード館長の退職と入れ替わるかたちで、科学博物館図書館の副館長のポストを得た。面接での最初の質問は「図書館の欠員募集であることを知っているか」であり、自身が図書館員になることを考えていなかったとアーカートは回想録で述べている。

当時の科学博物館図書館は貸出図書館の機能を兼ね備えており、この機能は1925年サミュエル・ブラッドフォードが館長に任命された時、本格的に始動した。この機能が国立科学技術貸出図書館へと引き継がれてゆくのである。

第二次世界大戦がはじまると、アーカートは海軍本部へ出向、ここで軍需省の一員となった。この部署での決定はオペレーションなどのあらゆる内容にまでおよんでいた。後にここでの経験をもとに、国立科学技術貸出図書館の施設として、ボストン・スパにある未使用の砲兵器工場を選んだ。

第二次世界大戦前後のイギリスは、産業界の効率的な発展のための科学技術情報の全国的な流通システムを模索していた。戦後に科学産業研究庁に勤務した彼は、1948年に開催された王立協会科学情報会議に参加した。アーカートは回想録でこの会議のことを次のように述べている、「私は生涯のうちに多数の会議に出席した。振り返ってみると、王立協会科学情報会議がもっとも重要なものであった。これはのちの国立科学技術貸出図書館設立へとつながる初期の議論の場であった」。

『ドキュメンテーション・ジャーナル』に発表され、科学史研究者のバナールの薦めにより王立協会科学情報会議の会

議録に掲載されたアーカートの論文「科学技術情報の配置と利用」および「科学技術情報の配置のための組織」は,科学博物館図書館での利用者調査をもとに,科学技術文献の利用傾向を分析したものであった。そのうえで,アーカートは当時の科学技術情報流通フローを示し,新たに加えるべき要素を指摘,提言した。

20世紀のイギリスは科学技術資料への要求,特に学術雑誌の利用が急増していた。例えば,物理学分野の文献の引用数は,1914～23年には雑誌からの引用が1.1%であったのにたいし,1944～53年には76.5%と60倍以上に伸びていた。また,科学技術資料への要求を加速させたのは,アメリカとソ連の間の政治的な対立であり,「冷戦」と呼ばれたこの対立は科学技術分野でも競われていた。1957年のソ連による人工衛星の打ち上げ成功はアメリカ・イギリス両国に「スプートニク・ショック」をもたらした。科学技術開発でかなり遅れていると考えられていたソ連が,人工衛星の打ち上げに世界に先駆けて成功したのである。このことにより,イギリス国内で「ロシア語」に関する科学技術文献の要求が高まった。この時期のイギリス国内のロシア語文献の所蔵率は低く,国内で入手可能なロシア語科学技術雑誌1,000タイトルのうち,270タイトルのみが利用可能であった。

こうした背景の中で,図書館政策の一環として資料の保存と利用を国全体の規模で見直さねばならなかった。この中で登場したのが国立科学技術貸出図書館であり,その開設責任者にアーカートは選ばれた。

国立科学技術貸出図書館は,当初科学博物館図書館の立地場所,ロンドンのサウス・ケンジントンが候補地として考え

られたが,科学博物館図書館の施設はすでに満杯であり,その周辺に建物を増設する余地はなかった。そのためアーカートは,1956年の後半から適当な立地を探しはじめた。労働省に話しかけ,国内の政府所有地を見てまわった結果,ヨークシャー州のボストン・スパにある50エーカーの土地が選ばれた。ボストン・スパは,イングランド,ウェールズ,スコットランドの連合王国,すべての地に郵送で24時間以内に資料を送りつけられる場所に位置していた。ここには,未使用の兵器工場があり,国有鉄道が利用できた。この建物の設備は簡単な改造だけでそのまま使われた。そして,1961年から科学博物館図書館の貸出用蔵書をボストン・スパに運搬する作業がはじめられた。

1962年11月5日に国立科学技術貸出図書館は開館した。公式祝典がおこなわれ,その中で,科学省大臣のヘイルシャム卿は次のように述べた,「いくつかの点において,この図書館は現在の図書館の慣習を打破した。科学技術文献の分野でこのことが起きた点,この図書館の計画が科学者(アーカート)によって立案された点,そして,図書館の職員が科学の学位を持つ者によって構成されている点,この三つの事実がこのような特別な改革を幅広いものにしている。この偉大な国立科学技術貸出図書館の創造が他の分野,他の種類の図書館に影響を確実に与えるであろう」。

雑誌『ネイチュア』もこの図書館の創設を歓迎した,「アーカートは,多くの現代の図書館に備わる慣例を想像力をもって打ち破る度胸を持っていた。ここには,すべての科学者と技術者があらゆる面で賞賛に値する要因と,高い名声を反映する業績がすでにある」。

アーカートの図書館サービスにたいする哲学は，学術図書館の新時代を予見させるものであった。図書館には威厳のある建物などは要らず，文献が機能的に保管され，効率よく利用できればよい，そのため，あえてロンドンにつくる必要はなく，効率さえ図ればよいといった合理的な考えを持っていた。特にアーカートが導入した独創的な図書館システムには，次のようなものがあった，(1) 雑誌を主題や著者名でなく書名のアルファベット順に排架したことにより，資料の分類や排架法を知らない職員でも扱えるようにした，(2) 利用請求フォームの定式化により，求める資料のタイトルと巻号数やページが誰にでもわかり，館内での処理を容易にした，(3) 図書や利用請求フォームを運ぶのに吊り下げ式のベルトコンベアーを導入した。これらのシステムにより，この図書館は世界の図書館から注目をあびてゆくこととなる。

　一方で，アーカートは図書館開館前の 1950 年代に，この図書館の職員採用方針をめぐって，図書館協会と考えを異にした。アーカートは新たな図書館を「科学技術の図書館であるだけでなく，科学的な図書館とすること」を心がけた。彼によれば「図書館の運営には資料の内容を理解し，図書館計画に統計的手法を活用できるような人員」が必要であった。アーカートは統計手法ポアソン分布によって，当時のイギリス全土をカバーする地域図書館相互貸借システムである 10 地区の図書館地域機構それぞれに貸出用図書 1 冊をおくよりも，中央貸出館に 2〜3 冊の複本をおくほうが，より効率的な貸出サービスを提供できることを示した。この統計手法は，アーカートが後に図書館員へ向けて書いた『図書館業務の基本原則』でも詳しく解説されている。このように彼は，「科学

的な訓練を受けた者こそ図書館を運営するための重要な技能を持つことになり，こうした人たちのみがこの図書館を成功させることができる」と確信し，「理想的には，図書館経営者のすべてが，図書館の技術とは別に，図書館数学の教育課程を受けることが望まれる」と述べ，従来の図書館学教育に反対し，図書館協会の資格会員の制度を暗に批判した。少なくとも，自分の図書館で重要なのは，科学技術の主題知識に秀でた者か，語学の専門家であると指摘した。この思想にそって，国立科学技術貸出図書館はこのような「科学者」の採用によって出発した。

　この考え方にたいし，図書館協会は機関誌『ライブラリー・アソシエーション・レコード』に次のような記事を掲載した，「科学産業研究庁によると，貸出図書館の職員採用方針の優先順位は，第一に科学者であり，第二に言語学者であり，そして第三に図書館員であることが望ましい。しかしながら，図書館協会の見解では，第一に熟練した図書館員である。付け加えるなら，大学で学位を取得し，数種類の言語に秀でた（図書館協会認定の）資格会員である。熱意と好奇心を訓練と経験の代わりになると見なした図書館では混沌が起こる」。結局，図書館協会の主張はこの新しい図書館の職員採用方針に効果をおよぼさなかった。後にアーカートは1969年に図書館協会の特別会員に選ばれ，1972年には図書館協会の会長となったが，それは彼の考えが変わったのではなく，図書館界のほうが彼の主張を受けいれた結果であった。国立科学技術貸出図書館創設時の実績は，こうした職員人事によって実現された部分も大きかった。

　アーカートは，1974年にブリティッシュ・ライブラリー

貸出局の統括責任者を退いた。ブリティッシュ・ライブラリー誕生から2年後のことである。その年に,シェフィールド大学,サルフォード大学,ヘリオット・ワット大学から理学博士の学位を授与された。「文学」でなく「理学」の学位授与は,アーカートの業績を「科学的な」ものとして評価したためであろう。

彼は国際図書館協会連盟（IFLA）でも積極的に活動し,「ユニオン・カタログ（総合目録）と国際間の貸出」に関する特別委員会の議長を務めた。この取り組みはのちに,連盟とユネスコの協同議題「世界規模の出版物の利用」へとつながった。

アーカートは回想録を書いた1990年の4年後にこの世を去った。アーカートは戦後のもっとも混乱した時期に生き,新しいアイディアで未来を切り開いた。時代がこうした人物を生んだことは事実であるが,反面,彼が時代をつくったことにもなろう。

参考文献：
Donald John Urquhart, *Mr. Boston Spa.* 1990 および,『図書館業務の基本原則』（高山正也訳　勁草書房　1985）にアーカートについての詳しい叙述がある。他には『英国における学術情報と図書館－アーカート博士記念論文集』（松村多美子ほか訳　日本学術振興会　1978）も参考にできる。死亡記事は『IFLAジャーナル』(21(1), 1995) にも掲載されている。写真は『ライブラリー・アソシエーション・レコード』(74(1), 1972) よりとっている。

33 ウィリアム・マンフォード
(William Arthur Munford)

2003年2月,イギリス図書館協会の後継機関である図書館・情報専門員王室勅許協会（CILIP）の機関誌『図書館と情報の最前線』の死亡記事欄には次のような記述がある,「ウィリアム・マンフォードほど,図書館協会に貢献した人はいない」。彼は2002年12月23日に永遠の眠りについた。図書館協会が情報科学研究会と合併し,図書館・情報専門員王立勅許協会になったのは2002年である。「イギリス図書館協会」終焉の年にマンフォードが死去したことは,まったく偶然のことであれ,図書館協会の執筆活動で多大な貢献を残したこの人物にとって本望であったに違いない。マッカリスターが図書館協会の中興の祖とするならば（マンフォードは著作『図書館協会百年史 1877-1977』の口絵にマッカリスターの肖像写真を使用している）,マンフォードは図書館協会の円熟期を側面から支えた人物であるといえよう。

ウィリアム・アーサー・マンフォードは,1911年にロンドンのイズリントンで生まれ,ロンドン大学の経済学院を卒業してから,1934年にドーヴァー地区の公共

**William Arthur Munford
(1911-2002)**

図書館員となった。ここは第二次世界大戦の最中には大陸からの砲撃にさらされていた場所であった。そして，戦後の1945年より1953年まではケンブリッジ市の公共図書館の館長として赴任し，ここでの経験が図書館協会の機関誌『ライブラリー・アソシエーション・レコード』におけるケンブリッジ市の初代図書館長ジョン・ピンク伝の執筆へとつながった。

マンフォードは図書館協会の活動に積極的に参加した。1952年から1955年にかけて図書館協会の名誉書記も務めている。ちょうどそのころ，ここでの知己であるケンブリッジ大学のペンブローク・カレッジのシドニー・ロバーツ教授に依頼し，公共図書館の現状についての報告書を刊行させた。この報告書の勧告内容は，政府による図書館サービスの監督責任を明確にしたものであり，この報告書『イングランドとウェールズの公共図書館サービスの構造』（ロバーツ報告）は1964年の「公共図書館・博物館法」の制定へとつながった。1964年の「公共図書館・博物館法」は，1919年から大幅な変更がなかった「公共図書館法」の全面的な改訂であった。マンフォードは，1850年以降の「公共図書館法」をその著作でとりあげるのと同時に，間接的ではあるが新たな「公共図書館法」にもかかわっていた。

マンフォードは視覚障害者サービスについても取り組んだ。1954年に彼は国立視覚障害者図書館の館長となり，ここで1982年までの28年間を務めあげた。ここは視覚障害者用の資料（点字図書や録音資料など）を全国の利用者に向けて，郵送貸出をおこなっている。1970年代までロンドンとマンチェスターの地にあったこの図書館は，現在マンチェスター南方の小都市ストックポート郊外（ストックポート駅か

ら車で約 15 分の距離にあり，工場倉庫地帯の間に位置する）にある。この図書館は，ブリティッシュ・ライブラリー文献供給センターの前身機関である国立科学技術貸出図書館が設立当初に利用した，大規模なバラック建築を使用しており，資料貸出が郵送であるかぎり，鉄道の便がよければそれ以上は必要がないとの考え方が根本にある。これは，1960 年代の国立科学技術貸出図書館成功の影響を受け継いだかたちで，この地へ移転したものと考えられる。また，マンフォードは視覚障害者サービスのさらなる取り組みとして，大型活字本の出版社アルヴァースクラフト社をみずから創設した。

彼はイギリスのみならずアメリカ図書館協会の仕事にも参加しており，『世界図書館情報学百科事典』の項目執筆者でもあった。執筆したおもな人物は，セオドア・ベスターマン，エドワード・エドワーズ，ジョン・パスモア・エドワーズ，リチャード・ガーネットなどイギリス図書館界を支えた著名人が並ぶ。

そして何といっても，マンフォードが図書館界へ残した最大の功績は，イギリス図書館史の書き手としてであった。1951 年に彼が最初に刊行した図書館史の著作『ペニー・レイト』は，サブタイトルにあるとおり「1850 年より 1950 年までのイギリスの公共図書館百年史」であり，公共図書館法がイギリス議会で成立した 1850 年前後から 100 年間の変遷をとりあげている。サブタイトルに出てくる「アスペクツ」というのは，公共図書館を成り立たせている「諸相」という意味で，マンフォードはそれを「法制度」,「慈善事業家」,「地方自治体」,「図書館長と図書館職員」,「蔵書」,「建物」,「図書館サービス」,「図書館協会」としてとらえた。ここで著者

がもっとも重視したのは1850年の「公共図書館法」の成立であり，それがどのような経緯で成立したかがこのなかで詳しく述べられている。また，著者は社会科学者による公共図書館史の詳しい研究が出ることを期待しており，その流れを受けたかたちで社会科学者トーマス・ケリーの著書『イギリスの公共図書館』へとつながったものと思われる。この『ペニー・レイト』はイギリスの図書館学校の標準的な教科書となった。『ペニー・レイト』により1850年の「図書館法」がとりあげられたことから，著者の関心がその成立に関与した2人の人物，ウィリアム・ユーワートおよびエドワード・エドワーズに向かったことは当然のなりゆきであった。

その後に，『下院議員ウィリアム・ユーワート：ある急進派の肖像』，『エドワード・エドワーズ：ある図書館員の肖像』が刊行された。特に後者はマンフォードの主著と見なしてよいものであり，この著作でマンフォードはロンドン経済学院の博士号を取得している。この『エドワード・エドワーズ』はエドワーズの未発表の日記，大英博物館のパニッツィ関係文書その他を基本資料としており，ほとんど引用だけで成り立っている，きわめて「実証的な」伝記である。本書の焦点は，エドワーズがいかに次々に図書館を「追われた」かであり，立派な仕事を残しながらも図書館の理事会と折り合わずに彼が「敗北した」経緯が語られている。そして，一生を苦難のなかで過ごしながら，決して読書は忘れなかったエドワーズの姿が本書により彷彿させられる。マンフォードは，エドワーズの日記を詳細にたどり，主人公の側からの証言を連ねてこの伝記を書きあげており，現在1枚も残されていないエドワーズの肖像画をその日記の記述をもとに何段階もの調

査の後に発見している(「国民義勇軍のための絵」に登場する複数の人物のうちの一人としてエドワーズが描かれている)。そこにはマンフォードの徹底した資料を追求する姿勢がうかがわれる。

もう一つのマンフォードの主著『ジェームズ・ダフ・ブラウン:ある図書館先駆者の肖像』では,52歳で亡くなった公共図書館長の反抗と苦悩の生涯をとりあげている。イズリントン地区生まれの著者マンフォードが,少年時代にジェームズ・ダフ・ブラウンのイズリントン地区の図書館を利用していたことは奇縁であったといえよう。本書も実証的な内容で書かれている。

このような図書館界への功績の点から,1977年のイギリス図書館協会100周年の記念事業として企画された協会百年史の執筆が,マンフォードに依頼されたのは当然の選択であった。『図書館協会百年史 1877-1977』はイギリス図書館協会から1976年に刊行されており,期限前にマンフォードは仕事を終えていたことになる。本書においても彼の執筆方法は関係人物の列伝であり,それぞれの関連人物の仕事を各時代背景のなかで浮かびあがらせるため,『ザ・ライブラリー』,『ライブラリー・アソシエーション・レコード』,『ライブラリー・ワールド』といった雑誌の記事を豊富に引用している。イギリスの図書館史では二つの世界大戦が大きな節目となっており,それにより図書館の発達が阻害され,図書館協会は図書館の再建に力を注がねばならなかった。特に国立中央図書館は,第二次世界大戦時にドイツ軍に爆撃され蔵書の大半が消失した。この悲運の歴史は,全国の公共図書館活動を停滞させた。マンフォードは,この二つの大戦を時代区分に用

い,「第一次世界大戦以前」,「第一次世界大戦」,「戦間期」,「第二次世界大戦」,「戦後」の5章で『百年史』を構成した。そして,この『百年史』執筆の功績が認められ,1977年の図書館協会百周年に図書館協会の名誉会員に彼は選ばれた。

こうした図書館史研究の末,マンフォードが資料集としてまとめたのが『イギリス物故者図書館員人名録』で,1987年に刊行された。これは,1800年より1985年までのイギリス図書館員の簡略伝記データブックであり,歴史研究の基礎となるものである。『図書館協会百年史』もこうした基礎データがあったからこそできたものであった。

その他の作品として『ルイス・スタンリー・ジャスト:伝記的スケッチ』,『比類なきマック:サー・ジョン・ヤング・ウォーカー・マッカリスターの伝記研究』(いずれも共著)がある。

このような図書館史関連の図書で,マンフォードがとりあげた人物には共通の特徴がある。それは,いずれも時代に逆らって生きた人生の持ち主であったことで,かならずしも恵まれた人生ではなかった。そうした人物のほうが伝記として「面白い」ことは確かであるが,そればかりではなく,著者が国立視覚障害者図書館を経営していた立場と無縁ではなかろう。第二次世界大戦以前は,オックスフォードかケンブリッジ出身でなければ社会的な地位が望めなかったイギリスにあって,これらの人物は,オックスフォード大学出身のユーワートを除いて,いずれも地方の大学出身者か学歴のない者ばかりであった。著者自身もロンドン大学というアングリカン教会の支配に反抗してつくられた大学を出ており,著者の一貫した態度が伝わってくるように思える。

マンフォードの著作には,その方法論において共通のものが見られる。それは,第一に時代の特徴を的確につかむことであり,そのためにかなりな文言を費やしていることである。エドワーズが館長として赴任したマンチェスターが当時どんな場所であったか,ダフ・ブラウンが若き日をすごしたエディンバラはどうであったか,1850年のロンドンはどのような都会であったか,まるで社会史の教科書を読むような叙述が連なる。そして,時代の特徴は象徴的な事実をもって伝えられる。マンフォードの文体は,象徴的な事実により,時代と社会,そこに生きる人物を描く手法であり,20世紀初頭のリットン・ストレイチーのように,イギリスの伝統的な伝記記述方法を継承している。そして,マンフォードの著作最大の特徴は引用の多さにあって,それは『エドワード・エドワーズ』にもっともはっきりと表れている。本文206ページのこの作品には総計1,559の注と引用がついている。引用には手紙からのものなど長いもの,ワイト島の観光案内,日記など,文章はほとんど引用で埋められている。

　これらマンフォードが残した図書館史関連の著作は,『オックスフォード・イギリス伝記事典』や『イギリス伝記事典』をはじめとするイギリス伝記文学の伝統にのっとっている点で傑出していると考えてよいであろう。

参考文献:
マンフォードについては,その著作が参考文献となる。William Munford, *Penny Rate.* 1951 ; William Munford, *William Ewart, M. P. 1798-1869.* 1960 ; William Munford, *Edward Edwards, 1812-1886.* Library Association, 1963 ; *Louis Stanley Jast,* by W. G. Fry and W. A. Munford, Library Association, 1966 ; William Munford, *James Duff Brown 1862-*

1914. Library Association, 1968 ; William Munford, *A History of the Library Association 1877-1977.* Library Association, 1976 ; *The incomparable Mac: a biographical study of Sir John Young Walker MacAlister,* by Shane Godbolt and W. A. Munford, Library Association, 1983 ; William Munford, *Who was who in British librarianship, 1800-1985: a dictionary of dates with notes.* Library Association, 1987, 91p. なお，死亡記事と肖像写真は『図書館と情報の最前線』(*Library & Information Update*) の 2003 年 2 月号に掲載されている。

34 フレデリック・デイントン
(Frederick Sydney Dainton)

　1980年代のブリティッシュ・ライブラリーは，セント・パンクラスへの新館移転計画が延期され，政府の予算も削られていたため，効率的な運営が求められていた。そうした中で，1985年にブリティッシュ・ライブラリーは次の5か年を見据えた戦略計画「知識の推進」を発表した。その時の議長はブリティッシュ・ライブラリーの生みの親といえるフレデリック・シドニー・デイントンであった。デイントンはこの時に，ブリティッシュ・ライブラリーの機構改革をおこなった。それまでの10年以上にわたり，機能別（参考局，貸出局など）に分かれていたブリティッシュ・ライブラリーの組織を，人文・社会科学および科学・技術・産業と分野別の組織に再編した。それにともない，科学・技術・産業の中に貸出局がおかれ，貸出局はこの再編の際にブリティッシュ・ライブラリー文献供給センターと名称を変更した。

　現在のブリティッシュ・ライブラリーは，ビジネス情報や科学技術情報の利用のための電子資料の提供にも積極的に取り組んでいる。このこともこの戦略計画の延

Frederick Sydney Dainton
(1914-1997)

長線上にある。この戦略計画の中で「ビジネス，産業，科学技術のためのサービスを拡大する」こともまた提言されていた。

当時のイギリスは財政が逼迫し，政府は「小さな政府」を目標にかかげ，徹底的な予算の切り詰めをおこなっていた。そのため，この計画では「有料化」も視野に入れたサービスの拡大も提言された。デイントンはこの時にこのような方向性を打ち出すことで「知識の推進」を図り，難局を乗り切ろうとしたのである。

デイントンは生涯を通じ，さまざまな場において，数々の「改革」をなしとげてきたが，その「改革」の道筋は現在もなお生きている。このように，デイントンは時代の空気を読み取る感覚を確実にもっていた。

フレデリック・デイントンは1914年に，シェフィールドで石工の父，家政婦の母の家に生まれた。「フレッド」の愛称で呼ばれた彼は，幼いころから図書館に通い，借りてきた本を父に読み聞かせていた。そして，16歳で父をガンで失うと，銀行員として働かねばならなくなった。その後，慈善団体の資金を得て，1932年にオックスフォード大学に進み，化学を専攻して博士号を取得した。ケンブリッジで教職に就いたデイントンは，1942年8月に動物学者のバーバラ・ライトと結婚し，以後2人は研究者の一生を貫いた。

1950年よりリーズ大学教授となり，放射線化学を専門にここで15年間研究を続けた。この間に，リーズ大学での研究業績が認められ，1957年には王立協会の研究員に選ばれている。

1964年，ノッチンガム大学は新構想の医学部の設立にと

もない，デイントンに大学の副総長となることを依頼した。当初，彼は拒否したが，翌年には熟慮したあげく，そのポストを引き受け，医学教育の改革を貫いた。なお，この年には科学政策評議会の委員にもなっており，彼はこの評議会で15年間にわたり活躍，1969年から1972年には議長も務めていた。

デイントンはノッチンガム大学に1969年までいたが，この間に彼が手がけたもう一つの仕事は，国立図書館の改革であった。政府は1967年にデイントンを議長とする「国立図書館委員会」（デイントン委員会）を設置，国立図書館の調査と勧告を依頼した。この委員会はデイントンを中心に，ロンドン経済学院のロイ・アレン（1968年7月にオックスフォード大学のH. J.ハバクックに交代），オックスフォード大学出版局のJ. G. N.ブラウン，ジョン・ルイス社代表バーナード・ミラー，エディンバラ大学教授のD.タルボット・ライスの5人で構成されていた。ただ，このなかには図書館関係者が一人も含まれなかった。これまでのいくつもの「図書館」に関する報告書が，その関係者により出されたものが多かったことから考えると，この人選は異例であった。

委員会の任務は，当時のイングランドにある国立図書館数館，すなわち「大英博物館図書館，国立中央図書館，国立科学技術貸出図書館，科学博物館図書館の機能および組織を検討し，効率性および経済性の視点からこれらの組織を単一の機構にまとめること」であった。デイントン委員会は1968年に調査を開始し，図書館や大学，研究所，学協会などの機関，および学識者，政治家，図書館員などから，イギリスにおける図書館組織についての意見を収集し，わずか1年あま

りでこれらをまとめ，報告書および2巻からなる膨大な量の証言録を教育科学省大臣エドワード・ショートに提出した。1753年創立の大英博物館図書館のような，200年以上にわたる歴史の長い図書館のありかたを変えてしまうような勧告がこの報告書でなされたのである。デイントン報告が意図したのは，財政が逼迫するなかで，イギリスの図書館における保守的な体質，特に大英博物館図書館の意識改革にあったようにすら思われる。一般に歴史を持つ機関の改革は難しいが，大英博物館図書館の場合はロンドン地区行政改革で優遇されてきたように，その当時，ぬるま湯の状態におかれていたため，この改革は特別な意味を持っていた。

この報告書の勧告に基づき，1972年に「ブリティッシュ・ライブラリー法」が可決され，国立図書館数館は科学博物館図書館をのぞき，ブリティッシュ・ライブラリーとして新たな国の国立図書館となった。

デイントン報告の意義は，国立図書館がいかにあるべきかの回答をイギリスの視点から提示した点にあった。図書館の機能である，資料の収集・保存およびその利用，またそのためのツールである書誌情報の提供を3つの部門（1974年に新設された研究開発局を入れると4つの部門）に分け，実現させたのがブリティッシュ・ライブラリーである。ブリティッシュ・ライブラリーの成立は，1960年代の厳しい時代のイギリスの選択であったが，イギリスは既存の組織を合併および再編することにより，国立図書館をさらに強化する方向，いわば中央集権体制をあえて打ち出した。このようにして，国立図書館＝ブリティッシュ・ライブラリーは「国営企業」の姿で新たな時代の図書館政策の中心となった。

このデイントン委員会の議長を務める一方で，1969年から1973年にかけ，彼は母校オックスフォード大学の教授に赴任し，自分の研究を続けた。

　この時期の彼の功績として，高等教育への取り組みもまたあげられよう。1973年に大学基金委員会の議長となり，オイル・ショック期の政府の予算カットに対抗し，高等教育機関全体の予算獲得に全力をつくした。大学基金委員会は1919年に設立された機構で，政府から調達した資金を高等教育機関に分配する役割を担っていた。また，彼がこの委員会の議長を務めている時に，アトキンソン教授を中心とする作業グループを設置し，1976年に報告書『大学図書館の主要対策』(アトキンソン報告)を発表させた。この報告書は，大学図書館が絶えず「自己改善」し，蔵書の適切な処理などの有効手段を講じることを勧告したものであった。引退する1978年までの5年間，デイントンはここでも高等教育の改革の達成に向け全力で取り組んだ。

　この間に図書館協会もまた彼の功績を認め，図書館協会設立百周年の記念すべき1977年に彼を会長に選出した。図書館協会の機関誌『ライブラリー・アソシエーション・レコード』のなかでデイントン会長は次のように紹介されている，「ブリティッシュ・ライブラリーを成功へと導いたデイントン報告は世界的な点から見ても，今世紀，図書館界におきた他に類を見ないもっとも重要な出来事であろう」。

　大学基金委員会を引退した1978年に，彼はシェフィールド大学の総長となった。そして，この年に彼はもう一つ別の役割を担った。それは，ブリティッシュ・ライブラリーの理事会の議長であった。彼は1978年より1985年まで議長を務

め，ブリティッシュ・ライブラリーのセント・パンクラスへの新館移転計画に取り組んだ。この間に，彼は大英博物館の円型閲覧室の廃止をめぐる反対派とのやりとりを経験せねばならなかった。1985年の戦略計画では，新館は1991年に完成する見込みであると発表された。だが工事は遅れ，新館の開館は20世紀末まで待たねばならなかった。

1986年に「男爵」の称号が授けられたデイントンであるが，21世紀を目前にした1997年に，オックスフォードで亡くなった。83歳であった。デイントンの生涯を見てわかるように，彼は図書館員ではなかった。サミュエル・ブラッドフォードやドナルド・アーカートは科学者であったが，同時に図書館員でもあった。ただ，図書館界に残した彼の功績はこれら2人に劣らないものであった。

彼はこれら以外にも，さまざまな理事会や委員会で議長や代表を務めた。おもなものとして，科学技術情報諮問委員会議長（1966-1970），王立化学協会代表（1972-1975），国立放射線防御理事会議長（1977-1985），王立大学院医学校評議会代表（1990-1997）があげられる。特に王立大学院医学校評議会では，死の年まで代表を務めている。これは最後まで改革に奔走したこの人物にふさわしい経歴である。その他，自然史博物館理事（1974-1984），科学技術財団理事（1987-1997）も務めていた。また，彼は25の名誉学位を含む，数々の表彰を受けていた。おもなものとして，王立協会のディヴィ・メダル（1969），王立化学協会のファラディ・メダル（1974）があげられる。

デイントンが活躍した1950年代後半のイギリスでは，このような改革者が必要であった。例えば，ポリテクニックを

含む高等教育機関の拡大と縮小, その両方を経験した1950年代以降のイギリスで, 彼は適宜, 現状を分析し, その状況に応じて采配をふるった。幼いころから本を読むことによってつちかわれた高度な分析技術を持っていたからこそ, 科学者＝デイントンはさまざまな「改革」をイギリスにもたらすことができたのであろう。

参考文献：
デイントンのおもな業績には, *Report of the National Library Committee,* 1969 ; *Advancing with Knowledge: the British Library Strategic Plan 1985-1990,* 1985 がある。『オックスフォード・イギリス伝記事典』の項目は, Rex Richards が項目を執筆している。写真は, *The World of Books and Information: Essays in honour of Lord Dainton,* 1987 よりとっている。

第 Ⅱ 部

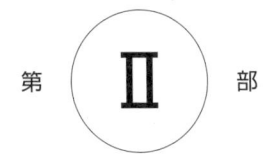

イギリス図書館史の人物系譜

第Ⅱ部のはじめに

　『ケンブリッジ・イギリス・アイルランド図書館史』(2006) には，週刊絵入り大衆誌『パンチ』の1846年所載の投書が引用されている。投書者は，郊外からロンドンに通う馬車の渋滞で被害をうける通勤者へのアイディアを披露していた。三階建ての馬車を走らせ，そこには手紙を書く個室，理髪店がつくられ，階上には「会員制図書館が整えられ，旅の途中を雑誌とか本を読んで過ごせる」ようにしたらどうかとの提案であった。1846年といえば，アメリカでもテキサス州がようやく合衆国に編入されたばかりであり，カリフォルニアはいまだ領土内ではなかった。東部でも，ボストン公共図書館は設立されていなかった。わが国では「天保の飢饉」が徳川幕府の屋台骨をゆるがしていた時期であり，黒船による「開国」はさらに先の話であった。『パンチ』の投書は，この年にイギリスではすでに「図書館」というイメージが市民の利用と結びついていたことを語っており，「図書館」利用の伝統はここでは先駆的なものとなっていた。

　イギリス図書館史研究を見ていると，それがアメリカにおける研究と比べてきわだった相違点が認められるように思える。第一に，同じテーマがくりかえしとりあげられている点である。大英博物館図書館の歴史は，エズデイル (1945)，ミラー (1974)，ハリス (1998) と過去50年ばかりの間に3冊が出ている。公共図書館史も，マンフォード (1951)，ケリー (1977)，ブラック (1996, 2000) と同じく50年の間に4冊が刊行されている。もちろん，内容はそれぞれ異なり，公共図書館史の場合，マンフォードは1850年の「図書館法」の成立とこの法的基盤の変遷をあつかい，この著者による社会科学者による研究への呼びかけに呼応して，ケリーが詳細な発達史をとりあげ，さらに，ブラックは公共図書館が社会に定着した思想的背景をつきとめようとしている。こうした図書館史の系譜は，アメリ

カの研究にはあまり見られないものであり，ほとんどの歴史が単発である。個別の図書館史のいくつかの例外はあるにせよ，アメリカ議会図書館の歴史もニューヨーク公共図書館の歴史も，初期のある時期をあつかったものをのぞけばほとんど刊行されていない。大学図書館の歴史はその数は多いが，ほとんど博士論文であり，市販された出版物はほとんどない。

　第二に気づくことは，いずれの研究も大部なものであり，しかも，書き手がベテランであって，歴史の研究に深みがあること，同時にそこには人物を中心とした歴史の「面白さ」が浮き彫りにされている点である。たしかに，いずれの歴史書も大作で，例えば，ケンブリッジ大学図書館史は2冊本（計1322ページ），ハリスの大英博物館図書館史は833ページであって，いずれも詳細な研究であると同時に楽しく読めるものであり，こうした書物が市販されているところにイギリスの歴史書の伝統が感じられる。

　本章は，歴史的な図書館員の「列伝」である第Ⅰ部を補足する意味で，イギリスの図書館史をいくつかのテーマに分けて，そこに見られる人物の系譜を記す試みであり，このことによって，イギリスの図書館史の一面を描き出すことができればと考えている。とりあげられるのは，イギリスの図書館をつくりあげた，いわば「縦糸」であり，いくつかのテーマに分けて説明がなされている。

1 初期の図書館とその支持者

　イギリスでの大学図書館（オックスフォード，ケンブリッジ）の発達は 14 世紀にまでさかのぼることができるが，市民への図書館活動の開始は 16 世紀に，宗教改革とともにはじまっていた。イギリス国教会のバース主教の娘フランセス・マシュー（Frances MATHIEW c1551-1629）は最初の夫（国教会の牧師）が 1 年のうちに死去したため，国教会の牧師と二度の結婚を経験する。ヨークの主教となった二度目の夫が残した蔵書 500 冊（当時としては最大の個人図書館）と遺産のほとんどを，彼女はヨーク教会に寄贈し，ヨーク聖堂図書館の基礎とした。

　17 世紀の初頭には，すでに市民への公開図書館の開始が見られた。ランカシャー州の綿糸織物業者の息子ハンフリー・チェタム（Humphrey CHETHAM c1580-1653）は，マンチェスターを中心に，土地および金融への投資によって資産を築いた。生涯独身をとおしたチェタムはその死にさいして遺言を残し，資産のほとんどを孤児院の設立，および図書館の建設にあてるよう指示した。図書館への資産の遺贈は，マンチェスター地区の 5 つの教会の蔵書の補充のほかに，市民にたいする公開図書館の施設と活動の資金として 1,000 ポンドが当てられた。これはイギリスにおける最初の無料図書館のはじまりであった。チェタム図書館は，19 世紀半ばの公共図書館

の開始のさいにも存在しており,図書館法により最初に開設されたマンチェスター公共図書館の館長エドワーズはチェタム図書館を「先輩」と見なしていた。

　国教会の普及と民衆への教育の拡大を担った聖職者トーマス・ブレイ (Thomas BRAY c1658-1730) も,教区を基盤とした図書館の浸透,および知識普及協会の設立につくした点でイギリス図書館の先駆者の一人と見なしうる。ブレイは植民地時代のアメリカでイギリス国教会の教区図書館を残した。その方面の研究はわが国にもあるが,ここではイギリスでの活動をとりあげることとする。

　ブレイはシュロップシャー州マートンで貧農の息子に生まれた。オックスフォードのオール・ソウルス・カレッジで学んだが,研究員の手伝い仕事により学費を免除される給費生であって,彼は1678年にそこを卒業した。その後,学校教師をして,1682年に国教会の牧師の資格を手にした。彼は新開地アメリカ東部での布教の仕事を志願したが,当地の教団の認可が整わず,アメリカに渡ったのは1700年であった。この間に仲間とともに設立したのがキリスト教知識普及教会 (S.P.C.K.) で,これはカトリック教団の活動に対抗する目的で,教団の教えを普及するための組織であった。そのおもな仕事のなかには図書館の設立と孤児院の経営が含まれていた。この団体は,その後も貧民や未開社会に図書を配付する活動を続け,19世紀には世界各国にその活動の輪を広げていた。

　市民のための無料公開の施設である公共図書館は,1850年に法的な基盤が整って出発することができたが,各地でのその設立を支えたのは慈善事業家たちであった。サルフォー

ドにできた最初の公共図書館では,当市の市長ラングワーシィ (E. R. LANGWORTHY) が,1849年から30年間にわたり,1万5000ポンドを寄付した。1852年のマンチェスター公共図書館は,織物工場の社主であった市長ジョン・ポター (後に爵位を授けられた) による科学会館の建物の寄贈により開始されていた。1870年代から1880年代にかけて次々に図書館が設立できたのも,それぞれの土地の慈善事業家たちの寄付によるところが大きかった。彼らは自分たちの土地の誇りにかけてこの事業に参加していたのであり,他の都市に負けまいとの意識も働いていたと推察できる。1880年代以後の個人後援者のリストは,作成するとなればたいへんに長いものになるだろう,と図書館史研究者マンフォードは書いている。

　出版業者として成功したジョン・パスモア・エドワーズが20館以上の図書館に建設費と図書を寄贈していた (略伝参照) が,もう一人の図書館支援の「巨人」はアンドリュー・カーネギーであった。カーネギーは鉄鋼事業を成功させたアメリカで図書館に多額の寄付をしていたが,その彼の寄付は最初から図書館活動の発展を刺激することを目指していた。イギリスで最初の寄付をしたのは1879年,生まれ故郷の町ダンファームリンの図書館設立のための8,000ポンドであった。カーネギーの生前の寄付約6000万ドルのうち,4500万ドルがアメリカで使われたと言われているが,残りの1500万ドルはイギリスその他の英語圏の国に向けられていた。カーネギーは1919年の死の年までに,イングランドとウェールズの213の町,スコットランドの50の町,アイルランドの47の町に資金を提供していた。

カーネギーはすでに1913年，カーネギー英国財団（信託）を設立していたが，その目的は「イギリス王国およびアイルランドの国民大衆を教化し，この目的を達成するため，時代にふさわしい手段で理事会がこれを実現させる」ことにあった。理事会は地方都市の図書館建設から，農村地域のコミュニティの図書館の発展にも目を向けるようになり，1930年代には公共図書館の地域図書館局を支援して，その総合目録を推進させていた。同時に理事会はスコットランドやアイルランドの中央図書館を実質的に運営し，後にこれをエディンバラ市とダブリン市に渡していた。

　イギリスの公共図書館運動は，19世紀の半ばに出発して，この世紀の末にはかなりな定着を見ていたが，資金提供の支援者ばかりでなく，それを背後から支えていたのは，会員制の図書館であり，市民の読書要求をまかなっていた「貸本屋」の普及であった。会員制図書館はすでに以前からあったが，最大規模のものとしては1841年に創設されたロンドン図書館をあげることができる。その発起人はトーマス・カーライル（略伝参照）であった。この図書館の運営はチャールズ・ライト（略伝参照）の時代に確固たるものとなっており，優れた参考活動で利益を得ることのできる会員制図書館を支援する市民層がロンドンにできていたことが，他国に例を見ないこの型の図書館を長続きさせた原因であろう。それとともに，通俗小説が主ではあったが，次第に古典や新時代の文学を一般市民の間に普及させたチャールズ・ミューディー（略伝参照）の「選定図書館」＝貸本屋の成功が，多数の同業者を生んだ。駅などにチェーン組織の出店をもっていたスミス社といった貸本業者は，今も本の売店として名を留めている。

公共図書館の普及は,こうした市民への読書の普及も基盤となっていた。

大型図書館およびそこへの資金の提供もまた,特に学術図書館の成立に寄与した。ここではその寄付を実現させた2人の人物について記すことにするが,その一人,最大の医学図書館と医療情報の研究機関をイギリスに残したヘンリー・ウェルカムについてはすでにとりあげた(略伝参照)。アメリカ生まれのウェルカムは,生涯の最後までアメリカでの少年時代とカレッジ時代を忘れられず,死の前年には育った故郷の土地を買い取っていた。多額の寄付は,彼に利益をもたらした製薬会社から得たものであったため,イギリス社会に貢献するための財団としてこれを死後に残した。

学術社会に寄与したもう一人の人物は,鉱物学者のジェームズ・スミスソン(James SMITHSON 1764-1829)で,没後に50万ドル相当の遺産を「学術の振興のため」との名目でアメリカ合衆国に寄付した。彼はノーサンバランド公爵の庶子としてパリで生まれたが,イギリスに戻るとオックスフォードのペンブローク・カレッジで学び,鉱物学者として知られるようになった。子どものいない彼は,母親から受け継いでいた財産のすべてを寄付し,これをもとにアメリカでは「スミソニアン博物館(研究院)」が創設された。この基金をめぐって国の図書館を設立するか,学術文献の刊行・普及の場をつくるか,議論が分かれたが,結局は後者が実現した。スミソニアン博物館は現在,首都ワシントンを中心に維持・運営している。イギリス人のスミスソンがなぜアメリカに全財産を寄付したかは謎であり,これをめぐって小説までが書かれたという。ともあれ,学者に国籍はないというのが彼の考えで

あったらしい。

参考文献：

Ernest Savage, *Old English Libraries*. 1911 ; William Munford, *Penny Rate*. 1951 ; Alistair Black, *A New History of the English Public Library*. 1996.

2 大学図書館

　周知のとおり，イギリスの大学を代表するのは，歴史がもっとも長いオックスフォード大学とケンブリッジ大学であるが，両者とも成立が15世紀までさかのぼり，イギリスの波瀾の歴史のなかでともに翻弄されてきている点で，きわめて似た発展をたどっていた。

　オックスフォード大学の図書館は，1438～44年のころ，ヘンリー四世の子のグロスター公爵ハンフリー（Humphrey 1391-1447）が寄贈した約290冊の写本によりはじまったが，その後は管理がゆきとどかず，新興宗教勢力の台頭により破壊され，16世紀半ばにはすべてが失われていた。17世紀初頭にトーマス・ボドリー（略伝参照）によりこの図書館は復活した。最初は「ボドレイアーナ図書館」として大学の研究者に開かれた無料図書館であり，後には「ボドリー図書館」と呼ばれた。「サー・トーマス」はその後のオックスフォードでは「聖トーマス」と呼ばれ，1605年に自著を寄付したフランシス・ベーコンはその書簡でボドリーを「洪水から学問を救った方舟の建設者」と名づけていた。図書館は1610年には書籍出版業者からの寄贈を実現させ，それ以後は法定の「寄託」図書館となり，現在にいたっている。

　図書館は大学の研究者や卒業生の寄付で支えられ，19世

紀までは成長と停滞をくりかえしていた。1813年より1860年までの長きにわたって館長を務めたバンディネルの時代，図書館はいまだ「体面」だけにより支えられていた。ここが目を見はらせるような発展をとげたのは，コックス（1840-79年に館長〔略伝参照〕），およびニコルソン（1879-1912年に館長〔略伝参照〕）の時期であり，イギリスの発展と機を一にしていた。大英博物館と同様，国の威信にかけて収集された美術資料・図書資料により図書館も博物館もうるおったのである。折からに急成長をとげたオックスフォード大学出版会もボドリー図書館の資料により活動が推進されていた。

20世紀に入り，蔵書は増えたものの，ボドリー図書館は所蔵場所の問題に悩まされ続けていた。二つの世界大戦の間，直接の被害は受けなかったものの，コレクションの拡大は持ちこされていた。戦後の時期に館長を引き受けたロバート・シャクルトン（Robert SHACKLETON 1919-1986）はこれまでの館長とは異なった職責に直面し，苦闘せざるをえなかった。彼はオックスフォードのトリニティ・カレッジでフランス文学を専攻し，モンテスキューの専門家として知られていた。また，1948年から大学全体の図書館評議会の議長を務め，1966年より引退までの13年間は，ボドリー図書館長を務めた。こうした中で，シャクルトンが取り組んだのは，図書館の機械化と他の大規模図書館との相互協力体制の構築であった。しかし，このような新たな事態に学者＝図書館長は管理能力を十分には発揮できなかった。ボドリー図書館は現在，約700万冊の蔵書を抱え，写本，インクナブラ，楽譜などの貴重資料を持つ参考図書館となっているが，新館を実現させ，検索機能を充実させなければ，資料は有効な利用が困難なま

でになっている。

　オックスフォードにある多数のカレッジの図書館も，それぞれの歴史を持っていた。なかでももっとも古いカレッジであるオール・ソウルス・カレッジは，ヘンリー六世とカンタベリー大主教により1438年に設立され，その図書館も15世紀の半ばまでさかのぼるとされている。他には，ユニヴァーシティ・カレッジ，ベイリアル・カレッジ，マートン・カレッジが古く，いずれも王家や貴族の支援により設立されていた。

　イギリスでボドリー図書館と双璧をなすと言われるケンブリッジ大学の図書館も，同様な歩みをたどっていた。この図書館の最初の記録は，ウィリアム・ハンデン (William HUNDEN) の1416年の遺書に記された図書の寄贈で，「大学の学生とケンブリッジの市民の利用に供したい」ためであった。1440年の蔵書調査によれば，図書館には122冊の写本があったという。印刷本の時代になると，ヨーロッパ諸国の本が入ってきて，図書館は体裁が整うようになった。オールド・スクールと呼ばれた建物の東棟が資料室のスペースに当てられていた。しかし，16世紀の宗教改革はこの大学をも襲い，図書館は破壊され，残された蔵書はほんの何冊かであった。16世紀から17世紀には貴族たちが図書館から本を持ち出して，そのまま返却しない例も多かった。そうした人の手からスウェーデンのクリスチナ女王に渡り，ついには女王とともにヴァチカンに移動した資料もあったと言われる。1629年に大学はエイブラハム・ホェロック (Abraham WHELOCK) を図書館長に任命した。ホェロック館長は温厚な学者であったが，仕事熱心でもあり，図書館の蔵書を徐々に増やしていった。

　ケンブリッジ大学図書館が名だたる大型の蔵書コレクショ

ケンブリッジ大学図書館

ンの場となったのは、オックスフォードと同様、19世紀の半ばから20世紀にかけてであり、同じく2人の図書館長の時代であった。ブラッドショー（1856-86年に館長〔略伝参照〕）、およびジェンキンソン（1889-1923年に館長〔略伝参照〕）は、図書館の蔵書を大幅に拡大するとともに、研究図書館としてのその地位を確立させた。コレクションの範囲は、写本研究からイギリス古刊本の研究にまでおよび、整備された目録によって蔵書の内容も明らかにされていた。ここでは外国研究も盛んとなり、日本研究もはじまっていた。

　この大学図書館もやはり、20世紀には場所の手当てがつかずに苦しんでいたが、新館は1937年に開設され、ここではさらに、増築による新たな図書館活動が展開できるようになっていた。蔵書約700万冊と貴重な古書を所蔵するケンブリッジ大学図書館は、多数のカレッジを擁する大学の中央図書館として機能するとともに、ケンブリッジ大学やブリティ

ッシュ・ライブラリーとの相互協力に取り組んでいる。

　第三の大学として知られるロンドン大学とその図書館も，複雑な成り立ちと構造をしている。大学は，オックスフォードおよびケンブリッジ大学による排他的な教育体制に対抗して，哲学者ジェレミー・ベンサム（Jeremy BENTHAM 1783-1844）とその同志たちにより1826年に設立され，庶民の教育を受け持った。ブルームズベリー地区にできた大学は，1829年にキングス・カレッジと合併した。リベラルな大学当局者は，1849年と1882年にはベドフォード・カレッジおよびウェストフィールド・カレッジという女子教育のカレッジを発足させており，1895年にはシドニー・ウェッブ（Sidney WEBB 1859-1947）によりロンドン経済学院が設立されていた。この学院の名誉教授となったウェッブは，ユニヴァーシティ・カレッジというロンドン大学の総合キャンパス内に図書館・文書館学校を設立させた開拓者の一人でもあった。

　現在のロンドン大学は，ユニヴァーシティ・カレッジのもとにいくつもの学部を抱え，さらに研究所を各地に持っているが，図書館としては，各学部の図書館のほかに，総合図書館として1938年に開設されたロンドン大学図書館が大学の管理棟（上院ハウス）のなかにあり，約250万冊の蔵書を所蔵している。その他には，古典研究で知られるキングス・カレッジの図書館（約85万冊）があり，政治経済学院図書館が約140万冊，東洋アフリカ研究学院の図書館が約140万冊の蔵書を持っている。それぞれが蔵書構築の歴史を持っているが，1963年に刊行した東洋アフリカ研究学院の図書館蔵書目録は，日本研究の一大組織としてのこの学院の実績をも示すものとして貴重な参考資料となっている。

上記のイングランドの大学だけでなく，スコットランドにもウェールズにも由緒ある大学が存在し，言語学研究で知られるエディンバラ大学などはその図書館も長い歴史を持っている。さらに，イギリス各地には第二次世界大戦後には，多数の技術系大学が出現しており，図書館学校もイングランド北部のラフバラ大学，スコットランドのセント・アンドリュース大学が知られており，日本研究ではシェフィールド大学とブライトン大学がその存在を認められている。

参考文献：

ボドリー図書館については Herbert Craster, *History of the Bodleian Library, 1845-1945.* Clarendon Press, 1952 ; Ian Gilbert Philip, *The Bodleian Library in the Seventeenth and Eighteenth Centuries.* Clarendon Press, 1983 があり，オックスフォード大学全体については T. H. Aston ed., *The History of the University of Oxford.* Clarendon Press, 1984-2000. 8 vols. が出ている。ケンブリッジ大学図書館については John Claus Trewind Oates, *Cambridge University Library: from the Beginning to the Copyright Act of Queen Anne.* Cambridge University Press, 1986 ; David McKitterick, *Cambridge University Library: a History: the Eighteenth and Nineteenth Centuries.* Cambridge University Press, 1986 があるが，この2冊はブラッドショー館長までの歴史であり，いずれ3巻目が刊行されるであろう。ロンドン大学の図書館については Donovan Richnell, "University of London Libraries" *Encyclopedia of Library and Information Science,* v.16. Dekker, 1975 および Bernard Naylor, "University of London Libraries" *International Dictionary of Library Histories,* Fitzroy Dearbon Publishers, 2001 がある。写真の提供は筆者。

3 大英博物館図書館

　1756年に発足した大英博物館の館長は,第九代のエドワード・トンプソン時代の1898年にいたるまで「図書館長(プリンシパル・ライブラリアン)」と呼ばれていた。この肩書は1973年に大英博物館図書館がブリティッシュ・ライブラリーとなって再出発するまで「博物館長・図書館長(ディレクター・アンド・プリンシパル・ライブラリアン)」であった。すなわち,この博物館は図書館を敷設していたものの,総合資料館と見なされていたのであった。図書資料館を構成していたのが写本部と刊本(印刷図書)部であって,館長はこの二つの部局のいずれかの出身者であった。

　館長は初代のゴウィン・ナイトから1969～73年のジョン・ウォルフェンデンにいたるまで15人いたが,そのうち10名が「ナイト」の称号を授けられていた。19世紀以後は,ほぼすべての館長が「サー」として叙勲されていた。この博物館が「国を代表する機関」であったことがここからも読み取れるであろう。

　創設された初期,18世紀の間には館長は自分の教区の牧師を兼ねた人たちや医師の出身者であり,図書館の管理はいわば「片手間」であった。初期の博物館は「骨董店(キュリオシティ・ショップ)」とまで噂されていたが,自らは「高貴な宝箱(ノーブル・キャビネット)」と自認していたので

あった。ここが名実ともにイギリス第一の資料館となったのは、ヴィクトリア女王の治世（1837-1901）下であり、第五代ヘンリー・エリス館長の時代からであって、国が「大英帝国」の威信にかけて博物館を支えたためであった。政府による特別委員会がたびたび設置され、ここの経営に介入したのは、第六代館長アントニオ・パニッツイ（略伝参照）の時からであったが、このころから19世紀の末にいたるまで、図書館の両部局の発展は目を見はらせるほどのものであった。パニッツイ館長の時代に蔵書は倍増し、トンプソン館長（略伝参照）のころには蔵書は、100万冊を超えるまでとなっていた。

　大英博物館には発足時から美術部門と自然史部門があったものの、写本部と刊本部が主要な役割を担っていたのは、王室文書の寄贈という出発の状況に原因があったためである。このような点から、イギリスにおける歴史資料重視の伝統を見てとることができる。

　博物館は、国立の図書館という面では大陸の諸国（フランス、ドイツ、イタリア）よりも遅れており、ロシアでさえ18世紀には帝国公共図書館ができていた。イギリスで文化施設の設立が遅れたのは、18世紀以前の王室と政権の不安定な内情に起因していた。スコットランドは18世紀にいたるまでイングランドと対立関係にあったし、政権は二大政党であるトーリー党とホイッグ党の権力争いのなかにあった。博物館は1753年6月に下院議会で可決された法案に基づいて成立したが、市民に開放されたのは1759年1月であった。開館までのいきさつも特殊なものであり、宮廷侍医であったハンス・スローン（1660-1753）の自然科学標本類および民俗文献と文献資料の私的コレクションを買い取っての成立であって、

この買い取りにあたって議会は「富くじ」を発行したという。国家的な資料館の出発にあたって，国が管理していたハーリー家文書とコットン家文書という，いずれも名だたる重要な古文書が博物館に寄贈された。すなわち，大英博物館は最初から博物館と文書・図書館の合体であった。さらに，その後ここに寄贈の姿で加わったのが，貴族の家にあったさまざまなコレクションであり，19世紀後半からは海外の美術資料が大英帝国のもとに流れこんできて，この博物館をうるおした。

大英博物館の図書館部門の発展は，特にパニッツイ館長（1856-1866）の時代に目ざましく，その後は，エドワード・トンプソン（1888-1908），フレデリック・ケニヨン（1909-1930〔略伝参照〕）という任期が比較的長かった館長の時代に急成長をとげていた。しかし，資料の急激な増加は，当然のこと，収納場所の手当てを必要とした。パニッツイは円型閲覧室周囲の「鉄製書庫」という措置でこの状況をしのいだが，その後の館長はいずれもこの問題を場所の「分散化」により対応せざるをえなかった。自然科学の標本類はすべて科学博物館に移されたが，新聞資料はその後「新聞図書館」という別館に集められ，なおも足りない資料のためのスペースとして1970年代初頭にはロンドン市内の十数か所に蔵書が分散する状況であった。

こうした時代の推移のなかで，博物館内では資料の専門家が育っていた。刊本部や写本部からはリチャード・ガーネット（略伝参照）やアルフレッド・ポラード（略伝参照）といった図書館史や書誌学の「大家」が出ていたし，館長の何人かは図書館協会の会長に選出されていた。しかし，同時にここは特に写本部と刊本部の対立という構造を生み，その最たる

ものは刊本部長パニッツイと写本部長マッデンの「喧嘩」であった。館長の歴任者が「ナイト」の称号を得られるとあって，この地位を求めたがるのも無理はない。フレデリック・マッデン（Frederick MADDEN 1801-1873）の場合は，それが強烈なエリート意識に支えられていた。オックスフォード大学を出て，ヘブライ語から古代英語の知識を備えた写本知識の専門家であったマッデンは，外国人の「成り上がり者」パニッツイに遅れをとるわけにはいかなかった。だが，理事会の庇護のもとにいた前者が，他との協調性にとぼしい後者を敗退させた。館長となったパニッツイにたいし，年金さえろくにもらえなかったマッデンは不幸であった。

　大英博物館という「温室」には，さまざまな「エキセントリック」な人間も育っていた。1914年より1929年まで東洋美術部で働いた中国・日本文学の研究家で，『源氏物語』の英語訳を最初に刊行したアーサー・ウェイリーは，博物館図書館の資料を相手にしているだけで十分であるとし，ついに日本には来訪しなかった。しかし，好きなスペインには毎年

現在の大英博物館の円型ドーム

のように出かけていたという。

パニッツイのつくった大円型閲覧室にはガーネットとジョージ・フォーテスキュー（1847-1912）という蔵書を知りつくした名物男が、トップハットを被って控えており、この場の「威厳」を示していたとともに、書誌面でのいかなる質問にも即座に対応していた。この両人は『大英博物館総目録』という膨大な蔵書目録の編纂を担当しており、このツールにより図書館界に大きな貢献をしていた。大円型閲覧室は利用者にとっては理想的な読書と調査の場であって、ここで一日を過ごす研究者で常にあふれ、コーリン・ウィルソンなどの「物書き」を多数派生させていた。その閉鎖にさいしては署名運動まで起こったが、ブリティッシュ・ライブラリーの成立とともに消えていった（現在はその残骸が見物客の目にさらされている）。

博物館の実質的な最後の館長はフランク・フランシス（Frank FRANCIS 1901-1988）であった。リヴァプール生まれでケンブリッジのエマヌエル・カレッジを出たフランシスは、1926年に大英博物館の刊本部に就職し、1948年に刊本部長、1959年には館長となり、1968年までこの地位を保って、第二次世界大戦後の博物館を支えた。この間に『イギリス全国書誌』の刊行を実現させた業績を持つが、ブルームズベリーの地に新館を建設する彼の「悲願」は実らず、ついには博物館図書館そのものが博物館から分離独立するといった結果となった。彼は時代の波に逆らうことができなかった。

大英博物館については、いくつかの歴史が書かれていたが、いずれも博物館図書館の職員歴を持つ者の手によっていた。その最初の著者は、エドワード・エドワーズ（略伝参照）で、

それは初期の大英博物館創設者たちの記録であったが，そこではエドワーズの「喧嘩」相手のパニッツイについても客観的に記してあった。第二の書『大英博物館図書館』(1945)は，アランデル・エズデイルによって書かれたものであり，彼は1926年から引退の1940年まで博物館長付きの書記であり，館の内部については知りつくしていた。簡潔な歴史をあつかったこの著作は今なお参考にできる。エズデイルは，書誌学者として，『学生の書誌マニュアル』(1931)という基本教科書の筆者としても知られていた。第三の書物は，エドワード・ミラーの『高貴な宝箱』(1974)で，著者は博物館の歴史編纂室の主任であった。ミラーは本書の刊行直後に亡くなったが，この本も評価の高い歴史書である。そして，四番目には1998年にブリティッシュ・ライブラリーから刊行された『大英博物館図書館の歴史　1753-1973』である。833ページからなるこの著作は，博物館の変遷，特に蔵書と職員と閲覧室と書庫についてきわめて詳細に記録している。こうして，戦後だけでも3回にわたり歴史が書かれているが，それらはみな読み物としてもまことに面白い。大英博物館は，偉大な国の図書館を200年余にわたって築きあげてきたが，それは人間がつくったものであり，良かれ悪しかれその歴史の背後には「人間臭さ」が見え隠れしているのを読み取ることができる。

参考文献：

Arundell Esdaile, *The British Museum Library.* Allen and Unwin, 1945 ; Edward Miller, *This Noble Cabinet.* Andre Deutsch, 1974 ; P. R. Harris, *A History of the British Museum Library, 1753-1973.* British Library, 1998. 写真の提供は筆者。

4 公共図書館

　イギリスの無料公共図書館を成り立たせたのは，第一に法的措置であった。課税手段「ペニー・レイト」の法案は，1850年に下院議会で成立した。そして第二に，これを受けて「図書館法」を採択し，公共図書館の設立を可能にした地方都市の決議であった。1850年にはまずサルフォードで，1851年にはウィンチェスターで公共図書館が開設され，1852年にマンチェスターとケンブリッジとリヴァプールがこれに続いた。1859年までの10年間に図書館を開設したのは19都市であった。しかし，1860年より1869年の間にできた図書館は11館と停滞ぎみで，次に続く10年間にようやく51の都市が「図書館法」を採択した。図書館協会が結成されてから後の1880年代になって，ようやく公共図書館の設立運動は全国に広がっていったのである。

　この間に公共図書館の意義を市民に知らしめた第三の要素は，新設の図書館でサービス活動を支えた図書館長であった。本書の「人物略伝」には，1852年に開館したマンチェスター市のエドワード・エドワーズ館長，および，同年に開設されたケンブリッジ市のジョン・ピンク館長をとりあげている。この2人のケースは，公共図書館の活動を早急に市民に知らせたいとする大都市と，時間をかけて気長に活動を浸透させようとする地方都市の例であった。同時にこの二つは，館長

と対立する図書館理事会と館長を支えようとする理事会の例でもあった。

　初期のマンチェスターおよびケンブリッジの図書館の活動が示しているとおり，公共図書館にはまず「参考図書館」が開設された。図書館は教養のための知識を提供する場であるとの認識からであった。市民への「貸出図書館」ができたのは後のことであり，そこでは通俗小説ばかりの貸出が問題視された。「新聞閲覧室」の設置も後であり，これも「低級な」情報の提供と受けとめられていた。女性の利用者を受けいれるかどうかは発足して間もないケンブリッジで他館に問い合わせたうえで，ようやく「個室」が設置されていた。

　こうした状況が変えられたのは 1890 年代に入ってからであり，若手の図書館長たちの「実験」が公共図書館に変化をもたらした。その先鞭をつけたのはジェームズ・ダフ・ブラウン（略伝参照）で，クラーケンウェル図書館での「開架制」の導入に端を発していた。ブラウンのサービス重視の思想を受け継いだのは，クロイドン図書館長となったスタンリー・ジャスト（略伝参照）であり，ジャストはここで育てた若手，すなわち，サヴィジ，セイヤーズ，マッコルヴィン（いずれも略伝参照）という，いわば「クロイドン派」といってよい一派の先駆者といえる存在であった。彼らがその後に館長となったそれぞれの図書館で実施した活動は，開架制はもとより，女性差別の撤廃，児童室の開設，音楽資料などの専門主題コレクションの分化，主題分類体系の開発などであった。

　ブラウンを「始祖」とする当時のこれら若手館長たちには，先進的な「実験」に取り組むための覇気と精神力とがあった。彼らに共通していたのは，学歴のなさ（ほぼ全員が正規の大

学を出ていなかった）にもかかわらず，きわめて若いころから図書館の実務を担当し，かなり若いうちに地方の公共図書館の館長に任命されていたこと，ブラウンを中心にロンドン地区で議論の場を持ちやすかったこと，全員が書くことに抵抗を感じなかったことであろう。彼らは，ブラウンが創始した新雑誌『ライブラリー・ワールド』の常連執筆者となり，思い切った意見を公表して，公共図書館の新たな時代を切り開こうとしていた。セイヤーズが中心となって組織した「図書館助手協会」の設立も旧世代にたいする反抗の表明であった。

公共図書館運動を支えた第四の要素として，イギリス図書館協会の存在を無視するわけにはいかない。1877年に設立された図書館協会は，ロンドン研究院で開催された図書館大会（218名が参加，うち女性は4名，アメリカからの参加が2名）で決議されて発足していた。この時に国内では70の都市が公共図書館を設立していたが，ロンドン地区はまだ低調であった。大会には図書館実務者の参加よりも理事会からの参加が目立っていた。

イギリス図書館協会（2002年にCILIP〔図書館・情報専門員王室勅許協会〕となる）

初代の会長に選出されたのは大英博物館長のウィンター・ジョーンズ（John Winter JONES 1805-1881）であった。ジョーンズが会長を2年務めた後，ボドリー図書館長のコックス（略伝参照）が次の2年を引き受け，その後は，大英博物館の刊本部長ガーネット（1893年に会長〔略伝参照〕）という実務図書館員の任命が例外としてあったものの，会長には大英博物館か大学図書館の館長，あるいは，地方都市の市長か図書館委員会の議長が主として選ばれていた。

　若手の都市館長たちが抵抗したのは，こうしたエリート集団による協会の支配体制にたいしてであり，協会自体は1890年にマッカリスター（略伝参照）が名誉書記となり，新雑誌『ザ・ライブラリー』を発刊するまではたいした活動をしていなかった。実際に公共図書館を運営した館長が協会長に選出されたのは1930年のジャストが最初であり，次いで，1936年にサヴィジ，1938年にセイヤーズが選ばれた。サヴィジの時にようやく協会が建物を獲得し，図書室も開設できたのであった。第二次世界大戦期の1939～1945年には大英博物館書記のアランデル・エズデイルが会長を務めており，戦後にようやく都市公共図書館の館長が選出される体制が整った。図書館協会が特に19世紀の90年代より精力的に取り組んだのは「図書館法」の改定であって，1919年に「ペニー・レイト」は全廃され，課税の率は自治体が決められるようになり，図書館設立の運動は軌道にのったといえる。

　公共図書館の拡大に寄与した第五の要素は「見せ場」としての建物であった。1850年代に開設された図書館では，間に合わせの建物を利用した場合が多く，エドワーズのマンチェスター図書館ですら不便な場所にあった科学会館で活動が

開始されており,多くの図書館では職工学校図書館を吸収していた。1855年に開館したケンブリッジ図書館はクエーカー教団の会議室をそのまま使用したため,日陰の暗い建物であったし,1875年開設のストックポート図書館は市場にあり,1階ではチーズやガチョウを売っていた。カーネギー英国財団の寄付による各地の図書館が多数の新築の図書館を現出させたのは1890年代以降であった。1934年にマンチェスター市で開館した市の公共図書館は画期的な記念碑となった。優れた建築家と図書館長(ジャスト)の効果的な協力により建設されたこの図書館は,円形の4階建てで,地下に劇場施設が付設されており,その後の大都市図書館のモデルとなった。図書館の建物は1900年以降,大都市ばかりでなく,中小都市や大都市の分館において,見事な例をつくりだしており,それが図書館の社会的な機能を認識するきっかけを与え,新たに図書館建設を計画するコミュニティへとつながっていった。建築家協会も都市の執行部も公共図書館の意義を認識しはじめ,「都市文化」のなかでのその場所の獲得に協力するようになっていた。ここは何よりも市民の「自己教育」の場であり,ヴィクトリア朝の市民の要望がここに表現されていた。図書館史研究者のアリステア・ブラックは,20世紀以前のこうした図書館建築の意味を新たな視点から分析している。

参考文献:
公共図書館の歴史については William Munford, *Penny Rate.* 1951 ; Thomas Kelly, *A History of Public Libraries in Great Britain 1945-1975.* 1977 ; Alistair Black, *A History of the English Public Library.* 1996. があり,図書館協会の歴史は William Munford, *A History of the Library Association.* 1976 があつかっている。写真は筆者の提供。

5 図書館政策の変遷

 19世紀以降のイギリスでは,社会改革のための政策が次々に実施されていたが,図書館にかんする法的措置もその例外ではなかった。1850年の「図書館法」は,自治体が地域住民のために無料公開の公共図書館をつくるきっかけを提供していた。そして,それが次第に定着してくると,20世紀に入って公共図書館を支える運動となり,その改善のための各種報告書が現れていた。報告書は,個人が取り組む場合もあったが,おもに委員会が現状調査と将来に向けた勧告を行うのが一般的であり,そのために政府または公的機関がその実施を委員会に委嘱する場合がほとんどであった。委員会の報告は,普通その議長を務める人物の名前で呼ばれた。図書館にかんしては,全国システムの頂点となる「ブリティッシュ・ライブラリー法」を実現させた1972年にいたるまでに,以下の5本の重要な報告が刊行されており,これが図書館の改革を推進する原動力となっていた。世界に類を見ないこうした数の報告が次々にとりあげたテーマの中心は「図書館協力」の実現であった。年度順にあげれば次のとおりである。

 (1) アダムズ報告(1915)
 (2) ケニヨン報告(1927)
 (3) マッコルヴィン報告(1942)

(4) ヴォランズ報告（1951）
(5) デイントン報告（1969）

 ロンドン大学のアダムズ教授（Professor ADAMS）がカーネギー英国財団の委嘱を受けて作成した報告が(1)であり，そこでは「勤労市民の男女が自由に利用できる公共図書館の中央館を設立する」よう勧告がなされていた。カーネギー英国財団の支援による図書館の数は増えており，これをさらに増加させることは重要であるが，そのうえに立つ中央館の必要性を指摘していた。地域の一館の図書館だけではなく，他の図書館の蔵書も使えるようにしてほしいとの指摘は，すでにシドニー・ウェッブの「ロンドンの図書館サービス」という図書館協会での講演でとりあげられていた。アダムズ報告の勧告は，1916年の「学生中央図書館」の設立となって実現した。

 大英博物館の館長フレデリック・ケニヨン（略伝参照）が議長となってまとめた報告(2)は，公共図書館の活動を検討し，そこでの相互協力体制を前進させた画期的な勧告が述べられていた。すなわち，地域の図書館は相互に利用できる体制を整え，蔵書も利用できるようにし，そのうえで，学生中央図書館を国全体の中央図書館とすべしとの具体的な提言であった。政府はこれをうけ，全国の公共図書館の中央図書館のための委員会を設置，年間3,000ポンドの支出を取り決めた。そして，「学生中央図書館」は「国立中央図書館」として1931年に生まれかわった。同時に，地方の公共図書館は，各地に地域図書館局（ライブラリー・ビューロー）を結成し，そこで地域内の図書資源の「総合目録（ユニオン・カタログ）」

を編成しはじめた。

　ライオネル・マッコルヴィン（略伝参照）が第二次世界大戦期に，カーネギー英国財団と図書館協会の支援のもと，国内の公共図書館や地域図書館局の調査結果をまとめた報告(3)は，地域図書館局の活動が場所によって格差があり，統一の基準が必要であること，総合目録の無駄な重複を避けること，地域内の大学図書館の参加も求めたほうがよいことを指摘していた。戦時中であり，この報告は全国の図書館員の検討には供することができなかったため，協会が承認した報告とはならなかった。しかし，マッコルヴィンの指摘は戦後の図書館システム改善のために活かされた。

　マッコルヴィンの指摘をうけて，1949年に発足した「地域図書館協力全国委員会」の作業グループは，戦後の新たな状況下での公共図書館と地域図書館局の実情を再調査し，ヴォランズ（R. F. VOLLANS）が議長となってまとめた報告(4)を公布した。ヴォランズは，ロンドンのウェストミンスター公共図書館でマッコルヴィンのもとにいた副館長であった。作業グループの報告は，各地域内の協力体制の推進に向けた具体策，すなわち，総合目録の標準化だけでなく，地域図書館局の相互協力体制の確立と，各地区への財政支援を訴えていた。報告書は図書館協会により了承され，1951年12月に発表された。

　1969年に政府の公式文書として刊行された「デイントン報告」(5)は，国立図書館の再編成を目的としたものであったが，国立中央図書館という公共図書館全体の図書館を「ブリティッシュ・ライブラリー」という全国システムの中枢に取りこんだことにより，これまでの体制をくつがえしていた。

国内のあらゆる型の図書館による文献資料の提供は，ヨークシャーのブリティッシュ・ライブラリーの「貸出局」（後に，文献供給センターとなる）が受け持つことになったのである。こうして，イギリスの公共図書館網は，地域内での協力体制のうえに築かれる全国システムという構造ができあがった。

　図書館協力の体制づくりに向けての公的な委員会報告は，上記のものにとどまらず，国の公教育への勧告，および大学や企業での図書館活動の改善への勧告にも表れていた。1944年発表の「マックネア報告」は『教師と若者指導者』と題され，学校でも，地域の公共図書館との連携が重要であるとの指摘が含まれていた。高等教育を検討した「ロビンズ報告」は，オックスフォード，ケンブリッジ，ロンドンの三大学以外の大学における図書館蔵書のありかたについて触れ，協力の枠組みの重要性を勧告していた。大学図書館の協力体制については，国の大学基金委員会の議長トーマス・パリー博士を議長とする1967年の委員会報告でさらに詳しく検討されている。この中で，地域内の大学図書館相互で不必要な資料の重複を避けること，および協力体制の確立の必要性が述べられていた。大学の地域研究における資料問題については1961年の「ヘイター報告」がとりあげ，アジア研究などの資料について示唆しており，1972年の「ジェームズ報告」は教員養成機関における問題を検討し，図書館の重要性を指摘していた。企業体の図書館をとりあげたのは「ボルトン報告」であり，ここでも図書館の問題がとりあげられていた。

　こうした多数の委員会報告が出されているということは，イギリスがいかに図書館政策に真剣に取り組もうとしていたかを示していた。20世紀以降，二つの世界大戦を経験した

図書館界が，時代の波にさらされながらも，事態に対処できたのは，こうした国側の関心に支えられていたからであった。それと同時に，上記の報告はいずれも図書館関係の雑誌などでとりあげられ，図書館関係者たちの意見が反映されていた点も指摘しておく必要があるだろう。

参考文献：

報告書は以下のとおり。*Report on Library Provision and Policy, submitted to the Carnegie United Kingdom Trust* (Adams Report), 1915 ; *Report on Public Libraries in England and Wales* (Kenyon Report), 1927 ; *The Public Library System of Great Britain* (McColvin Report), 1942 ; *Library Co-operation in Great Britain* (Vollans Reprt), 1951 ; *Report of the National Library Committee* (Dainton Report), 1969 ; *Teachers and Youth Leaders* (McNair Report), 1944 ; *Higher Education* (Robbins Report), 1963 ; *University Grants Committee Report* (Parry Report), 1967 ; *Report of the Sub-committee of University Grants Committee* (Hayter Report), 1961 ; *Teacher Education and Training* (James Report), 1972 ; *Small Firms: Report of the Committee of Inquiry* (Bolton Report), 1969. なお，イギリスの図書館協力全般については George Jefferson, *Library Co-operation.* Andre Deutsch, 1966 があり，公共図書館の協力体制に関しては Thomas Kelly の本があつかっている。

6 ブリティッシュ・ライブラリー

　デイントン博士を議長とする「国立図書館委員会」の勧告をうけ，1972年に議会で可決された「ブリティッシュ・ライブラリー法」に基づき，新組織のブリティッシュ・ライブラリーが既存の国立図書館組織3館と書誌作成・提供機関（大英博物館図書館，国立中央図書館，国立科学技術貸出図書館，イギリス全国書誌）の合併のもとに創設された。デイントン報告は，これら複数の国立図書館を「経済性」および「効率性」の観点から検討し，大合併を進言したのである。時あたかも，イギリスは経済的には苦境のさなかにあり，企業の合併が続いていた。自動車産業から製菓業界にいたるまでが体質を強めるために合併にふみきっていた。図書館の大合併が企業のこうした方向とたまたま一致したからといって，これを時代の要請だけから見るわけにはいかない。しかし，経済性と効率性の視点から見れば，大英博物館のように所蔵資料がロンドン市内各所に分散している図書館は問われざるをえなかった。その一方で，戦争で破壊され再出発して間もない国立中央図書館は，その機能を十分に発揮していなかった。報告書に付いた「証言録」には大学65校，学協会58団体，図書館長20名，その他からの報告，要望，意見が採録されており，「合併」への反対意見もかなりな数にのぼっていた。
　発足したブリティッシュ・ライブラリーの組織は，参考局

(研究・調査のための資料ストックで,大英博物館の図書館部門が博物館組織から分かれてここに編入),貸出局(図書館への貸出ストックで,国立科学技術貸出図書館,および公共図書館の中央館で,人文・社会科学資料の資料ストックの多い国立中央図書館の両者で構成),書誌サービス局(イギリス全国書誌がここに併合)の三局制となり,さらに,それまで政府機関が担当していた図書館情報学の研究開発のために資金を提供する研究開発局が付設された。

イギリス放送協会に匹敵するほどの大組織となったブリティッシュ・ライブラリーは,旧来の大英博物館が世襲の理事を含む理事会の管理下にあったのとは異なり,真の「国立図書館」として,国の管理体制のもとにおかれ,現在は文化・メディア・スポーツ省により理事長が任命されている。ブリティッシュ・ライブラリー全体の管理運営は,執行委員会議長のもと,各部局の長により構成される委員会が取り決めている。執行委員会議長は現在リン・ブリンドリー(Lynn BRINDLEY)で,その下に6人の委員がいる。

発足から30年以上経過した現在までに,図書館の内部組織は大きく変わった。国立科学技術貸出図書館から受け継ぎ,ロンドンから国立中央図書館を移行させた貸出局は「文献供給センター」と名称を変えた。インド局図書館なども新たに併合された。新館の建設が予定どおりはかどらないまま,大英博物館内に留まっていた参考局のコレクションは,分散したままの姿で,ようやく1997年に完成したセント・パンクラスの新館で本格的な活動が再開された。ここの閲覧室は,人文・社会部門と科学技術・産業部門に分かれている。

ブリティッシュ・ライブラリーが発足から10年後に取り

組みはじめ，現在にいたるもなお継続して策定しているのが「戦略計画」である。これは将来の方向を見通す作戦計画であって，こうしたものをあえて発表する図書館はこれまでにあまり例がないが，その先例はイギリスが 20 世紀初頭から発表してきた各種報告書（前節を参照）にあって，「戦略計画」はその伝統を引き継いでいると見てよいものであろう。新たな時代に向けて新たな方向を示唆し勧告することで，ブリティッシュ・ライブラリーは，イギリスの図書館人の遺産を継承していたのであった。

「戦略計画」は 1985 年, 1989 年, 1994 年, 1999 年, 2001 年, 2005 年と，数回にわたって発表されているが，これだけの頻度で発表される「戦略」とはいったいどのようなものであろうか。それは大きく分けて二つあるように思える。その一つは，文献資料を「知識」の総体とみなし，それへのアクセスを時代の流れに即応して変えてゆこうとするものである。情報や資料の増大は拍車がかかっており，このままではいず

ブリティッシュ・ライブラリー

れの図書館も場所の点と資金の面で対応しきれない。この傾向はブリティッシュ・ライブラリーとて例外ではない。

　ここで問題になるのは、図書館利用の「有料化」である。複写の普及と電子資料の利用が増加している現在、すでに研究のための資料の入手は一部有料化しており、国立図書館の場合、場所としての図書館の利用は、おもに人文・社会科学分野の研究者に限られてきており、それまで「有料化」することはできないが、今後に残された課題である。

　図書館コレクション構築の今後の方向として、打ち出された戦略は、所蔵するこれまでの蔵書の「デジタル化」と今後の収集領域の限定であった。デジタル化はすでに既定の方針であって、ブリティッシュ・ライブラリーの場合、著作権ごと寄贈された著作が多いため、容易に「デジタル化」しうる資料があると見てよい。資料の種類とその領域の限定については、大英博物館から引き継いだ「すべての言語の刊行物」の収集を放棄せざるをえないところに現在のブリティッシュ・ライブラリーはきている。これはすでにデイントン委員会が集めた「証言録」に表れており、ロンドン大学の日本研究者グループ（ロナルド・ドーア博士等）が、「大英博物館がどうして日本語資料を大量に集めようとするのか、それは大学図書館の仕事ではないのか」、と指摘していたところにまでさかのぼることができよう。ブリティッシュ・ライブラリーも資料や収集する言語の範囲を限定せざるをえなくなっている。同時に、資料の主題についても「コンテンツ戦略」で取り組みはじめている。科学技術と同一視はできないが、重要な資料と「短命な」（エフェメラル）資料とを判別せねば、場所の手当が対応しきれなくなるからであろう。1997年に

開館した新館は，セント・パンクラス駅構内の引き込み線の土地を利用したが，書庫は地下につくられ，そこでも大型円筒の地下鉄線路を避けねばならなかった。そのため，収納場所も限られた場所を利用するしかない。

くりかえし刊行される「戦略計画」の第二の意図は，図書館自体の収支改善であった。最初の計画（1985）からすでにブリティッシュ・ライブラリーは，将来に向けての収入計画を予測し発表していた。これが，新館の建設を促進するための作戦であったことは明らかであるが，この方針は現在も続いている。2005-6年度の「年次報告」には，2006年3月末の収支決算が次のように示されている。収入総額1億3690.6万ポンド（前年度は1億2100.6万ポンド）で，その内訳は，政府助成金が9756.2万ポンド（前年度は8850.1万ポンド）であり，3034.4万ポンド（前年度は3250.5万ポンド）がその他の収入であった。この収入の内訳をみると，当該年度ではコレクションへのアクセスがもっとも多く，コレクション利用（刊行物や展示会への資料の貸与など）がこれに次いでいた。こうした支えがあってこそ，この図書館は将来計画を予算面でも立てることができる。なお，この年度には260.2万ポンドの寄付もあり，文化遺産の保持と利用にたいする国民の期待と関心は大英博物館のころから衰えてはいない。

以上の意味で，ブリティッシュ・ライブラリーのたどる将来の方向は，きわめて興味深いものである。ブリティッシュ・ライブラリーは，つねに図書館関係の雑誌だけでなく，『タイムズ』紙などの報道にもとりあげられており，この中で図書館員と市民のさまざまな意見が機会あるごとに発表されているのも，イギリス国民がブリティッシュ・ライブラリーを

身近に感じているからであろう。このような独自の収入を持ち，独自の将来計画を持つ国立図書館の行方には関心を寄せざるをえない。

参考文献：
刊行（または Web サイトで公開）されている「戦略計画」は以下のとおり．*Advancing with Knowledge: the British Library Strategic Plan 1985-1990* (1985)；*Gateway to Knowledge: the British Library Strategic Plan 1989-1994* (1989)；*The British Library Strategic Objectives for the Year 2000* (1994)；*The British Library: Strategic Plan, 1999-2002* (1999)；*New Strategic Directions: The British Library* (2001)；*The British Library's Strategy 2005-2008* (2005)；*The British Library's Contents Strategy.* (2006). ブリティッシュ・ライブラリーの変遷については Alan Day, *The British Library.* Library Association, 1988；Alan Day, *The New British Library.* Library Association, 1994 があり，毎年の年次報告（*Annual Report*）も出ている。写真は筆者による。

7 民族文化と言語の殿堂

　イギリスの文化と言語を保存する文献遺産の殿堂は，ロンドンのブリティッシュ・ライブラリーのほかに，アベリストウィスのウェールズ国立図書館とエディンバラのスコットランド国立図書館とがある。

　ウェールズの文化遺産を図書館および博物館のコレクションの姿で保存しようとの発言は，すでに中世期からあったが，その具体策を検討したのは19世紀に入ってからで，1873年にモールドで開かれたウェールズ芸術祭（アイステスフォド）の実行委員会の席であった。フリントシャー州選出の議員ロイド議長のもと，「ウェールズ語の写本，および，ウェールズ関係の貴重な図書資料を集めた国立図書館の設立が望ましい」，「ウェールズ大学カレッジがこうした図書館創設のための資料保存の場となることを提案する」との決議がなされていた。アベリストウィスのウェールズ大学カレッジの理事会は，同年，これを引き受けることを了承した。カレッジではすでに「ウェールズ文庫」をつくっていたのであった。同時に，カーディフ市も国立図書館および国立博物館を自分の市に設立することを希望していた。これをうけたイギリス枢密院の特別委員会は，1905年，国立図書館はアベリストウィスに，国立博物館はカーディフにつくることを決定した。国立図書館準備委員会は，大学カレッジが土地の貴族レンデル

卿から買いあげていた郊外の土地を借り受けることにし，1911年に国王ジョージ五世と王妃による基石設置により建設がはじまった。第一次世界大戦の勃発で工事は遅れたが，1930年には堂々たる3階立ての白亜の殿堂がアベリストウィス市郊外で完成した。正面玄関からは市街とその先のカーディガン湾がながめ渡せる。おそらく，これは世界でももっとも美しい場所にある見事な図書館といえるであろう。こうして実現した，ケルト語族ウェールズ人の文化の保存館であるウェールズ国立図書館は，主として2人の図書館長の努力により活動が開始された。

1908年に初代図書館長となったジョン・バリンジャー（Sir John BALLINGER 1860-1933）は，カーディフ郊外のモンマスシャー（現グウェント）州で冶金技師の息子として生まれた。6歳で父を亡くすと，カーディフの小学校以後は独学で学び，1875年にカーディフの無料図書館に見習いとして入った。1880年にヨークシャー州のドンカスター図書館に採用され，ここで修行をつんだバリンジャーは，この地の新聞『ドンカスター・クロニクル』に図書紹介のコラムを執筆させてもらっていた。1884年にカーディフ図書館に館長として戻ると，1888年に海運業者の娘と結婚し，図書館の経営に専念した。

カーディフ公共図書館でバリンジャーは，児童と学校生徒へのサービスを重視し，すべての分館に児童室を構えさせた。1895年から1905年にかけては，何冊かの図書館経営の本を刊行したが，『村の図書館に本を』により彼はよく知られる存在となった。さらにバリンジャー館長は，自分ではウェールズ語が得意ではなかったものの，1898年には『カーディフ無料図書館のウェールズ文庫の印刷文献』という目録を編

纂・刊行した。さらに彼はウェールズの初期印刷本について
も調査し，論文を執筆してウェールズ語文献の専門家と見な
されていた。

　1908年に国立ウェールズ図書館の館長となったバリンジ
ャーは，翌年に設立された図書館を本拠に，独自の活動をは
じめた。同年にウェールズ大学から名誉修士号を授与され，
館内にあるウェールズ語の貴重文献の刊行を指導したのであ
る。1910年から1924年にはウェールズ書誌協会を主催し，
ウェールズ大学出版会からはシリーズで資料を次々に刊行し
た。民族文化の展示会も好評であった。第一次世界大戦中の
1917年より，ウェールズ国立図書館は図書館司書養成の夏
期セミナーを主催し，他に訓練の場がなかった時期でのこの
コースはきわめて好評で，1929年まで続けられた。

　イギリス図書館協会では1922年にバリンジャーを協会長
に選出しており，1929年には名誉会員に推薦していた。
1930年の引退直前には，ウェールズ文化保存の功績により
「ナイト」の称号を授けられた。いささか貴族的で，人を寄

ウェールズ国立図書館

せつけない威厳があり、部下からは恐れられていたが、地方の政界やジャーナリズムでは知られた存在であった。バリンジャーは1933年1月8日にウェールズ北部の町ハードンの自宅で亡くなった。

　バリンジャー館長を引き継いだのは、ウェールズ史の専門家のウィリアム・ディヴィース（Sir William Llewelyn DAVIES 1887-1952）であった。ディヴィースは1887年10月11日にウェールズ西部、カーディガン湾に面した田舎町で、土着の地方貴族の両親の家で生まれた。アベリストウィスの大学カレッジに入り、1909年にウェールズ語学を専攻して卒業、さらに16世紀のウェールズ詩人について論文を書き、修士号を取得した。1917年まではカーディフ市で教師を務め、かたわら同市の大学でウェールズ語を教えていた。第一次世界大戦では砲兵隊に所属していたが、1919年に除隊となり、新設されたウェールズ国立図書館に採用された。バリンジャー館長のもとで図書館経営を担当し、第一期工事が完成した1930年に館長が引退すると、多くの応募者をしりぞけてディヴィースが第二代館長となった。そのウェールズ語とウェールズ文学の知識が重視されたのである。

　図書館長となったディヴィースの活躍は目ざましかった。1937年の閲覧室の開館に向けて蔵書の整理をはじめたが、それと同時にウェールズの各地に散在していた写本や文書を購入あるいは長期貸出で確保していた。特にカルヴァン派、バプテスト教団、ウェールズ教会の関係資料は館長の在任中に350万点を収集したといわれる。国立図書館の館長としてのディヴィースは、ウェールズ全土の市民にたいし、戦時中は従軍しているウェールズ人兵士にたいして図書サービスを

広げていった。病院にも図書館の本を届けるなどの図書館サービスに取り組んでいたのである。

　館長はさらに，1937年にはこの図書館の歴史を執筆し，1939年からは『ウェールズ国立図書館ジャーナル』を刊行して，14年にわたってその編集を引き受けていた。それとともに，ウェールズ書誌協会の機関紙の名誉編集者でもあった。こうして，ディヴィースは1944年には「ナイト」として叙勲され，1951年にはウェールズ大学から名誉博士の称号を授与された。1952年11月11日に在任のままアベリストウィスの自宅で亡くなったが，長期にわたる図書館の建築計画の完成直前であった。彼の遺灰は図書館の庭の敷地に撒かれた。

　ケルト語の方言で，イギリスの南西部コーンウォール州では18世紀まで広く使われていたコーンウォール語は，ヘンリー・ジェンナー（Henry JENNER 1848-1934）とその妻キティ・ジェンナー（Kitty JENNER 1853-1936）によって，資料発掘と保存・刊行の努力がなされた。ヘンリー・ジェンナーは，コーンウォール州のセント・コテムでイギリス国教会カトリック派の司祭の息子に生まれた。父はその教義のゆえにニュー・ジーランドの教会から赴任を拒否されていた。ヘンリーはエセックス州ハーローにある国教会カトリック派のセント・メアリーズ・カレッジを卒業すると，コーンウォールに戻って学校教師となったが，コーンウォール語に魅せられて，その学習を志し，ロンドンに出て，大英博物館の図書館に通いつめた。1870年には大英博物館の写本部に所属し，その後はしばしばコーンウォールを訪れて資料の発掘と翻訳に取り組んだ。

1877年にコーンウォールの資産家の娘キティ・ローリングスと結婚すると，夫妻はコーンウォール語資料の収集に熱中した。キティは小説を書くようになり，コーンウォールの歴史と風俗を記録しはじめ，国内各地での古い資料の探索に協力した。1909年に大英博物館を定年で引退すると，ジェンナーは妻とともに古代コーンウォール協会を設立し，その機関誌を刊行しはじめた。1927年に，彼は南西大学カレッジのケルト語講師となり，各地で古いケルト民族の行事を復活させていた。夫妻はコーンウォール文化のリバイバルの先駆者と見なされ，大英博物館とコーンウォール協会に資料コレクションを残した功績で知られている。

　言語として独自ではないが，民族文化としてスコットランドも知られた存在であった。ここは18世紀の初頭まではスコットランド王国であり，現在にいたるもなおイングランドとは異なる民族意識を育てており，時には独立の動きを見せている。こうした民族文化のよりどころの一つが，エディンバラのスコットランド国立図書館であった。

　スコットランド国立図書館の前身は弁護士会図書館であり，1680年に国王チャールズ二世の法律顧問ジョージ・マケンジー（Sir George MACKENZIE 1636-1691）の提案によりスコットランド弁護士会の図書館として1680年に創設された。マケンジーは熱烈な王統派であり，共和主義者を容赦なく弾圧し「血のマケンジー」として知られていた。もともと彼が意図したのは，法律家を会員とする閉鎖的な図書館であり，弁護士会への入会金で本を購入していたが，そこには法学関係だけでなく，人文科学の広い領域にわたるコレクションが集められていた。

1707年の連盟条約により、スコットランド議会はウェストミンスターのイングランド議会に合併され、連合王国が形勢されたが、教会、法律、教育の体制はイングランドとは別のシステムで成り立っており、現在でもそれは機能し続けている。それを受けて、スコットランド人の文化擁護の姿勢は独自に形勢されてきた。その現れは「スコットランド・ルネサンス」と呼ばれる、エディンバラを中心とした18世紀の文芸復興であり、その遺産はスコットランド国立図書館のコレクションの核となっている。

　弁護士会図書館は、1925年に「スコットランド国立図書館法」により名称を現在のものにしたが、蔵書内容は、1680年より150年以上にわたり続いた弁護士会図書館の方針を引き継いでいる。弁護士会図書館は創設時より、2名の館長＝管理人（キュレター）により運営されていたが、1702年から1752年の50年間の管理人の一人は言語学者のトーマス・ラディマン（Thomas RUDDIMAN 1674-1757）であり、彼を継いだのは哲学者のディヴィド・ヒュームであった。管理人としては、ジェームズ・ボズウェルやウォルター・スコットといった文人も名を連ねていた。

　こうした指導者のもとでは、図書館がスコットランド文化の拠点とならざるをえない。国立図書館となって合法的にイギリス全土の刊行物の指定納本館となる以前から、弁護士会図書館はスコットランド内の出版物を納本させていた。ここではスコットランド地域の文献のみならず、スコットランド人の著作業績のすべて、外国で刊行されたスコットランド関係図書をもれなく集めようとしており、一時期にはオランダにそのための事務所を設立していた。

現在，この図書館の最大のコレクションは，小説家ウォルター・スコット関係であり，スコットの原稿などが豊富に集められている。蔵書はさらにスコットランド人関係におよび，その数は3,000名に達するといわれる。貴族や著名人の家系文書はもとより，詩人のロバート・バーンズ，評論家のトーマス・カーライル，小説家のミュリエル・スパーク，さらには探検家のディヴィド・リヴィングストンにまでわたっている。その範囲は出版業者にもおよび，ウィリアム・ブラックウッドやウィリアム・チェンバースといった名前までが含まれている。とはいえ，ここは一貫してスコットランドの文化遺産の保存の場であって，スコットランド市民からの多数の寄贈もこれを支える重要な要素となっている。

参考文献：
ウェールズ国立図書館については，E. L. Davies, *The National Library of Wales.* National Library of Wales, 1937 ; Lionel Madeen, "National Library of Wales" *International Dictionary of Library Histories,* p.602-605 があり，バリンジャー館長とディヴィース館長については，『オックスフォード・イギリス伝記事典』に，M. A. Broadfield および Gildas Tibbott が項目を執筆している。『オックスフォード・イギリス伝記事典』のヘンリー・ジェンナーの項目は Peter W. Thomas が執筆しているが，D. R. Williams, ed., *Henry and Katheyrine Jenner.* 2004 という記念論集もある。スコットランド国立図書館に関しては，John Ckair and Roger Craik. *The Advocate' Library.* H.M.S.O., 1898 ; Dennis Smith, "National Library of Scotland" *International Dictionary of Library Histories,* Fitzroy Dearboen Publishers, p.565-571 を参照のこと。写真はディヴィース館長の紹介文より。

8 専門図書館員

 さまざまな分野で図書館コレクションの構築に取り組んだ人々がイギリスにもいた。以下は特色があると思われる何人かを選んでいるが，必ずしもイギリス的であるとはかぎらない。ここでも，自分の仕事に誇りをもって，これに生涯をかけた人の姿が目立つようである。

 フレデリック・ハウリー（Frederick HAWLEY 1827-1889）は，知られたシェークスピア役者であるが，最初は舞台画家であり，1852年には弁護士としてロンドンで開業もしていた。舞台の魅力に抗しきれず，ロンドンや地方都市でシェークスピア劇に次々と出演，1859年にはウィンザー城で『ロミオとジュリエット』のエスカルス役を演じた。彼の脇役の演技には定評があったが，もともと身体が丈夫でなかったため，いくつか台本を書くようになっていた。ハウリーがストラトフォード・アポン・エイヴォンのシェークスピア記念劇場の図書館主任に任命されたのは1886年5月であった。それからは全力で図書館の資料整備に取り組んだ。クリスチャン・サイエンス派の書記ファーニヴィル博士からの300冊の寄贈をはじめ，海外からも多数の寄付が寄せられた。彼は図書館のために講演会やリサイタルにも出演していた。さらに，自館だけでなく，バーミンガムのシェークスピア記念図書館の蔵書も含んだ目録の編纂にとりかかっていたが，時間が足り

ず，その完成を見ることなく，1889年5月にストラトフォード・アポン・エイヴォンの自宅で亡くなった。夫人もシェークスピア劇の女優であった。

イギリスとアメリカの図書館協会の活動に積極的にかかわり，女性図書館員の権利を擁護したミニー・ジェームズ（Minnie Stewart Rhodes JAMES 1865-1903）は，サフォーク州アルデバーグでイギリス人士官の娘に生まれた。初期の教育は明らかでないが，1887年に彼女はロンドンのマイルス・エンド通りにある民衆宮殿図書館の図書館副主任として採用された。民衆宮殿は勤労者階級の教育と教養の場として設立されたばかりであり，ヴィクトリア朝の市民教育重視の思想を反映していた。1889年に図書館長となったジェームズは，ここの図書館の蔵書構築を担当，勤労者階級の読書の場であることを重視して，小説などのレクリエーション方面を拡大し，公共図書館とは異なった雰囲気づくりに取り組んでいた。1893年にアメリカで開催された図書館大会では，イギリス市民の読書について報告していた。しかし，民衆宮殿の理事会が技術研修ばかりを優先させ，図書館の予算を考慮しないことに反発し，1894年にはここを退職した。民衆宮殿図書館はその後まもなく閉鎖され，コレクションはロンドン大学のクィーン・メアリー・カレッジの蔵書となった。ジェームズは次いで，ブルームズベリーにあった図書館協会の図書館ビューローの管理者となった。図書館協会は1887年の民衆宮殿図書館副主任の時からの会員であった。図書館ビューローは図書館用品を展示した資料館であり，アメリカでメルヴィル・デューイがつくった，二色タイプ・リボンなどの販売会社でもあった。1897年にボストンの図書館ビューロー本部に招

かれてその図書館主任となり,同時にアメリカ図書館協会の活動に参加していたが,もともと体が丈夫でなかったため,1901年にはバハマ諸島で休養せねばならなくなった。そして,1903年6月にボストンの病院で死去した。38歳であった。ジェームズは,イギリスで遅れていた女性図書館員の養成に早くから関与していた。「この職業は女性に向いており,これを志す者が多いというのに,対応はほとんどない」として,彼女は図書館協会の夏期学校開催の主導者となった。そして,この講習会は1893年より実現された。さらに,図書館助手協会の実現に積極的にかかわった。彼女はこうした主張を展開した文章を30本ほど書き,図書館協会の雑誌に発表していた。ミニーは,イギリス国内で一般に知られている図書館の館長となった女性の第一号であり,女性の図書館員を育成するための教育機関の設立を主張した先駆者であった。

アーサー・ゴム(Arthur Allen GOMME 1882-1955)も専門分野の資料とその管理にこだわった一人であった。公務員の息子としてミドルセックス州バーンで生まれ,ロンドンの都市ギルド中央技術カレッジで電気技術を専攻して,優秀な成績で1903年に卒業すると,彼はただちに特許局の技術検査官に採用された。第一次世界大戦には砲兵隊に勤務し,フランス領事館で技術顧問を務めたが,戦後に帰国すると,1919年に特許局の図書館長に就任,1944年の引退時までこの地位にいた。同時にゴムは,イギリスの特許研究の団体であるニューコモン協会の会員であり,1925年からはその理事,1953年には副会長を務めており,この間にも多数の論文を協会の紀要に発表していた。その中には,イギリスにおける特許システムの起源と発達についての論文があった。さらに

は，産業技術の特許についての目録も編纂し，1935年から20年間にわたり『世界科学雑誌リスト』の国際会議の担当編集者でもあった。こうした功績が認められ，彼は1930年には大英帝国勲章（MBE）を授与されていた。特許資料の専門家として世界から認められ，彼は幾多の質問の窓口となっていたが，けっして自慢することはなく，あらゆる方面から信頼されていた。その自信のうらには，ゴムの多方面の活動があった。父親から受け継いだ民俗学への関心は持続され，1911年よりその死の年まで民俗協会の理事であり，1952年と1953年にはその協会長を務めていた。地方の歴史協会の論集に発表した論文が知られていたのである。イギリスの民衆生活への関心は彼の演劇趣味とも結びつき，1948年には劇場研究協会の発足にあたって創設メンバーとなっており，エリザベス朝演劇協会にも舞台俳優の伝記や文献目録を発表して寄与していた。ゴムは社会運動にも関心を持ち，フェビアン協会の会員でもあった。60歳をすぎて引退した後は，ブリティッシュ・カウンシルの活動に寄与していたが，1955年2月9日にパトニーの自宅で亡くなった。

音楽図書館の館長であり，18世紀イギリス音楽の研究者であったチャールズ・カドワースは，本名シリル・カドワース（Cyril Leinard Elwell CUDWORTH 1908-1977）として1908年10月30日にケンブリッジの警察官の息子に生まれ，子どものころからチャールズの愛称で呼ばれていた。土地の小学校は出たが，その先の教育は受けられず，町の書店の徒弟となっていたが，ケンブリッジ大学の音楽教授エドワード・デントに認められたため，もともと関心を抱いていた音楽の趣味を発展させることとし，18世紀イギリスの交響楽やコンチ

ェルトの楽譜をケンブリッジのカレッジ図書館，さらには，ロンドンの大英博物館図書館で筆写して過ごした。1930年代にはいくつかのカレッジ図書館の仕事を手伝い，才能を認められ，1943年にケンブリッジ大学図書館音楽部門の副主任の地位に抜擢された。1946年にケンブリッジの音楽学校であるペンドルバリー・カレッジの図書館長となり，さらに，1957年に同学校の博物館主任となると，カドワースの本領は発揮された。研究者や学生の相談相手として欠かせない存在となったのである。それは次々と発表された「18世紀イギリス交響曲と序曲のテーマ索引」，「イギリスのオルガン・コンチェルト」その他の論文，および，グローヴの『音楽・音楽家事典』第5版への寄稿によるものであった。こうした論文で筆者はそれまで通説であった作曲家の誤認をいくつか訂正していた。1958年に彼はケンブリッジ大学から名誉修士号を授与された。カドワースは作家＝劇作家でもあって，1940年代から1960年代にかけてはいくつかの戯曲が公演されており，長編小説も発表されていた。また，1970年版の『ブリタニカ百科事典』にも執筆しており，同時にイギリス放送協会のレコード解説番組にも出演していたカドワースの最後の作品はヘンデルについての伝記と著作目録であった。1977年12月26日に彼はケンブリッジの病院で亡くなった。子どもはいなかった。彼の死後には『18世紀イギリスにおける音楽』と題する記念論集が出版されている。

　図書館員＝地図学者として世界的に知られていたヘレン・ウォーリス（Helen Margaret WALLIS 1924-1995）は，私立高校の校長の父と学校教師の母のもと，1924年8月17日にロンドン郊外のバーネットで生まれた。第二次世界大戦終戦後の

1945年，彼女は奨学生としてオックスフォードのセント・ヒュー・カレッジに入学し，地理学を専攻，南海の航海史の研究に取り組んだ。彼女の修士論文は1948年の地理学協会の学生論文賞を受賞した。この後も研鑽を重ねて，大英博物館の地図室に採用されたのは1951年であった。ここでの研究により彼女は1954年に母校から博士号を取得したが，大英博物館での当初の仕事は安泰ではなかった。イギリスの伝統ある図書館では「エキセントリック」な人物が多かったが，彼女も女性であるがため地図室のスケルトン主任にさんざん「いじめ」られた。ウォーリスが地図室主任となったのは，スケルトンが事故死してからしばらく後であった。それから1986年の引退までの20年間の彼女の活動は目ざましかった。大英博物館の地図資料は，展示会とその際の目録の作成により，彼女の手で紹介されたが，そこにはアメリカの植民地時代の地図もあった。また展示会では，ローリー卿の航海についての企画もあった。ウォーリスは同時に執筆活動でも知られていた。16世紀のジャコモ・ガスタルディの木版地図の研究，16世紀のポルトガル人によるオーストラリアの発見など，彼女の死後に編纂された著者目録には，約250の論文が記載されている。在職中には関係団体の役員も兼任し，特にイギリス地理学協会，ハクルート協会での活動が目立っていた。国際的にも知られたウォーリスは，引退直後には全世界の地理学者や地図図書館員による記念論集が出されていた。引退時にはエリザベス女王から叙勲され，図書館協会はその前年に彼女を名誉会員に任命していた。そして引退後も地図研究を続けた。合唱団への参加だけを趣味とし，結婚は一生しなかったが，他人の役に立つことを生涯のモットーと

したため，すべての人から愛されていた。死の直前にはオーストラリアのシドニーにあるミッチェル図書館の研究員に任命されていた。その後の1995年2月7日に彼女はロンドンの病院で亡くなった。

参考文献：
ハウリーについては『オックスフォード・イギリス伝記事典』にMarian J. Prigle が項目を執筆している。ミニー・ジェームズに関してはJ. Minto, *A History of Public Library Movement in Great Britain and Ireland.* 1977 に触れられており，『オックスフォード・イギリス伝記事典』にはFernanda Helen Perrone が項目を寄稿している。ゴムについては『オックスフォード・イギリス伝記事典』のA. P. Woolrich による項目が中心となっている。カドワースに関してはHogwood, C. ed., *Music in Eighteenth Century England.* Cambridge University Press, 1983 が，カドワース記念刊行物として出ており，『オックスフォード・イギリス伝記事典』の項目はAnne Pimlott Baker が書いている。ヘレン・ウォーリスにたいしてはTyacke, S., ed., *The Glove My World.* 1995 と題する伝記があり，William Ravenhill による長文の死亡記事が *Transactions of the Institute of British Geographers.* 21, 1995 に掲載されており，ウォーリスの著作目録は Kay, T. "Helen M. Wallis: a bibliography of Published Works" *Map Collector,* 40, 1987 があり，『オックスフォード・イギリス伝記事典』にはTony Campbell が項目を寄稿している。

あとがき

　本文の執筆は、人物略伝のうち、1, 2, 4, 5, 7, 8, 11, 13, 14, 18, 21, 22, 23, 29 および「イギリス図書館史の人物系譜」の7項目を藤野幸雄が執筆し、人物略伝の残り20項目、および人名索引の作成を藤野寛之が受け持った。「イギリス図書館史の人物系譜」の「ブリティッシュ・ライブラリー」の項目および用語解説、全体の表現と用語の統一は二人でおこなった。『図書館雑誌』その他ですでに発表した文章を基に書き改めた項目が3点あるが、それらは参考文献に記録されている。

　本書のための資料集めにさいしては、多くの図書館の方々の世話になった。利用させていただいた図書館は以下のとおりであった。

　　愛知淑徳大学図書館
　　愛知学院大学図書館
　　金沢大学附属図書館
　　聖トマス大学図書館
　　筑波大学附属図書館
　　鶴見大学図書館
　　東海学園大学図書館
　　名古屋大学附属図書館
　　国立国会図書館
　　石川県立図書館
　　金沢市立図書館
　　（順不同）

参考までに，ヴィクトリア朝期の通貨について示しておく。
  1 ポンド = 20 シリング　 =　24,000 円
  1 シリング = 12 ペンス　 =　 1,200 円
  1 ギニー = 21 シリング　 =　25,200 円
  1 ペンス〔ペニー〕　　　 =　　 100 円
(『シャーロック・ホームズ全集』河出書房新社　2001　より引用。)

2007 年 7 月　　　　　　　　　　　　　　　　　　　　筆者

用語解説

『アカデミー』：*Academy.* ロンドンで発行されていた雑誌。

アシーニアム：Athenaeum. ギリシアにあったアテネ神殿から名前をつけ，1824年に，ロンドンに創設された学者や文学者のクラブ。図書館としても知られる。

アダムズ報告：Adams Report. カーネギー英国財団の委嘱により，ロンドン大学のアダムズ教授が1915年に提出した報告書。その結果，学生中央図書館が設立された。

『アダム・ビード』：*Adam Bede,* 1859. ジョージ・エリオットのベストセラーとなった心理小説。

アトキンソン報告：Atkinson Report, 1976.

『アニー・ベズント文献目録』：*Bibliography of Annie Besant,* 1924. セオドア・ベスターマン編纂の文献目録。

アメリカ議会図書館分類：Library of Congress Classification. アメリカ議会図書館で20世紀初頭から取り組んで完成した非十進体系の大型図書館のための分類。

アメリカ書誌学協会：Bibliographical Society of America.

アメリカ図書館協会：American Library Association (ALA). 1876年のフィラデルフィア図書館員大会を機に成立，図書館員相互の意見交換の場となる。

『アラビアン・ナイト』：*Arabian Nights.* 10世紀ころにペルシアから伝えられたアラビア宮廷の話。イギリスではリチャード・バートンの翻訳などが知られていた。

イギリス国教会：Church of England. エリザベス一世の時代にローマ教会から独立した教団。

『イギリス史』：*History of England.* 歴史家トーマス・マコーレイの代表作。

イギリス全国書誌：British National Bibliography.

『イギリス伝記事典』：*Dictionary of National Biography.* 19世紀末までのイギリス故人を網羅した伝記事典。

イギリス図書館協会：Library Association. 1877 年にアメリカ図書館協会の影響のもとに成立した。正式名称は「連合王国図書館協会」。2002 年に CILIP（Chartered Institute of Library and Information Professionals）となった。

『イギリス物故者図書館員人名録』：*Who was Who in British Librarianship 1800-1985*. ウィリアム・マンフォードが編纂した図書館員の簡略データブック。

『衣装哲学』：*Sartor Resartus,* 1838. トーマス・カーライルの人生観が示された著作。

『一図書館員の回想：人物肖像と考察』：*A librarian's memories: portraits and reflections,* 1952. アーネスト・サヴィジの著書。

イートン校：Eton School（または，Eton College）. ロンドン西方のバークシャー州イートンにあるパブリック・スクールで，1440 年にヘンリー二世により設立。

インクナブラ：Incunabula.「揺籃期」の意味のラテン語で，印刷術が始まった 1450 年ころから 1500 年ころまでの刊行本を指す。印刷文化史上で貴重と見なされている。

印刷目録：Printed catalogue. 印刷刊行した図書館の蔵書目録。歴史は古く，各図書館で刊行され，その最大規模のものは『大英博物館図書館総目録』。

『インデックス・メディカス』：*Index Medicus.* 米国軍医総監局図書館（現在の米国国立医学図書館）の館長ジョン・ショウ・ビリングスが創刊した医学索引。

ヴィクトリア朝：Victorian years. ヴィクトリア女王（Queen Victoria, 1819-1901）の治世期（1837-1901）で，イギリスはこの時期に政治的にも文化的にも世界最強の国家となった。

ウェストミンスター公共図書館：Westminster Public Library. ロンドンの中心地区にある図書館で，分館もあり，マッコルヴィンその他の有名館長を輩出した。

ウェルカム財団：Wellcome Fund. ヘンリー・ウェルカムが遺産を投じてロンドンで設立した財団で，現在も医学振興のために尽くしている。

ウェールズ語：Welsh. ウェールズ地方で現在も話されているケルト語派の方言で，刊行物も多い。ウェールズ国立図書館の Web サイトではウェールズ語での情報提供もおこなっている。

ウェールズ図書館学校：Wales Library School. ウェールズ国立図書館で夏の期間に開催された図書館員の養成コース。

『ウォルター・ローリー卿の生涯』：*The life of Sir Walter Ralegh*, 1868. エドワード・エドワーズの伝記著作。

『エイジ』：*Age*. イギリスの19世紀の雑誌。

『英雄崇拝論』：*On Heroes and Hero-worship*, 1841. トーマス・カーライルの随筆集。

『エコー』：*Echo*. ジョン・パスモア・エドワーズが刊行したロンドンの新聞。部数を延ばしたが1905年で廃刊。

『エディンバラ・レヴュー』：*Edinburgh Review*.

『エドワード・エドワーズ』：*Edward Edwards*, 1902. トーマス・グリーンウッドが書いたエドワーズの最初の伝記。

『エドワード・エドワーズ』：*Edward Edwards*, 1963. ウィリアム・マンフォードの著作。

円形閲覧室：Round Reading Room. 大英博物館の図書館長パニッツィが1855年に完成させた大閲覧室。現在は観光の場となっている。

王立アカデミー：Royal Academy. 1768年にジョージ三世により設立されたイギリスの美術院。

王立協会：Royal Society. 英国学士院とも訳される。1662年にチャールズ二世により認可された科学研究学会。

王立協会科学情報会議：Royal Society Scientific Information Conference. 1948年にイギリスで開催された情報会議。

王立大学院医学校評議会：Royal Postgraduate Medical School.

王立歴史協会：Royal Historical Society.

『オックスフォード・イギリス伝記事典』：*Oxford Dictionary of National Biography*. 『イギリス伝記事典』を引き継ぎ，20世紀末までの人物を追加し大幅に改訂した伝記事典，2004年に刊行，全60巻，索引1冊。

オックスフォード運動：Oxford movement. 1833-45年にオックスフォード大学を中心におこなわれた教会改革の運動。

『オックスフォード英語辞典』：*Oxford English Dictionary*. 英語辞典。編纂は1858年にはじまり，全12巻からなる初版が完成したのは1928年である。1989年に補遺版を統合した第2版が完成した。

オックスフォード大学：Oxford University. ロンドンの北西，オックスフォ

ードシャー州にあるイギリス最古の大学。54のカレッジから成り，最古のものは12世紀の創設。

オックスフォード大学出版会：Oxford University Press.

オックスフォード通り：Oxford Street. ロンドン市の中心を東西に走る大通りで，有名な百貨店や商店がならんでいる。

『音楽図書館』：*Music in Public Libraries,* 1937. ライオネル・マッコルヴィンの著書。

開架制：Open shelf (Open access). 図書館の書架を開放し，利用者が棚の本を手にすることができる。19世紀後半から普及した。

『下院議員ウィリアム・ユーワート』：*William Ewart, M. P.,* 1960. ウィリアム・マンフォードの著作。

科学技術財団：Foundation for Science and Technology.

科学産業研究庁：Department of Scientific and Industrial Research. 1915年に発足したイギリス政府の機関。

科学博物館図書館：Science Museum Library. 1883年の開設，ロンドンのケンジントン地区にある。

学生中央図書館：Central Library for Students. 1916年にロンドンで成立した貸出図書館。後に国立中央図書館となる。

『過去と現在』：*Past and Present,* 1843. トーマス・カーライルの回顧録で，著者の社会哲学がうかがえる。

カーネギー英国財団：Carnegie United Kingdom Trust. イギリスに創設された団体で，慈善事業を継続した。

『カンタベリー物語』：*The Canterbury Tales,* 1387(?). ジョフリー・チョーサーの代表作で，未完の作品。

ギニ：guinea. 1663年から1813年まで通用した金貨。

教区図書館：Parochial Libraries. 19世紀まで教区区にあった図書館。

キングス・カレッジ：King's College. ケンブリッジ大学の学寮の一つで，1441年に創設。

クエイカー教徒：Society of Friends. 1668年創設のプロテスタント一派。フレンド会とも呼ばれる。

クライスト・チャーチ・カレッジ：Christ Church College. オックスフォードのカレッジの一つで，トーマス・ウォルセイにより1546年に設立。

グラスゴー学院：Glasgow Institute.

グランド・ツアー：Grand tour. イギリスの上流社会の子弟は，卒業後に教育の仕上げとしてヨーロッパ諸国の巡回旅行に出かけた。

『グリーンウッドの図書館年鑑』：*Greenwood's Library Year Book,* 1900. トーマス・グリーンウッドによる公共図書館に関する年鑑。

クロイドン公共図書館：Croydon Public Library. ロンドン南方の地区クロイドンにあった図書館で，多くの図書館員を育てた。

『経済学事典』：*Dictionary of Political Economy.* 1894-99 年にかけて編纂された，ロバート・パルグレイヴによる大型事典。

ケニヨン報告：Kenyon Report. フレデリック・ケニヨンを議長とする公共図書館調査委員会の 1927 年の報告書。

ケンブリッジ大学：Cambridge University. ロンドン北東のケンブリッジシャー州にあり，オックスフォード大学とならぶイギリス最古の大学。多数のカレッジからなり，その最古のものは 1281 年の創設。

『恋人と死せる女性』：*The lover and the dead women,* 1918. ルイス・スタンリー・ジャストの死せる恋人エセル・オースチンに捧げた詩劇。

『高貴な宝箱』：*That Noble Cabinet,* 1974. エドワード・ミラーによる大英博物館の歴史。

『公共図書館』：*Public Libraries,* 1890. トーマス・グリーンウッドが刊行した公共図書館紹介の書。

公共図書館法：Public Libraries Act. 1850 年にイギリス下院議会で成立した，自治体による無料公共図書館の設立のための徴税制度を定めた法律。

絞首刑：Hanging in chains.

国際十進分類法：Universal Decimal Classification. オトレとラ＝フォンテーヌが開発した書誌分類で，デューイの十進分類に基づいているが，主題の展開が詳しい。

国際図書館協会連盟：International Federation of Library Associations (IFLA).

『告白』：*Les Confessiones,* 1782-89. ジャン・ジャック・ルソーの自叙伝で，大きな影響をもたらした。

穀物法：Corn Law. 穀物の輸入に重税を課したイギリスの法律。15 世紀以来何度も発布されたが，1815 年制定のものは国民の不満を招き，1846 年に廃止された。

国立科学技術貸出図書館：National Lending Library for Science and Technology. 1962 年に創設された国立の貸出図書館。

国立視覚障害者図書館：National Library for the Blind. ストックポート市郊外に現在本部がある貸出図書館。

国立中央図書館：National Central Library. 1931年に学生中央図書館が国立中央図書館へと名称を変えた。イギリスの公共図書館全体のための貸出機構。現在はブリティッシュ・ライブラリーの一部として活動。

国立放射線防御理事会：National Radiological Protection Board.

『古代イングランドの図書館』：*Old English libraries,* 1911. アーネスト・サヴィジの著書。

コットン文書：Cotton Collection. 17世紀の政治家＝考古学者ロバート・コットンが収集した写本や古書籍の集成で，18世紀大英博物館がその成立時に獲得した。

『コデックス・アレクサンドリヌス』：*Codex Aleksandrinus.* 福音書の古写本で，アレクサンドリアで発見。

『コデックス・シナイテクス』：*Codex Sinaiticus.* 1844年にシナイ山のセント・カタリナ修道院で発見された福音書の写本。

コーパス・クリスティ・カレッジ：Corpus Christi College.

コリンデール：Colindale. ブリティッシュ・ライブラリーの新聞図書館などの公的施設があることで知られている。

コロン分類法：Colon Classification. インドの図書館学者ランガナータンが考案した体系分類で，いくつかの要素（ファセット）で分類する。

コーンウォール語：Cornish. ケルト語の方言で，18世紀までイングランド南西部のコーンウォール地方で話されていた。

『コーンヒル・マガジン』：*Cornhill Magazine.* ロンドンでスミス社から発行されていた文芸雑誌で，文人のレスリー・スティーヴンが編集長を務めていた。

『ザ・ライブラリー』：*The Library,* 1888-1896. イギリス図書館協会の雑誌。

三巻小説：Three volumes. 三冊本で刊行された小説で，19世紀半ばまでのイギリスでの刊行形式であった。

『30年戦争史』：*History of England during the thirty years' peace,* 1849-50. ハリエット・マーティノーの歴史書。

『ジェームズ・ダフ・ブラウン』：*James Duff Brown,* 1968. ウィリアム・マンフォードによる伝記。

指示板：Indicator. 19世紀後半のイギリス公共図書館に導入された蔵書の

貸出表示装置。

『自助論』：*Self Help,* 1859. 成人教育の理念を説いたサミュエル・スマイルズの著書で，日本でも翻訳された。

自然史博物館：Natural History Museum. 総合資料館。ロンドンのサウス・ケンジントン地区にある。

『児童図書館』：*Children's Library,* 1913. ウィリアム・バーウィック・セイヤーズの著書。児童図書館については，ほぼ最初の書物。

『児童にたいする図書館サービス』：*Public Library Services for Children,* 1957. ユネスコ刊行のマニュアルで，イギリスの図書館長ライオネル・マッコルヴィンが執筆した。

主題分類法：Subject classification. ジェームズ・ダブ・ブラウンが考案した公共図書館のための非十進分類法で，イギリスでは広く使われていた。

十進分類法：Decimal classification. アメリカのメルヴィル・デューイが1876年に発表した図書館分類で，使いやすい簡便さが尊ばれ，その後世界中に普及した。

上級議員：Alderman. イングランドとウェールズの市・町議会の議員により選出される国会議員で，1972年の地方自治法により廃止。

初期印刷本　⇒　インクナブラ

『職業としての図書館』：*Librarianship as a profession,* 1884. ヘンリー・テダーの著書。

職工学校：Mechanics' Institute. 19世紀の初頭に，ジョージ・バークベックにより設立された職工のための学習クラスで，イギリス各地にあり，図書室を併設していた。

書誌学協会：Bibliographical Society. 1892年にロンドンで設立されたイギリスの書誌学者の研究団体。雑誌を刊行していた。

『シラー伝』：Life of Schiller, 1824. トーマス・カーライルの著作，ドイツの劇作家シラーの伝記。

新聞図書館：Newspaper Library. 大英博物館図書館の分館として市外のコリンデールに設立された。現在はブリティッシュ・ライブラリーに属する。

『鋤でたがやす』：*Spade Work,* 1947. トーマス・グリーンウッドの伝記で，当人の娘のグレイス・カールトンが書いている。

『スケッチ・ブック』：*The Sketch Book,* 1819. ワシントン・アーヴィングの

作品集で短篇「リップ・ヴァン・ウィンクル」が含まれる。

『セイヤーズ記念論集』: *Sayers Memorial Volume.* セイヤーズに捧げられた論集，1961年に刊行された。

『世界書誌の書誌』: *World Bibliography of Bibliographies,* 1935. セオドア・ベスターマンが編纂した参考図書。

『世界図書館情報学百科事典』: *World Encyclopedia of Library and Information Services.* アメリカ図書館協会による参考図書。

接神論: Theosophy. 神秘的直観によって自然の奥義に到達し，神の啓示に触れようとする宗教的立場で，19世紀末に流行した。神知学とも呼ばれる。

『センティネル』: *Sentinel.* ジョン・パスモア・エドワーズが刊行した19世紀ロンドンの新聞で，題名は「監視人」の意味。

セント・ジェームズ・スクエア: St. James Square. ピカデリー・サーカスに近い閑静な高級住宅地で，ロンドン図書館などがある。

セント・パンクラス: St. Pancras. イギリス市内北部，ブリティッシュ・ライブラリーは，セント・パンクラス駅に隣接している。

専門図書館協会: Association of Special Libraries and Information Bureaux (Aslib). 一般に「アスリブ」の名で呼ばれる。

総合目録（ユニオン・カタログ）: Union catalogue. 複数図書館の所蔵資料の総合的な目録で，イギリスでは20世紀に地区別に作られていた。

大英博物館: British Museum. 1753年創設，1759年から公開された博物館で，美術部門・自然史部門・図書館部門からなっていたが，1970年代に図書館部門はブリティッシュ・ライブラリーの参考局となった。

『大英博物館図書館』: *British Museum Library,* 1945. アランデル・エズデイルの歴史書。

『大英博物館を築いた人たちの生涯』: *Lives of the Founders of the British Museum,* 1870. エドワード・エドワーズの著書。

大学基金委員会: University Grants Committee (UGC).

『タイムズ』: *Times.* イギリスの代表的な日刊新聞で，1785年の創刊。「ロンドン・タイムズ」とも呼ばれる。

チャーチスト運動: Chartist Movement. 1838-48年に起こった労働者の政治運動。人民憲章の制定を主張した。

著作権: Copyright. 書物の著作者の権利を守る法律。ベルヌ条約や万国著

作権条約の協定などをもとに各国がそれぞれ法律を定めている。

『椿姫』：*Les Dame aux Camerias*, 1848. アレクサンドル・デューマの小説で，薄幸の女性を描き人気となった。

『デイリー・ニューズ』：*Daily News*.

デイントン報告：Dainton Report. ブリティッシュ・ライブラリーの創設を勧告した報告書。

『デカメロン』：*Decameron*, 1470. ルネサンス期イタリアの連作小説。

『天路歴程』：*The Pilgrim's Progress*, 1678. イギリスの説教師ポール・バニヤンの著作。

『ドキュメンテーション・ジャーナル』：*Journal of Documentation*. イギリスの専門図書館協会が刊行する雑誌。

『読書の機会』：*The Chance to Read*, 1956. ライオネル・マッコルヴィンの著書。

特別委員会：Select committee. 特定の問題・議題を討議するために政府により任命される委員会。

図書館・情報専門員王室勅許協会：Chartered Institute of Library and Information Professionals (CILIP). 2002年の成立。

図書館助手協会：Library Assistants Association.

『図書館と公衆』：*Libraries and the Public*, 1937. ライオネル・マッコルヴィンの著書。

『図書館と情報の最前線』：*Library & Information Update*. CILIPが刊行する雑誌。

『図書館と生活』：*Libraries and living*, 1932. ルイス・スタンリー・ジャストの著作。

『図書館の回想』：*Memoirs of Libraries*, 1859. エドワード・エドワーズの著作。

『図書館の職と書誌についてのエッセイ』：*Essays in librarianship and bibliography*, 1899. リチャード・ガーネットの著書。

『図書館分類入門』：*An introduction to classification*, 1918. ウィリアム・バーウィック・セイヤーズの著書。

トーリー党：Tory. 1688年にチャールズ二世をたてて革命に反対した王統派で，1832年に「保守党」となるまでホイッグ党とともに二大政党となっていた。

トリニティ・カレッジ：Trinity College. オックスフォードとケンブリッジ両大学に二つあり，オックスフォード大学の学寮の一つで 1555 年の設立，また，ケンブリッジ大学の学寮の一つで 1591 年の設立。

トリポス：Tripos. 古代ギリシアの神殿の三脚の台座。イギリスの大学で古典学の優秀卒業生に授与していた。

ニュー・オックスフォード通り：New Oxford Street. ロンドンの大通り。

『ネイチュア』：*Nature.* 自然科学の代表的な雑誌。

ハイド・パーク：Hyde Park. ロンドン中心部の公園。

パピルス：Papyrus. アフリカに産する大型の水草。古代ナイル河でとれ，書写媒体の材料に使われていた。

『パブリック・グッド』：*Public Good.* ジョン・パスモア・エドワーズが刊行した 19 世紀の雑誌。

パブリック・スクール：Public School. 上中流階級の子弟のための大学進学予備教育または公務員などの養成を目的とする寄宿制の私立中等学校，多くは長い伝統を持つ。

ハーリー家文書：Harley Collection. 18 世紀初頭の政治家オックスフォード伯爵ロバート・ハーリーが集めた古写本と古記録のコレクションで，大英博物館が所蔵。

バローズ＝ウェルカム薬品会社：Burroughs-Wellcome Pharmaceutical Company. 19 世紀イギリスの薬品会社。バローズとウェルカムが設立。

パンチとジュディ：Punch and Judy. パンチ人形芝居，18 世紀よりイギリスの都会の大道で演じられた子ども相手の人形芝居。

ピカデリー・サーカス：Piccadilly Circus. ロンドンのピカデリー通りの東端に位置する円形の広場で，繁華街の中心。

『比類なきマック』：*The incomparable Mac,* 1983. シェーン・ゴドボルトとウィリアム・マンフォードが書いたジョン・ヤング・マッカリスターの伝記。

ファラディ・メダル：Faraday medal.

フォリオ版：Folio. 紙型，および，本の大きさをしめす。全紙二つ折りの大きさ，本の姿では約 30cm。

『フォーリン・クォータリー・レヴュー』：*Foreign Quarterly Review.* 19 世紀イギリスの雑誌。

ブラッドフォードの法則：Bradford law. サミュエル・ブラッドフォードが

発表した文献と主題の関連性を統計的に分析した法則,「ブラッドフォードの分散則」とも呼ばれる。

『フランス革命史』: *French Revolution*, 1937. トーマス・カーライルの代表作,フランス革命をあつかっている。

『ブリタニカ百科事典』: *Encyclopedia Britannica*. 1768-71 年にエディンバラで刊行されたイギリスの代表的な百科事典。

ブリティッシュ・アカデミー: British Academy. 人文科学の研究・振興を目ざして 1893 年に設立された学士院。

ブリティッシュ・ライブラリー: British Library. 1972 年の法律「ブリティッシュ・ライブラリー法」により,複数の国立図書館組織を合併して成立。

ブルームズベリー地区: Bloomsbury ロンドンの中心に近く,大英博物館とロンドン大学が位置し,学術の場として知識人に知られている。

『フロス河の水車小屋』: *The Mill on the Floss*, 1860. ジョージ・エリオットの小説。田園の描写と心理描写に優れており,広く読まれた。

『フローレス・ヒストリアルム』: *Flores Historiarum*. イギリス歴史協会より刊行されたイギリスの古記録集成。

分類研究グループ: Classification Research Group. ブライアン・ヴィッカリーその他によるイギリスの研究団体。

『分類マニュアル』: *Manual of classification*, 1926. ウィリアム・バーウィック・セイヤーズの著書。

閉架制: Closed shelf. 書庫を利用者に直接利用をさせない方式で,19 世紀末まで一般的であった。

ペニー: penny. イギリスの通貨単位。

ペニー・レイト: penny rate. 無料公開図書館を成立させるため,自治体にたいし認められた税率。当初,1 ポンドにたいし半ペニー(ペンス)の「割合」の課税を認めた。この税率は改定され,1919 年まで続いた。

『ペニー・レイト』: *Penny Rate*, 1951. ウィリアム・マンフォードの公共図書館発達史に関する著作。

ホイッグ党: Whig. 1688 年以降,トーリー党とならぶイギリスの二大政党の一つで,19 世紀以降は「自由党」となった。

法定納本: Legal deposit. 法律の定めによって国内図書すべてを定められた図書館に納入する制度。イギリスでは大英博物館その他がその権利を持

っていた。

ボストン・スパ：Boston Spa. ヨークシャー州，ヨーク郊外の地名。この地に国立科学技術貸出図書館がドナルド・アーカートにより 1962 年に創設された。

ボドリー図書館：Bodleian Library. オックスフォード大学の図書館。トーマス・ボドリーにより設立。

マグダーレン・カレッジ ⇒ モードレン・カレッジ

魔女：Witch. 人をたぶらかす妖術として，中世期には邪教の対象となり，近世でもヨーロッパ各地とアメリカで「魔女狩り」がおこなわれた。

マッコルヴィン報告：McColvin Report. 第二次世界大戦期のイギリス公共図書館の現状報告。

『マンチェスター・ガーディアン』：*Manchester Guardian.* マンチェスター市で発行されている日刊新聞で，1821 年の創刊。

マンチェスター公共図書館：Manchester Public Library. 1852 年の設立で，公共図書館としてはもっとも早い時期に設立された一つ，初代館長はエドワード・エドワーズ。

『無料公共図書館』：*Free Public Libraries,* 1886. トーマス・グリーンウッドの著書。

『無料都市図書館』：*Free Town Libraries,* 1869. エドワード・エドワーズの著書。

『メランコリーの解剖学』：*The Anatomy of Melancholy,* 1606. 聖職者ロバート・バートンの著作。ユートピア社会の実現を説いた。

モードレン・カレッジ：Magdalen College. オックスフォード大学の学寮の一つで，1458 年の設立。正式にはセント・メアリー・モードレン・カレッジと呼ばれる。

『ライブラリー・アシスタント』：*Library Assistants.* 図書館助手協会の機関誌。1906 年より 1915 年の間にほぼ定期的に刊行された。

『ライブラリー・アソシエーション・レコード』：*Library Association Record.* イギリス図書館協会の雑誌。

『ライブラリー・クロニクル』：*Library Chronicle,* 1884-1888. イギリス図書館協会の雑誌。

『ライブラリー・ジャーナル』：*Library Journal.* イギリス図書館協会は，1877 年創設時に前年に発足していたアメリカ図書館協会の機関誌を共

同で刊行することにした。
『ライブラリー・ワールド』：*Library World.* 1898 年にジェームズ・ダフ・ブラウンにより刊行された雑誌。
『ルイス・スタンリー・ジャスト』：*Louis Stanley Jast,* 1966. ウィリアム・マンフォードの共著作。
錬金術：Alchemy. 中世期の化学で，普通の金属を金または銀に変え，さらに人を不老長寿にすると信じられていた秘術。
ロバーツ報告：Roberts Report. この勧告内容をもとに，1964 年の「公共図書館・博物館法」の制定へとつながった。
『ロビンソン・クルーソー』：*Robinson Crusoe,* 1719. ダニエル・デフォーの著書。
『ロミオとジュリエット』：*Romeo and Juliet.* シェークスピアの戯曲。
ロンドン・アシーニアム　⇒　アシーニアム
ロンドン研究院：London Institution.
ロンドン大学：University of London. 1828 年にユニヴァーシティ・カレッジとして，非国教徒のための高等教育機関として設立された。最初の入学試験は，1838 年に行われ，23 名の学生が採用された。
ロンドン塔：Tower of London. テームズ河北岸にある古城，ウィリアム一世が造営し，中世には宮殿，後には国事犯の監獄として使われた。
ロンドン図書館：London Library. 1841 年に設立された会員制図書館。現在も活動している。
ワイト島：Isle of Wight. イングランドの南方沖にある島。現在では観光地となっている。

人名索引

*本文中の人名を五十音順に配列しました。
*参照は「→」(を見よ)で表示しました。

【あ行】

アーヴィング, ワシントン (Washington Irving, 1783-1859) ……………19,47

アーカート, ドナルド (Donald Urquhart, 1909-1994) …… 185-191, 205

アクトン男爵 (Baron Acton, 1834-1902) …………………………93,103

アストン, ウィリアム (William Aston, 1841-1911) …………………… 104

アダムズ (Prof. Adams) ……… 233,234

アトキンソン, R. (R. Atkinson) …… 204

アーノルド, マーサ (Martha Arnold) ………………………………… 149

アランデル, トーマス (Thomas Howard Arundel, 1586-1646) …… 82

アリストテレス (Aristoteles, 384-322 B.C.) ………………………… 135

アルバート公 (Prince Francis Charles Albert, 1819-1861) ……… 69

アレン, ロイ (Roy Allen) …………… 202

アンダーソン, ジョン (John Anderson, 1882-1958) ……………………… 15

イングランド, アリス (Alice England) ……………………………… 118

ウア, アンドリュー (Andrew Ure, 1778-1857) ……………………… 16

ヴィクトリア女王 (Queen Victoria, 1819-1901) …… iv,22,34,38,61,67,69, 72,223

ヴィッカリー, ブライアン (Brian Vickery, 1918-) ………………… 169

ウィーラー, G. W. (G. W. Wheeler) …………………………………… 6

ウィルソン, コーリン (Colin Wilson) …………………………………… 226

ウェイリー, アーサー (Arthur David Waley, 1889-1966) ………… 225

ウェッブ, シドニー (Sydney Webb, 1859-1947) …………………… 220

ウェルカム, ヘンリー (Henry Solomon Wellcome, 1853-1936) ….. 106-109,214

ウェルシュ, ジェーン (Jane Welsh, 1801-1866) …………………… 22

ウェルズ, ジョン (John Wells) …… 133

ヴォランズ, R. F.（R. F. Vollans）…234, 235

ウォーリス, ヘレン（Helen Margaret Wallis, 1924-1995）………256,257, 258

ヴォルテール, フランソワ（Francois Marie Voltaire, 1694-1778）……179, 182,183

ウォルフェンデン, ジョン（John Wolfenden）………………………222

ウルフ, ヴァージニア（Virginia Woolf, 1882-1941）………………130

ウールマン（Woolman）……………155

エヴァンス, アーサー（Arthur Evans, 1851-1941）………………108

エカテリーナ二世（Ekaterina II, 1729-1796）…………………………21

エズデイル, アランデル（Arundell James Esdaile, 1880-1956）……184, 208,227,231

エセックス伯爵（Rovert Essex, 1566-1601）………………………5

エッジワース, マライア（Maria Edgeworth, 1767-1849）……………19

エドワーズ, エドワード（Edward Edwards, 1812-1886）…32,39,40,45, 46-52,56,68,88,100,124,145,160, 194,195,198,211,226,228,231

エドワーズ, ジョン・パスモア（John Pasmore Edwards, 1823-1911）…58-62,194,212

エドワード七世（Edward VII, 1841-1910）………………………iv,61

エドワード, ジョン　→　アクトン男爵

エリオット, ジョージ（George Eliot, 1819-1880）……………………55

エリザベス一世（Elizabeth I, 1533-1603）…………………………4,5

エリザベス二世（Elizabeth II, 1926-　）………………………257

エリス, ヘンリー（Henry Ellis）…29,32, 223

オウエン, ロバート（Robert Owen, 1771-1858）……………………49

オースチン, エセル・ウィニフレッド（Ethel Winifred Austin, 1873-1918）………………145,148-153

オースチン, ジェーン（Jane Austen, 1775-1817）……………………19

オレ, ジェームズ（James Ollé）……161

オールティック, リチャード（Richard Altick）……………………………55

オトレ, ポール（Paul Otlet, 1868-1944）…………………………164

【か行】

カイル（Kyle）……………………169

ガスタルディ, ジャコモ（Giacomo Gastaldi）……………………257

カーター, メアリー（Mary Carter）…173

カターモール, ビアトリス（Beatrice Catermole）……………………155

ガードナー, アレクサンダー (Alexander Gardner) ……………… 123

カドワース, シリル (Cyril Leonard Elwell Cudworth, 1908-1977) …255, 256,258

カーネギー, アンドリュー (Andrew Carnegie, 1835-1919) ……60,62,155, 212,213

ガーネット, エドワード (Edward Garnett, 1868-1937) ……………… 75

ガーネット, コンスタンス (Constance Garnett, 1862-1946) ……………… 75

ガーネット, ディヴィド (David Garnett, 1892-1981) ………………74,75,80

ガーネット, トーマス (Thomas Garnett) ……………………………… 76

ガーネット, リチャード (Richard Garnett, 1789-1850) ………74,76,77

ガーネット, リチャード (Richard Garnett, 1835-1906) ……33,52,74-80, 87,119,120,130,194,224,226

カーライル, トーマス (Thomas Carlyle, 1795-1881) ……21-27,31,39, 54,213,251

カルヴァン, ジャン (Jean Calvin, 1509-1564) ………………………… 3

カールトン, グレイス (Grace Carlton) ………………………………98,101

カンタベリー大主教 (Archbishop of Canterbury) ……………………… 218

キーツ, ジョン (John Keats, 1795-1821) ……………………………… 174

キプリング, ラドヤード (Rudyard Kipling, 1865-1936) ……………… 93

ギボン, エドワード (Edward Gibbon, 1737-1794) ……………………… 22

ギャスケル夫人 (Elizabeth Cleghorn Gaskell, 1810-1865) ………… 69

グビー, ヘンリー (Henry Gubey) ……115

クラーク, アンドリュー (Andrew Clarke, 1824-1902) ……………113,116

クラーク, オリーヴ (Olive Clark) …168

グラッドストン, ウィリアム (William Ewart Gladstone, 1809-1898) ……25, 35,55

クラレンドン卿 (Earl of Clarendon, 1609-1674) ……………………… 24

クリスチナ女王 (Queen Christina, 1626-1689) ……………………… 218

グリーンウッド, トーマス (Thomas Greenwood, 1851-1908) ………52,96-101,160

グレヴィル, トーマス (Thomas Greville) ……………………………… 31

クレース (Crese) ……………………… 46

グレッグ, ウォルター (Walter Wilson Greg, 1875-1916) ………… 65,120

グローヴ, ジョージ (George Grove, 1820-1900) ……………………… 123

グロスター公爵 (Count Gloucester, 1391-1447) ……………………… 216

グロート, ジョージ (George Grote,

1794-1871）……………16,24
グロート, ハリエット（Harriet Grote, 1792-1878）………………17
クロムウェル, オリヴァー（Oliver Cromwell, 1599-1658）……………23
グロリエ, エリック（Eric Grolier）…169
ケアリー, ヘンリー（Henry Cary）……29, 30
ゲーテ, ヨハン・ヴォルフガンク（Johann Wolfgang von Goethe, 1749-1832）………………22,70
ケニヨン, フレデリック（Frederick George Kenyon, 1863-1952）……85, 134-139,224,233,234
ケリー, トーマス（Thomas Kelly）……………………100,195,208
コクレイン, ジョン（John Cockrane）……………………25
ゴス, エドマンド（Edmund Gosse, 1849-1928）………………25
コックス, フレデリック（Frederick Coxe）…………………131
コックス, ヘンリー（Henry Coxe, 1811-1881）…7,42-45,51,88,217,231
コックス, リチャード（Richard Coxe）…………………42
コットン, ジョン（John Cotton, 1584-1652）………………11,82
コットン, ロバート（Robert Bruce Cotton, 1571-1631）……………224
コトグリーヴ, アルフレッド（Cotgrave Alfred, 1849-1911）…………115
ゴドボルト, シェーン（Shane Godbolt）………………110
ゴーバン（Goban）………………45
ゴム, アーサー（Arthur Allen Gomme, 1882-1955）………254,255,258
コルウェル, アイリーン（Eileen Colwell, 1904-2002）……………168

【さ行】

サヴィジ, アーネスト（Ernest Albert Savage, 1877-1966）……94,154-161,167,170,229,231
サージェント, ジョン・シンガー（John Singer Sargent, 1856-1925）………105
サッド, ロバート（Robert, Sadd）……71
サットン, チャールズ（Charles Sutton）……………………145
サトウ, アーネスト（Ernest Mason Satow, 1843-1929）……………89
ジャスト, ルイス・スタンリー（Louis Stanley Jast, 1868-1944）…114,126, 140-147,151,152,153,154,156,167, 170,172,197,229,231,232
シェークスピア, ウィリアム（William Shakespeare, 1564-1616）……89,119, 120
ジェフリー, フランシス（Francis Jeffrey, 1773-1850）………………15
ジェームズ, トーマス（Thomas James）……………………5,6,7

ジェームズ, ミニー (Minnie Stewart Rhodes James, 1865-1903) …253, 254,258

シェラ, ジェッシ (Jesse Hauk Shera, 1903-1982) ………………… 169

シェリーマン, ハインリヒ (Heinrich Schliemann, 1822-1890) ……… 108

ジェンキンソン, フランシス (Francis Jenkinson, 1853-1923) …… 102-105, 219

ジェンナー, キティ (Kitty Jenner, 1853-1936) ………………… 248,249

ジェンナー, ヘンリー (Henry Jenner, 1848-1934) ………… 248,249,251

シモニデス, コンスタンチン (Constantin Simonides) …………………65

シャクルトン, ロバート (Robert Shackleton, 1919-1986) ………… 217

ジョージ四世 (George IV, 1762-1830) ………………………………43

ジョージ五世 (George V, 1865-1936) ………………………………iv,245

ショート, エドワード (Edward Short) ……………………………… 203

ジョーンズ, ジョン・ウィンター (John Winter Jones, 1805-1881) ……33,47, 51,231

シラー, ヨハン (Johann Christoph von Schiller, 1759-1805) …………22

スウィフト, ジョナサン (Jonathan Swift, 1667-1745) ………………… 12

スクワイア, ロバート (Robert Squire) ……………………………… 104

スケルトン (Skelton) ………………… 257

スコット, ウォルター (Walter Scott, 1771-1832) ………………15,19,250

スコット, ロバート (Robert Scott, 1868-1912) ……………………… 107

スミス, シドニー (Sydney Smith, 1771-1845) ……………………… 15

スミスソン, ジェームズ (James Smithson, 1764-1829) …………… 214

スタイン, オーレル (Aurel Stein, 1862-1943) ………………………84

スタンバーグ (Sternberg, 1832-1880) ………………………111,112

スタンリー, エドワード (Edward Stanley, 1508-1572) …………36,107

スティーヴン, レスリー (Leslie Stephen, 1832-1904) …………25,94,130

ストークス, ロイ (Roy Stokes) ………66

ストレイチー, リットン (Lytton Strachey, 1880-1932) …………… 198

スパーク, ミュリエル (Muriel Spark) ……………………………… 251

スピーク, ジョン (John Speke, 1827-1864) ………………………………55

スペンサー, ハーバート (Herbert Spencer, 1820-1903) ………………92

スマイルズ, サミュエル (Samuel Smiles, 1812-1904) …………59,62,96

スミス, ジョージ (George Smith,

1789-1846）……………………56,213
スミス, ホシアン（Hosian Smith）……97
スミス, ロバートソン（Robertson Smith）………………………………103
スローン, ハンス（Hans Sloane, 1660-1753）……………………82,223
セイヤーズ, ウィリアム・バーウイック（William Berwick Sayers, 1881-1960）…156,166-171,229,230,231
セシル男爵（Wilhelm Cecil, 1521-1598）…………………………………5

【た行】

ダン, ウィリアム（William Dunne）……25
チェタム, ハンフリー（Humphrey Chetham, c1580-1653）……………210
チェンバース, ウィリアム（William Chambers, 1726-1796）……………252
チャールズ二世（Charles II, 1630-1685）…………………………………249
チョーサー, ジョフリー（Geoffrey Chaucer, c1340-1400）………………64
ツェッペリン, フェルディナント（Ferdinand von Zeppelin, 1838-1917）……………………………………116
ツェル, ウルリヒ（Ulrich Zell, ?-c1507）……………………………65,104
ディヴィース, ウィリアム（William Davies, 1887-1952）……247,248,251
ディケンズ, チャールズ（Charles John Dickens, 1812-1870）……24,55
ティスルウィット, トーマス（Thomas Tithlewitt）…………………………64
ディズレーリ, イサーク（Isaac D'Israeli, 1766-1848）………………55
デイントン, フレデリック（Frederick Sydney Dainton, 1914-1997）……185, 200-206,238,241
テダー, アーサー（Arthur Tedder, 1890-1967）……………………………92
テダー, ヘンリー（Henry Richard Tedder, 1850-1924）…87,92-95,103,160
デニソン, ジョン（John Denison）……36
デモステネス（Demosthenes, c385-322 B.C.）…………………………135
デューイ, メルヴィル（Melville Dewey, 1851-1931）………51,93,142,144,164,253
デント, エドワード（Edward Dent）…255
ドーア, ロナルド（Ronald Dore）……241
トウェーン, マーク（Mark Twain, 1835-1910）……………………………117
トルストイ, レフ（Lev Nikolaevich Tolstoi, 1828-1910）………………132
トロロープ, アンソニー（Anthony Trollope, 1815-1882）………………55
トンプソン, エドワード（Edward Maunde Thompson, 1840-1929）………………81-85,88,136,223,224

【な行】

ナイト, ゴウィン（Gowyn Knight）… 222

ナポレオン, ボナパルト（Napoleon Bonaparte, 1769-1821）……22,29,30,46

南条文雄（Bunyu Nanjo）…………89

ニコルソン, エドワード（Edward Williams Byron Nicholson, 1849-1912）…………7,86-91,93,217

ニューゲイト, ロジャー（Roger Newgate）……………………36

ニューマン, ジョン（John Henry Newman, 1801-1890）……………43

ノーウェル=スミス, サイモン（Simon Norwell-Smith）………………26

ノーサンバランド公爵（Count Northamberland）………………214

ノーサンプトン侯爵（Simon Northampton）…………………24

ノックス, ジョン（John Knox, 1505-1572）……………………………3

【は行】

バイロン,ジョージ・ゴードン（George Goedon Byron, 1788-1824）………86

ハウリー, フレデリック（Frederick Hawley, 1827-1889）……………252

バークベック, ジョージ（George Birkbeck, 1776-1841）……14-20,60

パコム, トーマス（Thomas, Pachom）………………………………5

ハーデイ, トーマス（Thomas Hardy, 1840-1928）……………………55

バトレイ, エリザベス（Elizabeth Butley）………………………………111

バートン, ハンフリー（Humphrey Burton）…………………………9

バートン, ロバート（Robert Burton, 1577-1640）………………………9

バーナード, シリー（Syrie Barnardo）……………………………108

バナール, J. D.（John Desmond Bernal, 1901-1971）………………186

パニッツイ, アントニオ（Antonio Panizzi, 1797-1879）……22,23,28-34,39,40,46,47,48,49,51,75,76,81,89,195,223,224,225,226,227

バニヤン, ジョン（John Bunyan, 1628-1688）……………………143

ハバクック, H. J.（H. J. Habakuk）……………………………………202

パーマー（Palmer）………………169

ハリス, P. R.（P. R. Harris）……34,208,209,227

ハリソン, ロバート（Robert Harrison, 1820-1897）………………25

パリー, トーマス（Thomas Parry）……………………………………236

ハーリー, ロバート（Robert Harley, 1661-1724）…………11,12,82,224

バリンジャー, ジョン（John Ballinger, 1860-1933）………245,246,247,

251

パルグレイヴ, ロバート (Robert Harry Palgrave, 1827-1919) ……94

バーレイ, ヘンリエッタ (Henrietta Burley) ……180

バローズ, サイラス (Silas Burroughs) ……107

バーンズ, ロバート (Robert Burns, 1759-1796) ……183,251

バンディネル (Bandinell) ……43,44,217

ハンフリー, ローレンス (Lawrence Humphrey, c1527-1591) ……4

ヒックス, ジョージ (George Hicks, 1862-1941) ……10

ビーティ, チェスター (Alfred Chester Beatty) ……138

ピープス, サミュエル (Samuel Pepys, 1633-1703) ……11

ヒューム, ディヴィド (David Hume, 1711-1776) ……250

ビリングス, ジョン・ショウ (John Shaw Billings, 1838-1913) ……116

ヒルグローヴ, シャーロット (Charlotte Hillgrove) ……43

ピンク, ジョン (John Pink, 1833-1906) ……67-73,228

ファーニヴィル (Dr. Furniville) ……252

フォスケット, ダグラス (Douglas Foskett, 1918-) ……169

フォックス, ジョージ (George Fox, 1624-1691) ……14

フォーテスキュー, ジョージ (George Fortesquieu, 1847-1912) ……226

フライ, W. (W. G. Fry) ……147

ブライユ, ルイ (Louis Braille, 1809-1852) ……149

ブラウニング, エリザベス (Elizabeth Barrett Browning, 1806-1861) ……135

ブラウニング, ロバート (Robert Browning, 1812-1889) ……135

ブラウン, J. (J. G. N. Brown) ……202

ブラウン, ジェームズ・ダフ (James Duff Brown, 1862-1914) ……56,94, 100,114,115,122-128,142,143,144, 145,155,156,167,169,170,196,229, 230

ブラック, アリステア (Alistair Black) ……208,232

ブラックウッド, ウィリアム (William Blackwood, 1776-1834) ……56,251

ブラッドショー, ヘンリー (Henry Bradshaw, 1831-1886) ……63-66,88, 102,104,219,221

ブラッドフォード, サミュエル (Samuel Clement Bradford, 1878-1948) ……162-165,185,186,205

フランシス, フランク (Frank Francis, 1901-1988) ……226

プランタ, ジョセフ (Joseph Planta, 1744-1827) ……29

ブリンドリー, リン (Lynn Brindley)

.... 239
ブルーム, ヘンリー (Henry Brougham, 1778-1868) ……15,20,29
ブルワル=リットン, エドワード (Edward George Bulwer-Lytton, 1803-1873) ………………… 24
フレイザー, ジェームズ (James George Frazer, 1854-1941) ……180
ブレイズ, ウィリアム (William Blades) ………………………… 65
ブレイ, トーマス (Thomas Bray, c1658-1730) …………………211
プロクター, ロバート (Robert George Proctor, 1868-1903) ……84, 119
ブロンテ, パトリック (Patrick Brontë, 1777-1861) ………………18
ヘイター (Hayter) ……………236
ベイバー, ヘンリー (Henry Baber) ………………………………29,30
ヘイルシャム卿 (Lord Heilsham) ……………………………… 188
ヘイワード, マーガレッタ (Margaretta Hayward) ………………48
ベケット, サミュエル (Samuel Beckett, 1906-) ………………183
ベスターマン, セオドア (Theodore Besterman, 1904-1976) …… 179-184, 194
ベザント, アニー (Annie Besant, 1847-1933) ……………………180

ペッツアーナ, アンジェロ (Angelo Pezzana) ……………………… 28
ペッツホルト, ユリウス (Julius Petzholt) ……………………………181
ペテット, マリアンヌ (Marianne Petett) ………………………………97
ベル, ジョセフ (Joseph Bell) …… 122
ベルリオーズ, ルイス・ヘクター (Louis Hector Berlioz, 1803-1869) ………………………… 123
ベンサム, ジェレミー (Jeremy Bentham, 1783-1844) ………… 220
ヘンデル, ジョージ・フリードリヒ (Georg Friedrich Handel, 1685-1759) ……………………256
ベントリー, リチャード (Richard Bentley, 1662-1742) ………… 11
ヘンリー四世 (Henry IV, 1367-1413) …………………………5
ヘンリー六世 (Henry VI, 1165-1197) ……………………………218
ホェロック, エイブラハム (Abraham Whelock) ……………………… 218
ホガース, ウィリアム (William Hogarth, 1697-1764) ………… 12
ホジキン, トーマス (Thomas Hodgkin, 1831-1913) ………… 17
ボズウェル, ジェームズ (James Boswell, 1740-1795) ………… 250
ポター, ジョン (John Potter) …… 49,212
ボッカッチョ, ジョヴァンニ (Giovan-

ni Boccaccio, 1313-1375）………… 70

ボドリー, ジョン（John Bodley）………3

ボドリー, トーマス（Thomas Bodley, 1545-1613）……………3-8,43,216

ポープ, アレクサンダー（Alexander Pope, 1688-1744）………………… 13

ホームズ, シャーロック（Sherlock Holmes）………………………… 122

ポラード, アルフレッド（Alfred William Pollard, 1859-1944）……65,95, 118-121,224

ポーリン, ローナ（Lorna Paulin）……v

ボール, アン（Anne Ball）…………… 4

ボルトン（Bolton）………………… 236

ホワイトレイ, ジェームズ（James Whiteley）……………………… 141

ボンド, エドワード（Edward Bond, 1815-1898）…………………82,83

【ま行】

マーガレット王妃（Margaret Tudor, 1489-1541）………………………89

マグヌッソン, エイリクール（Eiricur Magnusson）……………………104

マケンジー, ジョージ（George Mackenzie, 1636-1691）………… 249

マコーレイ, トーマス（Thomas Babinton Macauley, 1800-1859）
……………………………………23,55

マシュー, フランセス（Frances Mathiew, c1551-1629）………… 210

マッカーサー（Macarthur）………… 47

マッカリスター, ジョン・ヤング（John Young Walker MacAlister, 1856-1925）……110-117,119,192,197,231

マッカリスター, ドナルド（Donald MacAlister, 1854-1934）……110,114

マッケロー, ロナルド（Ronald McKerrow, 1872-1940）………65,120

マッコルヴィン, ライオネル（Lionel Roy McColvin, 1896-1976）……110, 168,172-178,229,233,235

マッデン, フレデリック（Frederick Madden, 1801-1873）…30,32,42,82, 224,225

マーティノー, ハリエット（Harriet Martineau, 1802-1876）………… 69

マービィ, ミリセント（Milicent Marby）……………………………… 146

マリー, ルイーズ（Marie Louise, 1791-1847）………………………28

マルクス, カール（Karl Marx, 1818-1883）………………………………78

マレー, ジョン（John Murray, 1670-1748）………………………………56

マンクトン＝ミルズ, リチャード（Richard Monkton-Milnes, 1809-1885）………………………………24

マンフォード, ウィリアム（William Arthur Munford, 1911-2002）……41, 46,62,73,80,110,112,117,128,147, 153,178,192-199,208,212

ミュイデン, マリー・ルイーズ (Marie Louise Muiden) ……………… 183
ミューディー, チャールズ (Charles Edward Mudie, 1818-1890) …53-57, 213
ミラー, アーサー (Arthur Miller) …… 79
ミラー, エドワード (Edward Miller) ……………………………… 208,227
ミラー, バーナード (Bernard Miller) …………………………………… 202
ミル, ジェームズ (James Mill, 1773-1836) ……………………………… 16
ミル, ジョン・スチュアート (John Stuart Mill, 1806-1873) ………16,24
メアリー一世 (Mary I, 1516-1558) ……3
メイベル, コーラ (Cora Mabel) …… 163
モーム, ウィリアム・サマーセット (William Somerset Maugham, 1874-1965) ……………………………… 108
モンテスキュー, シャルル (Charles Montesquieu, 1689-1755) ……… 217

【や行】

ヤストシェプスキ, ステファン・ルイス (Stefan Luis Jaztrsherski) ……… 140
ユーワート, ウィリアム (William Ewart, 1798-1869) …32,35-41,47,48, 49,195

【ら行】

ライス, タルボット (D. Talbot Rice) …………………………………… 202
ライト, チャールズ・ハグバーク (Charles Hagberg Wright, 1862-1940) ……………………………… 129-133
ライト, バーバラ (Barbara Wright) …………………………………… 201
ラディマン, トーマス (Thomas Ruddiman, 1674-1757) ………… 250
ラ=フォンテーヌ, アンリ (Henri La Fontaine) ……………………………… 164
ランガナータン, シヤリ・ラマムリタ (Shiyali Ramamrita Ranganathan, 1892-1972) …………… 166,169
ラングリッジ (Rangridge) …………… 169
ラングワーシィ (E. R. Langworthy) ………………………………… 212
ランズダウン侯爵 (William Lansdowne, 1737-1805) ……………24,82
リヴィングストン, ディヴィド (David Livingstone, 1813-1873) ……55,251
リカード, ディヴィド (David Ricardo, 1772-1823) ……………………… 16
リデル, チャールズ (Charles Ridell) …………………………………… 167
リー, ハリエット (Hariett Lee) ……… 39
リー, メアリー・アン (Mary Anne Lee, 1805-1837) ……………………… 37
ルイーズ王女 (Princes Louise) …… 150
ルソー, ジャン・ジャック (Jean Jacques Rousseau, 1712-1778) …… 70
レイン, エドワード (Edward Lane,

1801-1876) ……………………… 19
レンデル卿（Lord Rendell）……… 244
ロックハート，ジョン（John Gibson Lockhart, 1794-1854）……………24
ロッジ，オリヴァー（Oliver Joseph Lodge, 1851-1940）……………… 180
ロバーツ，シドニー（Sydney Roberts）……………………… 176,193
ロバートソン，ジョセフ（Joseph Robertson）……………………… 17
ロビンズ卿（Lord Robbins）……… 236
ローリー，ウォルター（Walter Raleigh, c1552-1618）…………… 50,257

【わ行】

ワッツ，トーマス（Thomas Watts）……48
ワット，アニー（Annie Watt）……… 123
ワット，ジェームズ（James Watt, 1736-1819）………………………… 15
ワンリー，ハンフリー（Humfrey Wanley, 1672-1726）……………9-13

●著者紹介

藤野　幸雄（ふじの　ゆきお）

図書館情報大学教授＝副学長，同大学名誉教授，東京農業大学総合研究所客員教授。

藤野　寛之（ふじの　ひろゆき）

聖トマス大学文学部人間学科図書館司書科目担当。愛知淑徳大学非常勤講師。

視覚障害者その他活字のままではこの本を利用できない人のために，日本図書館協会及び著者に届け出る事を条件に音声訳（録音図書）及び拡大写本，電子図書（パソコンなど利用して読む図書）の製作を認めます。但し，営利を目的とする場合は除きます。

EYE LOVE EYE

◆JLA図書館実践シリーズ　8
図書館を育てた人々　イギリス篇

2007年9月20日　　初版第1刷発行©

定価：本体2000円（税別）

著　者：藤野幸雄，藤野寛之
発行者：社団法人　日本図書館協会
　　　　〒104-0033　東京都中央区新川1-11-14
　　　　Tel 03-3523-0811㈹　Fax 03-3523-0841
デザイン：笠井亞子
印刷所：アベイズム㈱　　Printed in Japan
JLA200724　　ISBN978-4-8204-0717-1
本文の用紙は中性紙を使用しています。

JLA 図書館実践シリーズ 刊行にあたって

　日本図書館協会出版委員会が「図書館員選書」を企画して20年あまりが経過した。図書館学研究の入門と図書館現場での実践の手引きとして，図書館関係者の座右の書を目指して刊行されてきた。

　しかし，新世紀を迎え数年を経た現在，本格的な情報化社会の到来をはじめとして，大きく社会が変化するとともに，図書館に求められるサービスも新たな展開を必要としている。市民の求める新たな要求に対応していくために，従来の枠に納まらない新たな理論構築と，先進的な図書館の実践成果を踏まえた，利用者と図書館員のための出版物が待たれている。

　そこで，新シリーズとして，「JLA図書館実践シリーズ」をスタートさせることとなった。図書館の発展と変化する時代に即応しつつ，図書館をより一層市民のものとしていくためのシリーズ企画であり，図書館にかかわり意欲的に研究，実践を積み重ねている人々の力が出版事業に生かされることを望みたい。

　また，新世紀の図書館学への導入の書として，一般利用者の図書館利用に資する書として，図書館員の仕事の創意や疑問に答えうる書として，図書館にかかわる内外の人々に支持されていくことを切望するものである。

2004 年 7 月 20 日
日本図書館協会出版委員会
委員長　松島　茂